古典文獻研究輯刊

十八編

潘美月・杜潔祥 主編

第 7 冊

《淮南子》校補（第四冊）

蕭 旭 著

國家圖書館出版品預行編目資料

《淮南子》校補（第四冊）／蕭旭　著 — 初版 — 新北市：花
木蘭文化出版社，2014〔民 103〕

目 2+248 面；19×26 公分

（古典文獻研究輯刊 十八編；第 7 冊）

ISBN：978-986-322-615-4（精裝）

1. 淮南子　2. 校勘

011.08　　　　　　　　　　　　　　　　103001304

古典文獻研究輯刊
十八編　第 七 冊　　　　　　　ISBN：978-986-322-615-4

《淮南子》校補（第四冊）

作　　者　蕭旭
主　　編　潘美月　杜潔祥
總 編 輯　杜潔祥
副總編輯　楊嘉樂
編　　輯　許郁翎
企劃出版　北京大學文化資源研究中心
出　　版　花木蘭文化出版社
社　　長　高小娟
聯絡地址　235 新北市中和區中安街七二號十三樓
　　　　　電話：02-2923-1455／傳真：02-2923-1452
網　　址　http://www.huamulan.tw 信箱 hml 810518@gmail.com
印　　刷　普羅文化出版廣告事業
初　　版　2014 年 3 月
定　　價　十八編 22 冊（精裝）新台幣 40,000 元

《淮南子》校補（第四冊）

蕭　旭　著

目

次

第一冊

《淮南子校補》序　方向東

關於《淮南子》的幾個問題 —— 蕭旭《淮南子校補》
序　龐光華

引　言……………………………………………………… 1

《原道篇》校補　卷第一………………………………… 3

《俶真篇》校補　卷第二………………………………… 47

《天文篇》校補　卷第三………………………………… 93

《地形篇》校補　卷第四………………………………… 103

《時則篇》校補　卷第五………………………………… 109

《覽冥篇》校補　卷第六………………………………… 123

《精神篇》校補　卷第七………………………………… 139

《本經篇》校補　卷第八………………………………… 157

第二冊

《主術篇》校補　卷第九………………………………… 179

《繆稱篇》校補　卷第十………………………………… 239

《齊俗篇》校補　卷第十一……………………………… 277

《道應篇》校補　卷第十二……………………………… 327

第三冊

　《氾論篇》校補　　卷第十三 …………………… 379

　《詮言篇》校補　　卷第十四 …………………… 419

　《兵略篇》校補　　卷第十五 …………………… 443

　《說山篇》校補　　卷第十六 …………………… 501

　《說林篇》校補　　卷第十七 …………………… 545

第四冊

　《人間篇》校補　　卷第十八 …………………… 601

　《脩務篇》校補　　卷第十九 …………………… 629

　《泰族篇》校補　　卷第二十 …………………… 685

　《要略篇》校補　　卷第二十一 ………………… 721

　附錄一：《淮南萬畢術》輯證 …………………… 743

　附錄二：《淮南子》古楚語舉證 ………………… 781

　附錄三：主要參考文獻 …………………………… 839

　後　記 ……………………………………………… 847

《人間篇》校補　卷第十八

（1）清淨恬愉，人之性也；儀表規矩，事之制也

　　按：清淨恬愉，《文子・微明》作「清靜恬和」。靜、淨，正、借字。《本經篇》：「其心愉而不偽。」高注：「愉，和也。」《廣韻》：「愉，和也。」

（2）知人之性，其自養不勃；知事之制，其舉錯不惑

　　按：惑，景宋本作「或」，古字。馬宗霍、王利器謂「勃」借為悖、誖〔註1〕，是也。《文子・微明》「勃」作「悖」，「惑」作「亂」。

（3）發一端，散無竟

　　按：端，《文子・微明》作「號」。竟，《文子》明刊本同，《纘義》本作「競」。《說文》：「樂曲盡為竟。」《玉篇》：「竟，終也。」竟、競，正、借字。《文選・扶風歌》：「我欲競此曲，此曲悲且長。」五臣本「競」作「竟」，《宋書・樂志三》、《類聚》卷 41、《樂府詩集》卷 41、42 亦並作「竟」。李善注引宋子侯《歌》：「吾欲競此曲，此曲愁人腸。」《類聚》卷 88、《玉臺新詠》卷 1 載後漢宋子侯《董嬌嬈詩》「競」作「竟」。是其例。

（4）見本而知末，觀指而睹歸，執一而應萬，握要而治詳，謂之術

〔註 1〕 王利器《文子疏義》，中華書局 2000 年版，第 316 頁。

按：下文「得地不取者，見其本而知其末也」。《文子·微明》：「見本而知末，執一而應萬，謂之術。」〔註2〕「本」、「末」二字當互易，《史記·李斯傳》：「見末而知本，觀指而覩歸。」〔註3〕《董子·天道》：「聖人見端而知本，精之至也；得一而應萬，類之治也。」端亦末也〔註4〕。皆其確證。《舊唐書·禮儀志三》：「冀後人之聽辭而見心，觀末而知本。」亦其旁證。指，讀為恉，意也。歸，終也〔註5〕。觀指而覩歸，言觀其意旨即知其結果也。要，與「詳」對文，讀為約，簡約也。馬宗霍謂「指」訓往，非也。

（5）居智所謂，行智所之，事智所秉，動智所由，謂之道

按：王念孫曰：「四『智』字並讀為知，（上）『謂』猶為也。」皆是。秉，《文子·微明》、《長短經·定名》誤作「乘」。由，《文子》、《長短經》誤作「止」。考《荀子·君子》：「事知所利，則動知所出矣。」楊注：「所出，謂所從也。」「所由」即「所從」。秉，持也。陶鴻慶曰：「『事』當為『靜』，字之誤也。上以『居』與『行』對文，此以『靜』與『動』對文。」陶氏改作「靜」，失考《荀子》也。俞樾謂《荀子》「動」字衍〔註6〕，則又失考《淮南子》矣。

（6）道者，置之前而不輊，錯之後而不軒

按：楊樹達、馬宗霍謂「輊」同「輕」，或借用輊字，並是也。顧起元曰：「輊，讀為輕，古輕字。」〔註7〕顧說先於楊、馬二氏也。字或作𨍏，《儀禮·既夕》：「志矢一乘軒輖中。」鄭注：「輖，輊也。」段玉裁曰：「摯、輊、輕同字。」惠棟說同〔註8〕。

〔註2〕《長短經·定名》同。

〔註3〕《長短經·懼誡》同。

〔註4〕《論語·子罕》：「我叩其兩端而竭焉。」《釋文》：「兩端，鄭云：『末也。』」

〔註5〕參見王引之《經義述聞》卷31《通說上》「歸」字條，江蘇古籍出版社1985年版，第731頁。

〔註6〕俞樾《荀子平議》，收入《諸子平議》，上海書店1988年版，第288頁。

〔註7〕顧起元《說略》卷15《字學》，收入景印文淵閣《四庫全書》第964冊，臺灣商務印書館1986年初版，第629頁。

〔註8〕段玉裁《說文解字注》「輖」字條，上海古籍出版社1981年版，第727頁。惠棟《九經古義》卷5《毛詩古義》，收入《叢書集成新編》第10冊，新文豐出版公司1985年版，第178頁。

（7）是故使人高賢稱譽己者，心之力也；使人卑下誹謗己者，心之罪也

按：罪，《文子・微明》作「過」。《說苑・說叢》：「謗道己者，心之罪也；尊賢己者，心之力也。」

（8）夫言出於口者，不可止於人；行發於邇者，不可禁於遠

按：《說苑・說叢》：「言出於己，不可止於人；行發於邇，不可止於遠。」與此文最近。其語出於《易・繫辭上》：「子曰：『君子居其室，出其言善，則千里之外應之，況其邇者乎？居其室，出其言不善，則千里之外違之，況其邇者乎？言出乎身，加乎民；行發乎邇，見乎遠。』」《說苑・君道》：「言出於身，加於民；行發乎邇，見乎遠。」《漢書・董仲舒傳》：「言出於己，不可塞也；行發於身，不可掩也。」又《王吉傳》：「行發於近，必見於遠。」《金樓子・后妃》：「言出于近，千里必應。」亦皆本之。于大成謂此文語本《晏子春秋・外篇》：「語有之：『言發於爾（邇），不可止於遠也；行存於身，不可掩於眾也。』」未得其源。《晏子》引「語」，是亦有所本也。

（9）事者難成而易敗也，名者難立而易廢也

按：《氾論篇》：「易爲而難成者事也，難成而易敗者名也。」〔註9〕《史記・淮陰侯傳》：「夫功者難成而易敗，時者難得而易失也。」《大戴禮記・誥志》：「凡事易壞而難成。」〔註10〕

（10）千里之隄，以螻螳之穴漏；百尋之屋，以突隙之煙焚

按：《韓子・喻老》：「千丈之堤，以螻蟻之穴潰；百尺之室，以突隙之烟焚。」《呂氏春秋・慎小》：「巨防容螻，而漂邑殺人；突泄一煙，而焚宮燒積。」爲此文所本。王引之曰：「《韓子》烟當爲熛，熛誤爲煙，又轉寫爲烟耳。舊本《書鈔・地部十三》引此正作熛。《呂氏》今本熛字亦誤作煙，《一切經音義》十三引此正作熛。《淮南》今本亦誤作煙，《御覽・蟲豸部四》引此正作熛。」〔註11〕王說是，鄭良

〔註9〕《文子・微明》同。
〔註10〕《史記・曆書》同。
〔註11〕王念孫《讀書雜志餘編上・呂氏春秋》「煙火」條，中國書店1985年版。

樹舉《記纂淵海》卷 57 引《淮南》作「熛」以證之。《治要》卷 41 引作「煙」，則所見已誤；《玄應音義》卷 14、《慧琳音義》卷 57、59、《黃氏日抄》卷 56、《記纂淵海》卷 73 引《呂氏》亦並作「熛」，《六書故》「票」字條引《呂氏》作「票」，解為「火飛起也」，又云「別作熛」。

（11）人莫躓於山，而躓於蛭〔垤〕

許注：蟥（躓），躓也。垤，蟻〔封〕。

按：何寧指出語本《呂氏春秋・慎小》「人之情不蹷於山，而蹷於垤」。按《韓子・六反》：「不躓於山，而躓於垤。」亦為此文所本。「躓」、「垤」為古楚語，參見附錄二《〈淮南子〉古楚語舉證》。《呂氏》高注：「蹷，躓，顛頓也。」

（12）夫禍之來也，人自生之；福之來也，人自成之。禍與福同門，利與害為鄰，非神聖人，莫之能分

按：《左傳・襄公二十三年》：「禍福無門，唯人所召。」《管子・禁藏》：「福不擇家，禍不索人。」《荀子・大略》：「禍與福鄰，莫知其門。」為此文所本。《史記・龜策傳》：「故云：『福之至也，人自生之；禍之至也，人自成之。禍與福同，刑與德雙。聖人察之，以知吉凶。』」

（13）天下有三危，少德而多寵，一危也；才下而位高，二危也；身無大功而有厚祿，三危也

按：《國語・魯語上》：「苦成氏有三亡，少德而多寵，位下而欲上，政無大功而欲大祿，皆怨府也。」為此文所本。

（14）女必讓肥饒之地，而受沙石之間有寢丘者，其地确石而名醜

許注：寢丘，今汝南固始地，前有垢谷，後有庄丘，名醜。

按：吳承仕校「庄」為「戾」，是也。寢丘，或作「寑丘」，又作「沈丘」。《御覽》卷 159 引《呂氏春秋》：「楚封功臣，二葉而滅，唯寢丘不奪，一名沈丘。」按此當為注語，而非《呂氏》正文。《路史》卷 26：「寢，放邑，沈也。徐云：『寑國。』《續志》云：『固始有寢丘。』

秦滅楚，蒙恬攻寢者，潁之汝陰，今沈丘，南百步，與沈國近。漢沈丘縣，開皇爲沈州。」又卷 27：「潁之沈丘縣，亦謂之寢。」寢、沈，音之轉也。《增韻‧覃韻》：「沈，又侵、寢、沁三韻。」《史記‧武安侯傳》：「武安者貌侵。」《集解》引韋昭曰：「侵音寢，短小也。又云醜惡也，刻确也。」此文「寢」即「确而醜」之義，正可印證韋昭「醜惡、刻确」之說。王引之謂當作「其地确而名醜」，「石」字衍，「地确」、「名醜」相對爲文，是也。「其」字代寢丘，以「地确而名醜」申釋「寢丘」得名之由。趙宗乙駁王說，謂「其地」爲主語，「确石而名醜」爲謂語〔註 12〕，非也。趙氏疏於故訓，而欲駁王氏不誤之說，庸有當乎？

（15）兵橫行天下而無所絭，威服四方而無所詘

許注：絭，屈也。

按：絭，字或作卷。《本經篇》高注：「卷，屈也。」王念孫謂「橫」字衍，《資治通鑑外紀》卷 6 正無「橫」字。

（16）夫再實之木根必傷，掘藏之家必有殃

許注：掘藏，謂發冢得伏藏，無功受財。

按：劉績曰：「《文子》作『多藏之家』，此乃誤字。」楊樹達曰：「本文假藏爲葬。許云發冢，得其義也。又云得伏藏，非。」于大成亦謂「藏即葬字」。《文子》見《符言篇》。竊謂諸說並非。掘，讀爲窟。藏讀如字，與《文子》同。《戰國策‧秦策一》：「且夫蘇秦，特窮巷掘門桑戶棬樞之士耳。」吳師道《補注》：「掘即窟，古字通。」字或作堀、窑，另詳《主術篇》「掘穴狹廬」條校補。《三國志‧諸葛恪傳》：「尋其窟藏。」

（17）中山曰：「是伏約死節者也，不可忍也。」

按：伏，讀爲抱，守持也。《董子‧天地之行》：「伏節死義，代四時也。」《漢書‧刑法志》：「無伏節死難之誼。」又《諸葛豐傳》：「今以四海之大，曾無伏節死誼之臣。」又《王嘉傳》：「吏士臨難，莫肯伏節死義。」王逸《離騷經章句敘》：「且人臣之義，以忠正爲高，以

〔註 12〕趙宗乙《淮南子札記》，黑龍江人出版社 2009 年版，第 247 頁。

伏節爲賢。」「伏節」猶言守節也。孫志祖曰：「伏疑仗。」非也。趙宗乙曰：「伏約，猶言守約。伏，借爲服。服有服膺義。」〔註13〕趙氏得其義而未得其字。

（18）居一年，取以為子傅

按：取，《韓子‧說林上》、《說苑‧貴德》作「召」。「取」之「召喚、邀請」義，《漢語大字典》、《漢語大詞典》並引唐以後用例〔註14〕，據此當提前。

（19）任登曰：「與之使喜，必將復求地於諸侯，諸侯必植耳。」

許注：植耳，竦耳而聽也。

按：植，讀爲忧、惄。《集韻》：「忧、惄：《說文》：『惕也。』引《春秋國語》：『於其心忧然。』或從心。」〔註15〕《廣雅》：「忧、慎，愼也。」《玉篇》：「忧，愼也。」「愼」、「愼」爲恐懼之義。重言則作「忧忧」，字或作「適適」，《顏氏家訓‧雜藝》：「卜得惡卦，反令忧忧。」《莊子‧秋水》：「適適然驚，規規然自失也。」方以智曰：「（忧忧）此字別無所見，須知即《莊子》之『適適』，借聲用之。」〔註16〕胡文英曰：「案：忧忧，膽寒也。吳中謂膽寒曰寒忧忧。」〔註17〕今吳方言尚有「寒忧忧」、「怕忧忧」之語〔註18〕。諸侯必植耳，言諸侯必懼耳，下文「諸侯皆恐」，是其誼也。金其源謂「耳」爲助句之詞，得之；而訓「植」爲行列，非也。

（20）於是智伯乃從韓魏圍襄子於晉陽

按：《戰國策‧趙策一》：「知伯從韓魏兵以攻趙，圍晉陽而水之。」《韓子‧難三》：「夫六晉之時，知氏最強，滅范、中行，而從韓魏之兵

〔註13〕 趙宗乙《淮南子札記》，黑龍江人出版社 2009 年版，第 250 頁。
〔註14〕 《漢語大詞典》（縮印本），漢語大詞典出版社 1997 年版，第 1107 頁。《漢語大字典》（第二版），崇文書局、四川辭書出版社 2010 年版，第 430 頁。
〔註15〕 今本《國語‧吳語》「忧」作「戚」。
〔註16〕 方以智《通雅》卷 10，收入《方以智全書》第 1 冊，上海古籍出版社 1988 年版，第 404 頁。
〔註17〕 胡文英《吳下方言考》卷 3，乾隆四十八年留芝堂刻本，第 7 頁。
〔註18〕 「寒忧忧」參見許寶華、宮田一郎《漢語方言大詞典》，中華書局 1999 年版，第 4354 頁。此二語亦余所親知者。

以伐趙。」《說苑‧權謀》：「智伯從韓魏之兵以攻趙，圍晉陽之城而溉之。」裴學海曰：「從，猶率也。」〔註19〕《史記‧趙世家》、《魏世家》、《說苑‧敬愼》、《論衡‧紀妖》並作「率」字，此篇下文「智伯率韓魏二國伐趙，圍晉陽」，又「今智伯率二君而伐趙」，亦並作「率」字。金正煒曰：「按《史記‧春申君傳》：『從而伐齊。』《索隱》云：『從猶領也。』」〔註20〕金說是，領亦率也。鮑彪注：「二國兵從之。」于鬯曰：「此從字爲從橫之從。」並非也。

（21）虞之與虢，相恃而勢也

按：裴學海曰：「而，猶之也。」〔註21〕于大成說同。《呂氏春秋‧權勳》作「虞、虢之勢是也」，《韓子‧十過》作「虞、虢之勢正是也」。俞樾改「勢」作「存」，于鬯、楊樹達改「而」作「之」，于省吾謂「而猶如也」，馬宗霍謂「而猶爲也」，王叔岷謂「而當作爲」，何寧改「勢」作「是」，並失之。裴氏「而猶之也」，說本楊氏《高等國文法》〔註22〕。楊氏校此書，自忘其說，至欲改字，惜乎！

（22）夫有陰德者，必有陽報；有陰行者，必有昭名

按：陰行，下文作「隱行」，《說苑‧貴德》、《文子‧上德》同。王念孫、陳昌齊據以改「陰」爲「隱」，是也。《記纂淵海》卷73引亦作「隱」，又卷58引誤作「陰」。

（23）百姓不親，五品不愼

按：《書‧舜典》：「百姓不親，五品不遜。」孔傳：「五品，謂五常。遜，順也。」愼，《說苑‧貴德》、《列女傳》卷1作「遜」，《御覽》卷207引《尚書大傳》、《史記‧殷本紀》、《後漢書‧鄧禹傳》作「訓」，《史記‧五帝本紀》作「馴」。《說文》：「愻，順也。《唐書》曰：『五品

〔註19〕參見裴學海《古書虛字集釋》，中華書局1954年版，第543頁。蕭旭《〈說苑〉校補》有補證，收入《群書校補》，廣陵書社2011年版，第523頁。
〔註20〕金正煒《戰國策補釋》，收入《續修四庫全書》第422冊，上海古籍出版社2002年版，第506頁。
〔註21〕裴學海《古書虛字集釋》，中華書局1954年版，第534頁。
〔註22〕楊樹達《高等國文法》，商務印書館1984年版，第314頁。

不愻。』」愻、遜，正、俗字。愼、訓、馴，並讀爲順。《御覽》卷83 引《史記》作「遜」，《御覽》卷59 引此文作「順」字。趙宗乙謂「愼」爲「遜」音誤〔註23〕，未達通假之誼也。

（24）三代種德而王，齊桓繼絕而霸

按：種，《御覽》卷842 引作「積」，《新序・善謀九》亦作「積」。鄭良樹謂「積德」義長，趙宗乙謂「種」爲「積」之誤〔註24〕，大誤。「種德」語本《書・大禹謨》「皐陶邁種德，德乃降」。此篇下文「故樹黍者不獲稷，樹怨者無報德」，即承此句，是種亦樹也，尤可證「種」字不誤。

（25）其父曰：「聖人之言，先忤而後合，其事未究，固試往復問之。」

按：《列子・說符》「忤」作「迕」，「固」作「姑」。忤、迕，並讀爲牾，《說文》：「牾，逆也。」固，楊樹達、蔣禮鴻讀爲姑〔註25〕，且也。

（26）其父曰：「此何遽不為福乎？」

按：《文選・幽通賦》李善注引同今本，《漢書・敘傳上》顏師古注、《韻府群玉》卷11、17 引作「此何詎不爲福」，《類聚》卷40 引作「此何詎不乃爲福」，《類聚》卷93、《御覽》卷896、《記纂淵海》卷98、《古今事文類聚》後集卷38、《古今合璧事類備要》別集卷81 引作「此何詎知不爲福」〔註26〕，《御覽》卷561 引作「此何知乃不爲福」。遽、詎古通，猶逐也。何遽，猶言豈便、怎麼就。王念孫謂「遽亦何也」，非是〔註27〕。「知」即「詎」字形誤。

（27）或直於辭而不害於事者，或虧於耳以忤於心而合於實者

按：王念孫曰：「害當爲周。周，合也。下文『不可用』亦當作『不周于

〔註23〕趙宗乙《淮南子札記》，黑龍江人出版社2009 年版，第251 頁。
〔註24〕趙宗乙《淮南子札記》，黑龍江人出版社2009 年版，第252 頁。
〔註25〕蔣禮鴻《續〈淮南子校記〉》，收入《蔣禮鴻集》卷3，浙江教育出版社2001年版，第374 頁。
〔註26〕《御覽》據《四庫》本，景宋本「詎」誤作「誰」。
〔註27〕辨見蕭旭《古書虛詞旁釋》，廣陵書社2007 年版，第181 頁。

事』。」此文本於《呂氏春秋‧別類》，《呂氏》高注：「家臣所謂直於辭而合事實者也。」即據此文，可爲王說旁證。鄭良樹惑於一本作「直於辭而不可用者」，謂當從下文作「不可用者」，駁王說爲「失之甚矣」，愼矣。

（28）其始成，竘然善也，而後果敗

　　許注：竘，高壯類（貌）。

　　按：竘，巧善也，古楚語，參見附錄二《〈淮南子〉古楚語舉證》。

（29）靖郭君將城薛，賓客多止之

　　按：止，《戰國策‧齊策一》、《韓子‧說林下》、《新序‧雜事二》作「諫」。《戰國策》高誘注：「諫，止之也。」

（30）無害子之慮無中於策，謀無益於國，然而心調於君，有義行也

　　按：《文子‧微明》：「言雖無中於策，其計無益於國，而心周於君合於仁義者，身必存。」言，謀慮也。此篇下文「言出君之口，入臣之耳，人孰知之者乎？」《韓子‧十過》、《戰國策‧趙策一》、《通鑑》卷 1「言」作「謀」。《呂氏春秋‧義賞》：「文公用咎犯之言。」高誘注：「言，謀也。」《越絕書‧吳內傳》：「不言同辭，不呼自來。」又《外傳計倪》：「不謀同辭，不呼自來。」

（31）君其許（詐）之而已矣

　　按：其，《韓子‧難一》同，《呂氏春秋‧義賞》作「亦」。裴學海曰：「亦，猶其也。」〔註28〕命令之辭。下文「且同情相成，同利相死，君其圖之。」《御覽》卷 321 引「其」作「亦」〔註29〕。

（32）智伯之爲人也，粗中而少親

　　按：粗，《御覽》卷 321 引作「麁」，《戰國策‧趙策一》亦作「麁」，鮑本、吳本作「麤」，《韓子‧十過》作「麤」。鮑彪注：「麤、粗同，

〔註28〕裴學海《古書虛字集釋》，中華書局 1954 年版，第 175 頁。

〔註29〕此據景宋本，《四庫》本作「盍」，亦命令之辭。參見蕭旭《古書虛詞旁釋》，廣陵書社 2007 年版，第 178 頁。

疏也。」吳師道《補注》：「粗屬少仁愛。」「粗」、「麤」、「麄」同。
考《策》上文「夫知伯之爲人，陽親而陰疏。」〔註 30〕以《策》
證《策》，是「麄」當訓疏，鮑注是也。「粗中」即「陰疏」，猶言
粗心。《三國志・程昱傳》：「夫布麤中少親，剛而無禮，匹夫之雄
耳。」亦用「麤」字。顧廣圻曰：「麤，《策》作『麄』。按當讀爲
怚。」〔註 31〕金正煒、楊樹達並本顧說，讀粗爲怚，引《說文》「怚，
驕也」以釋之〔註 32〕，非也。范祥雍謂「『怚』訛作『粗』，又易
作『麄』或『麤』，輾轉而失其本義矣」〔註 33〕，失於采擇，又從
而爲之辭。

（33）二君乃與張孟談陰謀，與之期〔日〕

按：《御覽》卷 321 引作「二君乃與孟談謀陰，與之盟」，《戰國策・趙策
一》作「二君即與張孟談陰約三軍，與之期日夜」，《韓子・十過》
作「二君因與張孟談約三軍之反，與之期日夜」，《通鑑》卷 1 作「二
子乃潛與張孟談約，爲之期日而遣之」。此文「陰謀」，言暗中謀畫
也〔註 34〕，與《策》之「陰約」、《通鑑》之「潛約」同義也。《御覽》
誤倒作「謀陰」。下文「三國陰謀，遂滅之」，亦作「陰謀」。王念孫
謂《御覽》「陰」屬下句，又引「盟」作「期」，並失之。《韓子》「因」，
與《策》之「即」、此文之「乃」同義〔註 35〕。何寧謂「因」爲「陰」
聲誤，亦非是。

（34）臣聞王主富民，霸主富武，亡國富庫

按：劉台拱曰：「武，士也，謂士卒也。」「武」爲古楚語，參見附錄二
《〈淮南子〉古楚語舉證》。

〔註 30〕《韓子・十過》「親」誤作「規」。
〔註 31〕顧廣圻《韓非子識誤》卷上，收入《諸子百家叢書》，上海古籍出版社影印浙
　　　　江書局本 1989 年版，第 170 頁。
〔註 32〕金正煒《戰國策補釋》，收入《續修四庫全書》第 422 冊，上海古籍出版社 2002
　　　　年版，第 507 頁。
〔註 33〕范祥雍《戰國策箋證》，上海古籍出版社 2006 年版，第 944 頁。
〔註 34〕許建平《淮南子補箋》已及，《中國典籍與文化論叢》第 6 輯，中華書局 2000
　　　　年版，第 357 頁。
〔註 35〕參見蕭旭《古書虛詞旁釋》，廣陵書社 2007 年版，第 31～32 頁。

（35）臣故稸積於民

按：稸，《御覽》卷 627 引作「蓄」，二字同，見《集韻》。

（36）文侯曰：「民春以力耕，暑（夏）以強耘，秋以收斂，冬間無事，以伐林而積之，負輻而浮之河，是用民不得休息也。」

按：《御覽》卷 627 引作「又伐林而積之」。裴學海曰：「以猶又也。《御覽》引『以』作『又』，是以意改。」〔註36〕王念孫謂當改作「又」，失之。

（37）餽聞倫曰

許注：餽聞倫，晉人也。

按：《治要》卷 41 引作「餽間倫」，注作「餽間倫，晉大夫」。《貞觀政要・誠信》、《舊唐書・魏徵傳》亦作「餽間倫」，《政要》有注：「間，去聲，後同。」《文苑英華》卷 695 魏徵《論時政疏》作「魏簡倫」。「餽間」、「魏簡」通。則「聞」字誤也。宋・王應麟《姓氏急就篇》卷上：「餽氏，《淮南子》晉有餽間倫。」是宋人所見，猶作「間」字也。

（38）請無罷武大夫，而鼓可得也

按：《貞觀政要・誠信》、《舊唐書・魏徵傳》、《文苑英華》卷 695 作「請無疲士大夫」。

（39）佞人得志，是使晉國之武舍仁而為佞

按：為，各本同，《治要》卷 41 引亦同，惟莊本作「後」。「為」字是，《貞觀政要・誠信》、《舊唐書・魏徵傳》、《文苑英華》卷 695 亦作「為」字。「為」與「舍」字對舉，為猶取也〔註37〕。下文「蓋聞君子不棄義以取利」，《御覽》卷 305 引「取」作「為」，亦其例。俞樾曰：『『後』乃『從』字之誤。」周祖謨曰：「『從』、『後』二字形近而訛。」〔註38〕當即本俞說。于鬯曰：「『後』疑即『厚』。」

〔註36〕裴學海《古書虛字集釋》，中華書局 1954 年版，第 33 頁。
〔註37〕參見蕭旭《古書虛詞旁釋》，廣陵書社 2007 年版，第 46～47 頁。
〔註38〕周祖謨《古書校勘述例》，《中國語文》1980 年第 2 期；收入《周祖謨學術論著自選集》，北京師範學院出版社 1993 年版，第 566 頁。

皆據誤本立說，非也。陳掄曰：「『後』就是『從』，並非形近而訛……『後』是『附』的轉音……『附』是『從』的轉音。」〔註39〕牽附之至，決不可信。

（40）師行數千里，數絕諸侯之地，其勢必襲鄭

按：絕，《御覽》卷 307 引作「過」，晉·皇甫謐《高士傳》卷上作「經」。《呂氏春秋·悔過》：「今行數千里，又絕諸侯之地以襲國，臣不知其可也。」〔註40〕高注：「絕，過也。過諸侯之土地，遠行襲國，必不能以克。」為此文所本。《賈子·屬遠》：「夫行數千里，絕諸侯之地而縣屬漢，其勢終不可久。」其文亦相類。作「絕」是故書，作「過」、「經」同義。《小爾雅》：「經，過也。」字或作徑，《史記·大宛列傳》：「經匈奴，匈奴得之。」《漢書·張騫傳》作「徑」，顏師古注：「道由匈奴過。」

（41）乃矯鄭伯之命以十二牛勞之

按：勞，《高士傳》卷上作「犒」。《廣雅》：「犒，勞也。」

（42）誕而得賞，則鄭國之信廢矣

按：《高士傳》卷上「誕」作「詐」，「信」作「政」。「政」字誤，《御覽》卷 506 引《高士傳》作「信」。誕亦詐也。

（43）鄭伯乃以存國之功賞弘高

按：功，《御覽》卷 307 引作「賞」，《高士傳》卷上亦作「賞」。

（44）為國而無信，是俗敗也

按：俗敗，王叔岷據下文「賞一人，敗國俗」，乙作「敗俗」，是也。《高士傳》卷上正作「敗俗」。

（45）牽牛蹊人之田

按：王念孫謂當據《御覽》所引作「人有牽牛而徑於人之田中」。檢景宋

〔註39〕陳掄《歷史比較法與古籍校釋》，湖南教育出版社 1987 年版，第 45～46 頁。
〔註40〕《淮南子·道應篇》同。

本《御覽》卷 305 引作「人有牽牛而往蹊於人之田中」，不知王據何本？

（46）張武為智伯謀曰

按：張武，《御覽》卷 305 引誤作「張式」。

（47）晉六將軍，中行文子最弱

按：最，《御覽》卷 305 引作「取」。取，讀爲最、冣。《莊子・達生》：「人之所取畏者，衽席之上，飲食之間。」馬其昶曰：「取，讀爲最。江南古藏本正作『最』。」〔註41〕

（48）非其事者勿仞也，非其名者勿就也

按：吳玉搢曰：「仞，認也。」〔註42〕吳氏另舉二例：《列子・天瑞篇》：「天地萬物不相離，仞而有之，皆惑也。」註：「仞即認。」《漢書・儒林傳》：「後賓死，莫能持其說，喜因不肯仞。」

（49）是故忠臣事君也，計功而受賞，不為苟得；積力而受官，不貪爵祿

按：積，王念孫謂當據《初學記》卷 20、《白帖》卷 49、《御覽》卷 633 所引校作「量」，蔣禮鴻謂「積字不誤，積猶程也」。裴學海謂「積爲訾之借字。訾，量也」〔註43〕。考《韓子・八說》：「計功而行賞，程能而授事。」此自君言之。二文有從君、從臣言的角度不同，故有「受」、「授（行）」不同的行文。然「積力」當即「程力」，亦即「程能」，無可疑也。竊謂「積」無「程」義，此文「積」當作「程」，字之誤也。

（50）費無忌復於荊平王曰：「晉之所以霸者，近諸夏也。」

許注：復，白也。

按：《左傳・昭公十九年》作「費無極言於楚子曰：『晉之伯也，邇於諸

〔註41〕馬其昶《莊子故》，黃山書社 1989 年版，第 129 頁。

〔註42〕吳玉搢《別雅》卷 4，收入景印文淵閣《四庫全書》第 222 冊，臺灣商務印書館 1986 年初版，第 725 頁。

〔註43〕裴學海《評高郵王氏四種》，《河北大學學報》1962 年第 2 期，第 58 頁。

夏』」。極、忌，伯、霸，並一聲之轉。言亦白也，邇亦近也。

（51）以來北方

按：來，《左傳·昭公十九年》作「通」，《呂氏春秋·愼行》作「求」。「求」
爲「來」形誤。于大成謂「求」字是，陳奇猷曰：「求猶招來也。」
〔註44〕並失之。

（52）衣不暇帶，冠不及正

按：暇，猶及也。已詳《道應篇》校補。

（53）聖人敬小愼微，動不失時

按：《玉篇》：「敬，愼也。」下文「此不知敬小之所生也」，亦同。

（54）同日被霜，蔽者不傷

按：二語亦見《文子·微明》。《論衡·幸偶》：「並時遭兵，隱者不中；
同日被霜，蔽者不傷。」《劉子·遇不遇》：「春日麗天而隱者不照，
秋霜被地而蔽者不傷。」

（55）夫爝火在縹烟之中也，一指之所能息也

按：縹，讀爲熛。《治要》卷36引《尸子·貴言》：「熛火始起，易息也。」
爲此文所本，字正作「熛」。

（56）積愛成福，積怨成禍

按：怨，《文子·微明》作「憎」。

（57）諸御鞅復於簡公曰

按：復，《呂氏春秋·愼勢》、《說苑·正諫》作「諫」。

（58）季平子怒，因侵郈氏之宮而築之

按：侵，《呂氏春秋·察微》誤作「歸」。高注：「侵郈氏宮以益己宅。」
高氏所見本不誤也〔註45〕。

〔註44〕陳奇猷《呂氏春秋新校釋》，上海古籍出版社2002年版，第1495頁。
〔註45〕參見陳奇猷《呂氏春秋新校釋》所引諸家說，上海古籍出版社2002年版，第
1020頁。

（59）季氏之無道，無上久矣

按：上「無」，讀爲舞，《呂氏春秋·察微》正作「舞」。畢沅改「舞」作
「無」，偵矣〔註46〕。下「無」，《呂氏春秋》同，讀爲憮，字亦作誣，
實爲侮，輕侮不敬也。《爾雅》：「憮，傲也。」《國語·周語下》：「迂
則誣人。」《漢書·賈誼傳》同。《賈子·禮容語下》「誣」作「無」，
潭本作「侮」，即其證〔註47〕。

（60）故蠹啄（蠔）剖梁柱，蟲蛗走牛羊

按：《說苑·說叢》作「蠹蠔仆柱梁，蚊蛗走牛羊」。劉台拱乙作「柱梁」，
謂「梁與羊爲韻」，是也。顧炎武曰：「啄，丁木切，上聲，則音主。
按此以啄與柱，蛗與羊爲韻。《說苑》則以梁與羊爲韻矣。」〔註48〕
顧說失之。剖，讀爲踣。《釋名》：「仆，踣也。」劉台拱謂「剖」當
作「仆」，何寧謂「剖」爲「踣」字之誤，趙宗乙謂「剖」借爲「仆」
〔註49〕，並失之。

（61）遇之無禮，必爲國憂

按：《韓子·十過》下句作「即恐爲曹傷」。傷，讀爲慯，《說文》：「慯，
憂也。」

（62）是故聖人深居以避辱，靜安以待時

按：《文子·微明》「辱」作「患」，「安」作「默」。

（63）譬猶失火而鑿池，被裘而用篳（篳）也

按：篳，古楚語。《類聚》卷69、《御覽》卷702引作「扇」，則易作通語
也。參見附錄二《〈淮南子〉古楚語舉證》。《類聚》引作「炎火鑿池，
披裘而扇，不能救也」，《御覽》引「也」字上亦有「不能救」三字，

〔註46〕參見陳奇猷《呂氏春秋新校釋》所引諸家說，上海古籍出版社2002年版，第
　　　　1022頁。
〔註47〕參見蕭旭《國語校補》，收入《群書校補》，廣陵書社2011年版，第80～81
　　　　頁。
〔註48〕顧炎武《唐韻正》卷14，收入景印文淵閣《四庫全書》第241冊，臺灣商務
　　　　印書館1986年初版，第366頁。
〔註49〕趙宗乙《淮南子札記》，黑龍江人出版社2009年版，第256頁。

疑今本脫。「炎」爲「失」之誤。

（64）夫牆之壞也（必）於隙，劍之折必有齧

許注：齧，缺也。

按：此爲當時諺語。已詳《說林篇》校補。齧，讀爲挈，音詰結切（qì），不音五結切（niè）。《說文》：「挈，刻也。」引申訓缺。字或作挈、契，《廣雅》：「挈，缺也。」王念孫曰：「《史記·司馬相如傳》：『挈三神之驩。』《集解》引韋昭云：『挈，缺也。』《漢書·毋將隆傳》：『契國威器。』李奇注云：『契，缺也。』挈、契並與挈通。」〔註50〕按《史記》：「挈三神之驩，缺王道之儀。」挈、缺對舉同義。《漢紀》卷29誤作「舉國威器」〔註51〕。字或作闋，《廣雅》：「闋，空也。」王念孫曰：「闋者，缺之空也。挈與闋聲近義同。」〔註52〕此作「齧」，可補王氏之未及也。

（65）令尹子國啜羹而熱，投卮漿而沃之

按：啜，《渚宮舊事》卷2同，《書鈔》卷144引作「歠」，《御覽》卷861引作「伏」。歠、啜，正、俗字，見《慧琳音義》卷2、66、94。「伏」字誤。沃，《書鈔》、《舊事》同，《御覽》引誤作「泛」。投，王念孫據《書鈔》、《御覽》、《舊事》所引改作「援」，訓引。按王校未是，類書以同義改之，未可盡據以改今本。投，讀爲揄，亦引也。《後漢書·班固傳》《西都賦》：「揄文竿，出比目。」李賢注：「《說文》曰：『揄，引也。』音投。」《文選·西都賦》李善本作「揄」，五臣本作「投」。李善注：「投與揄同，《說文》曰：『揄，引也。』音頭。」劉良注：「投，引也。」白居易《想東遊》：「投竿出比目，擲果下獼猴。」是白氏所見本亦作「投」字也。《史記·司馬相如傳》《子虛賦》：「揄紵縞。」《正義》：「揄，曳也。」《漢書》顏師古註：「張揖曰：『揄，引也。』揄，音踰，又音投也。」《文選·子虛賦》李善

〔註50〕王念孫《廣雅疏證》，收入徐復主編《廣雅詁林》，江蘇古籍出版社1998年版，第416頁。

〔註51〕張烈《兩漢紀》點校本失校，中華書局2002年版，第506頁。

〔註52〕王念孫《廣雅疏證》，收入徐復主編《廣雅詁林》，江蘇古籍出版社1998年版，第255頁。

本作「揄」，五臣本作「投」，《類聚》卷 66 引亦作「投」。張銑註：「投，空引也。」《太玄・玄瑩》《釋音》：「揄，音投，引也。」《書・酒誥》《釋文》：「揄，音投。」《莊子・漁父》《釋文》：「揄，李音投。投，揮也。」皆其顯證也。《釋名》：「醹，投也，味相投成也。」《太玄・務》《釋音》：「緰，七侯切，又音投。」《急就篇》卷 2 顏師古註引黃氏曰：「緰，音投。」《玉篇》：「牏，之句切，又音頭。」《史記・萬石君傳》《集解》引蘇林曰：「牏，音投。」《齊民要術・種桑柘》孫氏舊注：「醹，音頭。」〔註53〕《廣韻》「醹、剅、揄、廞、緰、歈、牏、窬、鱻（鱬）」九字與「投」同音度侯切，《集韻》「褕（褕）、揄、廞、緰、歈、牏、窬、鱻（鱬）、匬、逾、鰡、蒥」十二字與「投」同音徒侯切。《龍龕手鑑》：「剅，音頭。」又「窬，又音頭。」「頭」、「投」音同。皆其旁證也。

（66）明年，伏郎尹而笞之三百

許注：郎尹，主郎官之尹也。

按：郎，《書鈔》卷 144 引同，《渚宮舊事》卷 2 亦同，《御覽》卷 861 引誤作「節」〔註54〕。

（67）夫鴻鵠之未孚於卵也，一指蔑之，則靡而無形矣

按：《意林》卷 2 引作「鴻鵠在卵也，一指蔑之則破」。蔑，字書無，《記纂淵海》卷 52 引亦作「蔑」，《喻林》卷 38 引作「篾」。「蔑」當即「蔑」俗字，與「蔑」、「篾」通用。本字為濊，《說文》：「濊，拭滅貌。」字或作攃，《玄應音義》卷 13「蔑屑」條引《埤蒼》：「攃揳，拭滅也。」〔註55〕《集韻》：「攃，拭滅也。」又「攃，拭也。」《備

〔註53〕《四庫全書總目》卷 102：「考《文獻通考》載李燾孫氏《齊民要術音義解釋序》曰：『賈思勰著此書……奇字錯見，往往艱讀，今運使祕丞孫公為之音義，解釋略備。』則今本之注，蓋孫氏之書，特《宋藝文志》不著錄，其名不可考耳。」收入景印文淵閣《四庫全書》第 3 冊，臺灣商務印書館 1986 年初版，第 188 頁。

〔註54〕《四庫全書考證》卷 58：「刊本郎訛節，據《淮南子》改。」收入景印文淵閣《四庫全書》第 1499 冊，臺灣商務印書館 1986 年初版，第 279 頁。王叔岷亦謂「節」字誤。

〔註55〕《漢語大字典》、《故訓匯纂》引《埤蒼》皆誤作「懱，拭滅也」。

急千金要方》卷 1：「諸有脂膏藥，皆熬黃黑，別擣，令如膏，指攦，視泯泯爾，乃以向成散。」今吳語猶謂拭曰攦[註56]。字或作抹，《玉篇》：「抹，抹搬，滅也。」《廣韻》：「抹，抹搬，摩也。」陳廣忠本作「篾」，釋云：「篾，通『伐』。《說文》：『伐，擊也。』有按、壓義。」[註57]妄說通借，毫無理據。摩，讀爲糜，《說文》：「糜，碎也。」《意林》引作「破」，以同義字易之也。

（68）奮翼揮翲

許注：翲，六翮之末也。

按：翲，《記纂淵海》卷 52 引作「翲」，同。

（69）背負青天，膺摩赤霄

許注：赤霄，飛雲也。

按：霄，《記纂淵海》卷 52 引誤作「霜」。

（70）翱翔乎忽荒之上，析惕乎虹蜺之間

按：忽荒，《記纂淵海》卷 52 引作「荒忽」。析惕，景宋本同，一本作「彷徉」，一本作「徜徉」，《記纂淵海》卷 52 引作「掀揚」。「析惕」當爲「掀揚」之形誤。掀，讀爲軒，高也。軒揚，猶言高舉飛揚。《抱朴子外篇·審舉》：「而狡猾巧僞者，軒翥乎虹霓之際矣。」「軒翥」與之義近。于大成曰：「『析惕』即『徙倚』，劉績不解其義，改爲『彷徉』，茅一桂改爲『徜徉』，並非此文之舊。」「析惕」他書未見，不知于氏何所據而云即「徙倚」？

（71）雖有勁弩利矰微繳，蒲沮子之巧，亦弗能加也

按：蒲沮，一本作「蒲且」。《列子·湯問》：「蒲且子之弋也，弱弓纖繳，乘風振之，連雙鶬於青雲之際，用心專，動手均也。」加，《意林》卷 2 引作「得」。《詩·女曰雞鳴》：「弋言加之。」朱子注：「弋，繳射也。加，中也。」《文選·子虛賦》：「微矰出，纖繳施，弋白鵠，

[註56] 參見許寶華、宮田一郎《漢語方言大詞典》，中華書局 1999 年版，第 7324 頁。
[註57] 陳廣忠《淮南子斠詮》，黃山書社 2008 年版，第 1020 頁。

—618—

連駕鵞，雙鶬下，玄鶴加。」李善注：「高誘《淮南子》注曰：『加，
制也。』《戰國策》：『莊辛曰：黃鵠不知射者修繒繳，將加己也。』」
李周翰註：「連、加，謂以射綸罥也。」李善所引高誘《淮南子》注
語，當即此處之注；所引《戰國策》，見《楚策四》。「加」謂連繳而
射中之也。《文選・西京賦》：「磻不特絓，往必加雙。」《類聚》卷
57 後漢・劉梁《七舉》：「於是彈比翼，落鸝黃，加雙鶬，經駕鵞。」
《史記・楚世家》：「楚人有好以弱弓微繳加歸鴈之上者。」「加」字
義並同。

（72）江水之始出於岷山也，可攓衣而越也；及至乎下洞庭，鶩
石城，經丹徒，起波濤，舟杭一日不能濟也

按：攓，《記纂淵海》卷 66 引作「褰」。攓、褰，並讀爲攐。《說文》：「攐，
摳衣也。」《荀子・子道》：「昔者江出於岷山，其始出也，其源可以
濫觴；及其至江之津也，不放舟，不避風，則不可涉也。」〔註 58〕
爲此文所本。

（73）丘能仁且忍，辯且訥，勇且怯

按：忍，《論衡・定賢》同。《列子・仲尼》：「回能仁而不能反」，張湛注：
「反，變也。」訥，《御覽》卷 499 引《家語》同，《論衡・定賢》
作「詘」，《說苑・雜言》非「屈」。訥謂拙於言辭。詘、屈，讀爲拙，
笨拙，與「訥」同義。《家語・六本》：「賜能敏而不能詘」。王肅註：
「言人雖敏辯，亦宜有屈折時也。」失之。《列子・仲尼》作「賜能
辨（辯）而不能訥」。《史記・萬石張叔列傳》：「君子欲訥於言而敏
於行。」《集解》引徐廣曰：「訥字多作詘，音同耳，古字假借。」
馮登府亦曰：「作訥爲正，作詘者假借也。」〔註59〕《史記・曹相國
世家》：「擇郡國吏木詘於文辭重厚長者。」《通鑑》卷 12 作「木訥」。
《正義》：「詘、訥同。謂辭寡也。」《考證》：「古鈔本詘作訥，與《漢
書》合……《正義》依桃源鈔補。」〔註60〕王叔岷曰：「重刊北宋監

〔註58〕《類聚》卷 8 引「放」作「方」。《說苑・雜言》、《韓詩外傳》卷 3「放」作「方」，
　　　　「涉」作「渡」。《家語・三恕》「放」作「舫」。
〔註59〕馮登府《論語異文考證》卷 2，收入《叢書集成續編》第 36 冊，新文豐出版
　　　　公司 1991 年印行，第 347 頁。馮氏「詘」誤作「絀」，逕正。上文不誤。
〔註60〕瀧川資言《史記會注考證》，北嶽文藝出版社 1999 年版，第 3069 頁。

本詘作拙。詘、拙並當從古鈔本作訥，《通鑑》亦作訥。蓋訥誤爲詘，復易爲拙耳。」〔註61〕王說非也。《漢書》作「擇郡國吏長大訥於文辭謹厚長者」，孟康于「長大」下注云：「取年長大者。」「大」爲「木」誤，上「長」字爲衍文。下文既云「長者」，上文不得復言「長大」。孟康據誤文爲說，楊樹達、施之勉於此未加置辨〔註62〕。《史記‧李斯傳》：「辯於心而詘於口。」「詘」、「辯」對舉，與此文同，亦當讀爲拙。

（74）以三子之能易丘一道，丘弗為也

按：爲，《論衡‧定賢》同，《列子‧仲尼》作「許」，《家語‧六本》作「與」，《御覽》卷499引《家語》作「如」。如、與一聲之轉，猶許也。

（75）秦牛缺徑于山中而遇盜，奪之車馬，解其橐笥，施（拖）其衣被

許注：施（拖），奪。

按：正文及注之「奪」，讀爲挩，《說文》：「挩，也。」「奪」、「裭」、「解」對舉，當爲「脫落」、「脫卸」之義。三句言卸下他的車馬，解開他的橐笥，剝下他的衣裙〔註63〕。其結果雖是搶奪，但「奪」、「拖」不是「搶奪」義。《漢語大詞典》、《漢語大字典》並解「拖（扡）」爲「奪取」〔註64〕，非也。劉文典引錢大昕說，謂「拖」讀爲裭，與「扡」、「奪」聲近〔註65〕。惠棟曰：「《訟》：『終朝三裭之。』《說文》云：『裭，奪衣也，讀若池。』鄭康成本作『三扡之』音徒可反。棟案：《淮南‧人間訓》云：『秦牛缺遇盜，扡其衣被。』高誘曰：『扡，

〔註61〕 王叔岷《史記斠證》，「中央」研究院歷史語言研究所專刊之七十八，1983年版，第1893頁。

〔註62〕 楊樹達《漢書窺管》，收入《楊樹達文集》之十，上海古籍出版社1984年版。施之勉《漢書集釋》，（臺北）三民書局股份有限公司2003年版，第5152頁。

〔註63〕 「被」讀爲「帔」，裙也。張雙棣謂「被」指斗篷，茲所不取。

〔註64〕 《漢語大詞典》（縮印本），漢語大詞典出版社1997年版，第3577頁。《漢語大字典》（第二版），崇文書局、四川辭書出版社2010年版，第1960頁。

〔註65〕 錢大昕說見《十駕齋養新錄》卷4「《說文》校訛字」條，收入《嘉定錢大昕全集（七）》，江蘇古籍出版社1997年版，第85頁。

奪也。』是扡與襗字異而義同。」〔註66〕段玉裁曰：「奪當作敓。許訓奪爲遺失，訓敓爲彊取也。此等恐非許原文，後人以今字改古字耳。《周易・訟》：『上九，或錫之鞶帶，終朝三襗之。』侯果曰：『襗，解也。』鄭玄、荀爽、翟玄皆作『三扡之』。荀、翟訓扡爲奪。《淮南書》曰：『秦牛缺遇盜，扡其衣。』高注：『扡，奪也。』扡者，襗之假借字。引伸爲凡敓之偁。」桂馥曰：「奪當爲敓。」朱駿聲曰：「按：敓衣也。」沈濤曰：「襗本奪衣，故字從衣，而引申之，凡奪物皆謂之襗。」〔註67〕治《說文》諸家皆以爲「襗」就是「搶奪」、「彊取」義。諸說非也。段氏所引的《易》侯果注「襗，解也」，《釋文》引王肅說同，明顯不支持他的結論。「脫」、「解」同義。《慧琳音義》卷55引《說文》作「襗，謂解衣也」，又卷98引《說文》作「脫衣也」，雖皆以義改作，非《說文》舊本，然亦得其正解矣。《廣雅》：「襗，敓也。」《玄應音義》卷6引同，云「敓音奪」；又卷18引逕作「襗，奪也」。「敓」、「奪」亦並爲「挩」借字。《慧琳音義》卷81：「襗脫：《蒼頡篇》云：『襗，撤衣也。』」又卷98：「襗龍：《考聲》：『解衣也。』《蒼頡篇》：『撤衣也。』」所引二書解爲「解衣」、「撤衣」，與侯果、王肅說合，這也是「襗」非「搶奪」、「彊取」義的有力證據。《國語・齊語》：「脫衣就功。」韋昭注：「脫，解也。」「奪衣」即「脫衣」，亦即「解衣」也。《說文》解「襗」爲「奪衣」，此「奪」當讀爲挩，他臥切（tuò）〔註68〕，經典多借用「脫」字爲之〔註69〕。今吳語猶謂脫無紐扣之套衣爲 tuò。

（76）秦皇挾錄圖，見其《傳》曰：「亡秦者，胡也。」

　　許注：挾，鋪也。

〔註66〕惠棟《九經古義》卷1《周易古義》，收入《叢書集成新編》第10冊，新文豐出版公司1985年版，第164頁。

〔註67〕段玉裁《說文解字注》，桂馥《說文解字義證》，朱駿聲《說文通訓定聲》，沈濤《說文古本考》，並收入丁福保《說文解字詁林》，中華書局1988年版，第8450頁。

〔註68〕《漢語大字典》（第二版）音「tuì」，非也。崇文書局、四川辭書出版社2010年版，第592頁。

〔註69〕另參見蕭旭《〈說文〉「襗」字音義辨正》，《中國語學研究・開篇》第31卷，2012年9月日本株式會社好文出版，第197～203頁。

按：「鋪」當作「輔」，《廣雅》：「挾，輔也。」《釋名》：「挾，夾也，在傍也。」「挾」即從傍輔夾而持之之義也。《廣雅》所訓，即本許注。吳承仕謂「挾」當作「披」，無據。莊本「鋪」誤作「銷」，朱駿聲曰：「按：捎也。」〔註70〕失之愈遠。

（77）使蒙公、楊翁子將，築脩城，西屬流沙，北擊遼水，東結朝鮮

按：《法言·淵騫》：「或問：『蒙恬忠而被誅，忠奚可爲也？』曰：『塹山堙谷，起臨洮，擊遼水，力不足而死有餘，忠不足相也。』」亦作「擊」字。擊，方以智、吳玉搢謂借爲「及」〔註71〕；顧廣圻、馬宗霍謂當作「繫」；王念孫曰：「擊與罄同，謂北盡遼水也。」〔註72〕俞樾謂「罄」字之誤，訓盡；何寧則謂借爲「繫」。顧、馬說是，《樂府詩集》卷75《築城曲》解題引正作「繫」。《御覽》卷192引《史記》：「秦始皇使蒙恬北築長城，西屬流沙，東至遼水以捍胡。」「至」義亦相會。方、吳說可通，然未見相通之例。王說非是，罄是困倦、疲憊之義。

（78）中國內郡輓車而餉之

按：《漢書·馮奉世傳》：「發軵。」如淳曰：「軵，推也。」引此文作「內郡軵車而餉」，並云：「音而隴反。」《增韻》卷3引亦作「軵」。《集韻》：「軵、軵，《說文》：『反推車，令有所付也。』或從冗。」此文「輓」當作「軵」，形之誤也。考《覽冥篇》：「廝徒馬圉，軵車奉饟。」高注：「軵，推也。」正作「軵」字，尤爲確證。《漢書·嚴助傳》：「輓車奉饟，不在其中。」《通鑑》卷17同。顏師古注：「輓，引也。饟，亦餉字。」亦誤作「輓」。《漢紀》卷10作「挽車奉餉」，則又涉「輓」而易作「挽」。

〔註70〕 朱駿聲《説文通訓定聲》，武漢市古籍書店1983年版，第150頁。
〔註71〕 方以智《通雅》卷7，收入《方以智全書》第1冊，上海古籍出版社1988年版，第298頁。吳玉搢《別雅》卷5，收入景印文淵閣《四庫全書》第222冊，臺灣商務印書館1986年初版，第775頁。
〔註72〕 轉引自王引之《經義述聞》，江蘇古籍出版社1985年版，第620頁。

（79）欲知築脩城以備亡，不知築脩城之所以亡也；發適戍以備越，而不知難之從中發也

　　按：欲，猶已也〔註73〕。于大成曰：「『欲』字當衍，亦可爲『故』之誤文。」蔣禮鴻曰：「『欲』當作『故』。」〔註74〕張雙棣亦謂「欲」字衍，皆失之。備亡，當作「備越」。《泰族篇》：「戍五嶺以備越，築脩城以守胡。」《漢書・五行志》：「南戍五嶺，北築長城，以備胡越。」《鹽鐵論・誅秦》：「築長城以守胡，而亡其所守。」皆其確證。

（80）夫〔鳥〕鵲先識歲之多風也，去高木而巢扶枝

　　許注：扶，旁也。

　　按：高，《初學記》卷1、《白帖》卷2、《御覽》卷9、《事類賦注》卷2、《記纂淵海》卷57、97、《錦繡萬花谷》後集卷2、《埤雅》卷6、《會稽志》卷17、《太平廣記》卷461、《詩緝》卷2、《毛詩名物解》卷7引作「喬」。喬，高也。于大成謂「高蓋喬之壞」，非也。扶，讀爲旁、傍，《初學記》、《御覽》、《事類賦注》、《錦繡萬花谷》、《太平廣記》、《記纂淵海》卷97引逕作「傍」，《埤雅》、《詩緝》、《會稽志》、《毛詩名物解》引作「旁」。朱駿聲謂「扶」借爲枎〔註75〕，失之。

（81）野人怒，取〔其〕馬而繫之

　　按：繫，《御覽》卷55引作「擊」。

（82）子貢往說之，卑辭而不能得也

　　按：王念孫曰：「『子貢』上脫『使』字。《御覽》引此有『使』字。卑當爲畢，字之誤也。《御覽》引此作畢，《呂氏春秋》亦作畢。」王說皆非是。《呂氏春秋・必己》作「子貢請往說之」，是子貢主動往說之，非孔子所使也。不可據《御覽》卷55引補「使」字。卑，讀爲畢，而非字之譌也。《史記・吳太伯世家》：「子句卑立。」《吳越春

〔註73〕訓見裴學海《古書虛字集釋》，中華書局1954年版，第77頁。蕭旭《古書虛詞旁釋》有補證，廣陵書社2007年版，第20頁。

〔註74〕蔣禮鴻《續〈淮南子校記〉》，收入《蔣禮鴻集》卷3，浙江教育出版社2001年版，第375頁。

〔註75〕朱駿聲《說文通訓定聲》，武漢市古籍書店1983年版，第406頁。

秋・吳太伯傳》作「句畢」。

（83）大之與小，強之與弱也，猶石之投卵，虎之啗豚

按：二「與」，讀爲舉，取也。《說苑・指武》作「大之伐小，強之伐弱，猶大魚之吞小魚也，若虎之食豚也」，伐亦取也。

（84）非仁義儒墨不行，非其世而用之，則爲之擒矣

按：爲之，猶言爲所，表被動句式。何寧曰：「『之』字無所指，疑『人』字之誤。」非也。

（85）此皆載務而戲乎其調者也

按：《方言》卷10：「戲、泄，歇也。楚謂之戲、泄。」《說文》：「歇，一曰氣越泄。」《廣雅》：「戲，泄也。」調，和氣也。戲乎其調，言其和氣散泄也。此正用古楚語。治《方言》者於「戲」字皆未能舉證，據此可補例證。顧廣圻、陶鴻慶、楊樹達、馬宗霍、何寧並謂「戲」爲「虧」字之誤，非也。

（86）此察於小好，而塞於大道也

按：察，《文子・微明》作「拘」。

（87）趙宣孟活餓人於委桑之下，而天下稱仁焉

按：《呂氏春秋・報更》：「昔趙宣孟將上之絳，見骫桑之下有餓人，臥不能起者，宣孟止車，爲之下食。」〔註76〕蔣維喬曰：「《漢書・淮南王傳》注、《後漢書・文苑傳》注皆云：『骫，古委字。』委、萎雙聲。《左傳・宣二年》、《說苑・復恩篇》皆作『翳桑』。」《水經注》卷4：「昔趙盾田首山，食祁彌明翳桑之下，即於此也。」亦作「翳桑」。陳奇猷曰：「《詩・皇矣》傳云：『木自斃爲翳。』則翳桑謂枯死之桑也。委、萎、骫皆翳之同音通假字。杜注《左傳》謂『翳桑，桑之多蔭翳者』。以委、萎度之，則似訓枯死爲宜。」〔註77〕《公羊

〔註76〕《呂氏》之「骫桑」，《後漢書・趙壹傳》李賢注、《類聚》卷72引同，《初學記》卷26、《御覽》卷836、862、《古今事文類聚》續集卷16、《古今合璧事類備要》外集卷48引並作「翳桑」，蓋據《左氏》改。
〔註77〕二說並見陳奇猷《呂氏春秋新校釋》，上海古籍出版社2002年版，第905

傳・宣公六年》:「子某時所食,活我于暴桑下者也。」何休注:「暴
桑,蒲蘇桑。」考《方言》卷13:「㧉,廢也。」錢繹曰:「《釋詁》:
『㧉劉,暴樂也。』郭注云:『謂樹木葉缺落蔭疏。』暴桑,當訓暴
樂之暴,亦㧉廢之意……委讀若萎,言桑之既萎者,與暴桑之義正
合。何休注……亦失之。」〔註78〕錢、陳之說並是也。「翳」訓木自
斃者,本字爲殪。《說文》:「殪,死也。」《詩・皇矣》《釋文》引《韓
詩》正作「殪」。朱起鳳曰:「委、翳雙聲字,委古亦作骫。『蒲蘇』
即扶疏,與杜氏『多蔭翳』之說正合。」〔註79〕朱氏申杜,未得。
江永、王引之、馬宗璉並謂「翳桑」是地名〔註80〕。

(88) 少而貪其力,老而棄其身,仁者弗為也

　　按:《韓詩外傳》卷 8 作「少盡其力,而老去其身」。去,棄也,形、聲
　　俱近。《文選・赭白馬賦》、《東武吟》李善註二引,「去」並作「棄」,
　　《治要》卷 8、《類聚》卷 93、《白帖》卷 96、《御覽》卷 486、893、
　　《事類賦注》卷 21、《古今合璧事類備要》別集卷 81 引亦作「棄」。
　　趙善詒、賴炎元、屈守元謂「去」爲「棄」之誤〔註81〕,非也。

(89) 罷武聞之

　　按:罷武,《韓詩外傳》卷 8 作「窮士」。楚人謂「士」爲「武」。下文「勇
　　武」,《外傳》卷 8 作「勇士」。

(90) 有一蟲舉足將搏其輪

　　按:搏,《韓詩外傳》卷 8 作「搏」,《爾雅翼》卷 25 亦作「搏」。《外傳》
　　之「搏」,《事類賦注》卷 30 引同,《類聚》卷 97 引作「轉」,《書鈔》

　　　　頁。
〔註78〕錢繹《方言箋疏》,上海古籍出版社 1984 年版,第 724 頁。
〔註79〕朱起鳳《辭通》,上海古籍出版社 1982 年版,第 863 頁。
〔註80〕江永《春秋地理考實》,馬宗璉《春秋左傳補注》,分別收入阮元《清經解》
　　　　第 2、8 冊,鳳凰出版社 2005 年版,第 1956、9969 頁。王引之《經義述聞》
　　　　卷 18,江蘇古籍出版社 1985 年版,第 421 頁。
〔註81〕趙善詒《韓詩外傳補正》,商務印書館 1938 年版,第 209 頁。賴炎元《韓詩
　　　　外傳校勘記》,(香港)《聯合書院學報》第 1 期,1962 年出版,第 92 頁。又
　　　　賴炎元《韓詩外傳今注今譯》,臺灣商務印書館 1979 年第 3 版,第 361 頁。
　　　　屈守元《韓詩外傳箋疏》,巴蜀書社 1996 年版,第 746 頁。

卷139、《御覽》卷436、946、《古今事文類聚》別集卷18引作「搏」〔註82〕，《後漢書·袁紹傳》李賢注引作「持」。「搏」當爲「搏」形誤。《類說》卷38引《家語》亦作「搏」。《廣雅》:「搏，擊也。」持，相持、對抗，義亦相會。《莊子·人間世》:「汝不知夫螳螂乎？怒其臂以當車轍。」又《天地》:「猶螳螂之怒臂以當車軼。」《類聚》卷97引作「螳蜋怒臂以拒車轍」。「當」亦抗拒義，可爲確證。《類聚》作「轉」者，又涉「搏」而誤，此岐之又岐者也。屈守元謂「搏」字不誤，即圓轉之義〔註83〕，非也。

（91）越王句踐，一決獄不辜，援龍淵而切其股，血流至足以自罰也

按：一，猶偶也〔註84〕。《俶眞篇》:「夫貴賤之於身也，猶條風之時麗也；毀譽之於己，猶蚊虻之一過。」「時」、「一」對舉同義，時亦猶偶也。《書鈔》卷118、《御覽》卷296引乙作「決一」，未得其誼而妄改也。辜，當作「平」，字之誤也。已詳《兵略篇》校補。何寧校「辜」作「當」，未得其字。

（92）子發辨擊劇而勞佚齊，楚國知其可以爲兵主也

許注：辨，次第也。擊劇，次第罷勞之賞，各有齊等也。或曰：子發辨擊之勞佚齊。子發築設勞佚之節，是以楚知可爲兵。齊，同。

按：許氏未得「擊劇」之誼。擊，讀爲懯。《說文》:「懯，懤也。」《玉篇》:「懯，極也。」《廣韻》:「懯，劇也。」「極」亦「懤劇」之義。「懯」、「劇」同義連文。句言子發辨別其疲勞而使勞佚齊等也。陳廣忠曰：「擊，一也，有『相當』義。劇，猶難也。」〔註85〕不知陳氏何所解。

（93）魯君曰：「吾欲免之而不能，爲奈何？」

按：馬宗霍曰：「爲，猶將也。」失之。爲，介詞，其下省「之」字。《史

〔註82〕《書鈔》據孔廣陶本，陳禹謨本作「搏」。
〔註83〕屈守元《韓詩外傳箋疏》，巴蜀書社1996年版，第748頁。
〔註84〕參見蕭旭《古書虛詞旁釋》，廣陵書社2007年版，第87頁。
〔註85〕陳廣忠《淮南子斠詮》，黃山書社2008年版，第1038頁。

記・越世家》：「楚王素信莊生，曰：『今爲奈何？』」又《劉敬傳》：
「上曰：『誠可，何爲不能，顧爲奈何？』」皆其例。《史記・留侯世
家》：「沛公默然良久，曰：『固不能也，今爲奈何？』」《項羽本紀》
作「沛公默然曰：『固不如也，且爲之奈何？』」此尤爲確證。吳昌瑩
曰：「今爲，言今將也。」〔註86〕亦失之。《晏子春秋・內篇諫上》：
「景公曰：『今爲之奈何？』」此則不省「之」字之例也。

（94）魯哀公爲室而大，公宣子諫曰：「室大，眾與人處則譁，少
　　　與人處則悲，願公之適。」

　　按：《御覽》卷 174 引《新序》作「公儀子諫曰：『室大，眾與人處則嘩，
　　　　少與人處則悲，願公適之也。』」「嘩」爲「譁」形誤，「嘩」同「譁」，
　　　　見《集韻》。適，讀爲釋，舍也。于大成曰：「此疑當作『願公之適
　　　　之也』。」于說是也，「願公之適」句末省賓語「之」字，《戰國策・
　　　　趙策三》：「願公之熟圖之也。」又《韓策三》：「願公之行之也。」
　　　　又《韓策一》：「願公之聽臣言也。」皆其完整句型，句末有賓語「之」、
　　　　「臣言」。又《韓策二》：「願公之察也。」句末亦省賓語「之」字，
　　　　本當作「願公之察之也」。

（95）諺曰：「鳶墮腐鼠，而虞氏以亡。」

　　按：《劉子・遇不遇》：「鴟墮腐鼠，非虞氏之慢。」「鳶」同「鴟」。

（96）財貨無訾

　　按：訾，《列子・說符》作「訾」。訾，《類聚》卷 33 引作「貲」，《御覽》
　　　　卷 472 引作「比」。

（97）升高樓，臨大路

　　按：升，《御覽》卷 911、923 引作「登」，《列子・說符》同。

（98）子發盤罪威王而出奔

　　許注：盤，辟也。發得罪，辟於威王。

　　按：許注盤訓辟，則許氏讀爲般。《說文》：「般，辟也，象舟之旋。」「盤

〔註86〕吳昌瑩《經詞衍釋》，中華書局 1956 年版，第 33 頁。

辟」爲「盤旋」、「回繞」義，而非「避讓」義，許注非也。「威王」
上當據《御覽》卷 636 引補「于」字。盤，疑讀爲冤。《御覽》引「盤」
作「得」，恐爲宋人臆改，何寧謂許、高之異，未必然也。俞樾謂「盤」
爲「服」之誤，「服」又讀爲「負」，稍爲迂曲。于省吾謂「盤」借
爲「畔」、「叛」，解爲「背叛得罪」，一則增字解經，二則子發叛君，
史無明文，恐于說有誣古人，不可從也。

（99）吾怨之慘於骨髓

按：髓，《御覽》卷 636 引誤作「體」。

（100）然而甲卒三千人，以擒夫差於姑胥

按：以，猶卒也、終也〔註87〕。

（101）夫狐之捕雉也，必先卑體彌耳，以待其來也；雉見而信之，
故可得而擒也

按：《吳越春秋・勾踐陰謀外傳》：「子胥曰：『狐雉之相戲也，夫狐卑體，
而雉信之，故狐得其志而雉必死。』」可互參證。彌耳，景宋本作「弭
耳」，《記纂淵海》卷 60 引同。王念孫曰：「彌耳，當爲『弭毛』，《御
覽・人事部一百三十五》、《獸部二十一》引此並云『必先卑體弭毛』。」
王氏校作「弭毛」，殊無必要。方以智曰：「弭耳，亦作『彌耳』。」
〔註88〕于大成亦曰：「弭、彌古亦通用。」弭、彌，低垂〔註89〕。

（102）使狐瞋目植睹，見必殺之勢，雉亦知驚憚遠飛以避其怒矣

許注：植睹，枉尾也。

按：瞋，《御覽》卷 494 引作「瞑」，《記纂淵海》卷 60 引作「嗔」，皆誤
引。「植睹」二字諸說紛紜，待考。《御覽》、《淵海》皆刪「植睹」
二字。

〔註87〕參見蕭旭《古書虛詞旁釋》，廣陵書社 2007 年版，第 12～13 頁。
〔註88〕方以智《通雅》卷 7，收入《方以智全書》第 1 冊，上海古籍出版社 1988 年
版，第 304 頁。
〔註89〕參見蕭旭《銀雀山漢簡〈六韜〉校補》，《文津學志》第 4 輯，北京圖書館出
版社 2011 年版，第 38～39 頁。

《脩務篇》校補　卷第十九

（1）禹沐浴霪雨，櫛扶風

高注：扶風，疾風。

按：「浴」字衍，王念孫已及。《覽冥篇》：「降扶風。」高注同此。王念孫指出語本《莊子·天下》「（禹）沐甚雨，櫛疾風」。高注「扶風，疾風」，即本《莊子》爲說也。《文選·和王著作八公山詩》李善注、《類聚》卷 11、《御覽》卷 82、《太平寰宇記》卷 46 引「霪」作「淫」，「扶」作「疾」。《御覽》卷 9 引注作「扶風，奔風」，《劉子·知人》：「（禹）櫛奔風，沐驟雨。」皆各以意改之。「甚」爲「湛」省借，與「淫（霪）」音相轉。扶風，謂扶搖之風。《爾雅》：「扶搖謂之猋。」郭璞注：「暴風從下上也。」《莊子·逍遙遊》：「摶扶搖羊角而上。」《釋文》引司馬彪曰：「上行風謂之扶搖。」成玄英疏：「扶搖，旋風也。」《原道篇》：「扶搖抮抱羊角而上。」高注：「扶，攀也。搖，動也。抮抱，引戾也。扶搖如羊角，轉如曲縈行而上也。」扶搖，謂風相扶旋轉，從下而上，即旋風也，也即是疾風。《說文》：「飆，扶搖風也。」《初學記》卷 1 引作「飇，疾風也」。此「扶搖風」即「疾風」之證。「猋（飆）」即「扶搖」之合音或急讀〔註1〕。以「疾風」解「扶風」、「扶搖風」，以其旋轉疾上，並非「扶」有「疾」訓。俗字或作「飈飀」、「颮颮」，《玉篇》：「飈，風自上下爲之飈飀

〔註1〕黃侃曰：「扶搖謂之猋。猋者扶搖之合聲。」黃侃《爾雅音訓》，上海古籍出版社 1983 年版，第 168 頁；又黃侃《聲韻略說·論反切未行以前之證音法二》：「扶搖合聲爲猋。」收入《黃侃論學雜著》，中華書局 1964 年版，第 115 頁。

也。」今本作「上下」，說與郭璞、司馬彪相反，胡吉宣乙作「風自下上」〔註2〕，是也。《集韻》：「飆，大風也，通作扶。」「扶搖之風」可省作「扶風」，《淮南》二例是也；俗字或作「颷風」，《廣韻》：「颷，颷風，大風。」亦可省作「搖風」，《文選・恨賦》：「搖風忽起，白日西匿。」李善注：「《爾雅》曰：『颷飆謂之飆。』颷音扶，飆與搖同。」俞樾謂「扶」爲「疾」誤，于大成從之，非也。陶方琦據《御覽》卷9引注「扶風，奔風」，謂「扶」爲「疾」誤，作「疾風」是許本，呂傳元從之，亦專輒矣，未可信從。

（2）輕賦薄斂，以寬民氓

高注：寬，猶富。野民曰氓也。

按：氓，《御覽》卷82引作「力」，又卷83引作「泯」，並誤。寬，緩也，高注非是。《史記・衛將軍驃騎列傳》：「減隴西北平上郡戍卒之半，以寬天下之繇。」《漢紀》卷13：「薄賦斂，省徭役，以寬民。」皆與此文用法相同。吳承仕曰：「寬不得訓富。以注校之，寬當爲實。《說文》：『實，富也。』」吳氏據高氏誤注以改不誤之正文，失之甚矣。《御覽》卷82、83二引，並作「寬」字。

（3）此五聖者，天下之盛主，勞形盡慮，為民興利除害而不懈

按：盛主，《類聚》卷20、《御覽》卷401引作「聖人」。「盛」當即「聖」之音誤。

（4）〔夫〕奉一爵酒，不知於色；挈一石之尊，則白汗交流

按：於色，《類聚》卷73引同，《御覽》卷469、761、《永樂大典》卷3582引並作「於邑」，蔣禮鴻已指出「於邑」誤，云「不知於色猶不見於色，言顏色不變也」〔註3〕。挈一石之尊，《類聚》卷73引作「挈萬石樽」，《御覽》卷469引作「潔石之樽」，又卷761引作「挈石之樽」。「潔」當作「絜」，《集韻》：「絜，提也。」實亦借爲挈。尊、樽，正、俗字。

〔註2〕 胡吉宣《玉篇校釋》，上海古籍出版社1989年版，第3908頁。
〔註3〕 蔣禮鴻《淮南子校記》，收入《蔣禮鴻集》卷4，浙江教育出版社2001年版，第234頁。

（5）又況贏天下之憂而〔任〕海內之事者乎

按：馬宗霍謂「贏」與「任」為對文，義猶儋也，字或作攍。馬說是也，
而猶未盡。字或作贏、攍、籯，本字為籯〔註4〕。《類聚》卷 20、73、
《御覽》卷 469、761 引作「贏」，並誤〔註5〕。《御覽》卷 401 引作
「焦天下之憂而平海內之事」，恐為臆改。

（6）聖人不恥身之賤，而愧道之不行；不憂命之短，而憂百姓之
窮

按：《齊民要術自序》引「短」上有「長」字，蓋臆增，《文子・自然》
無「長」字。愧，《文子》作「惡」。

（7）是故禹之為水，以身解於陽盰（盰）之河

高注：為治水解禱，以身為質。解讀解除之解。

按：解，《齊民要術自序》、《文選・與廣川長岑文瑜書》李善注、《書鈔》
卷 90、《類聚》卷 11、《御覽》卷 82、529 引並同，《三國志・郤正
傳》《釋譏》：「陽盰請而洪災息，桑林禱而甘澤滋。」裴松之注引
作「請」。裴氏改字以就正文也，非《淮南》舊本作「請」字也。
古人注書每有此例。《玉海》卷 21、《海錄碎事》卷 2 引亦作「請」，
蓋即據裴氏轉引耳。高注當以「為治水解禱」為句，「為」讀去聲，
介詞。鍾佛操曰：「高注『為治』下衍『水』字。為，治也。解，
禱也。皆詮釋之詞而省『也』字耳。」張雙棣逗作：「為，治水。
解，禱。以身為質。」何寧逗作：「為，治水。解，禱以身為質。」
並失之。「解」無「禱」訓，當「解禱」為詞。《北齊書・帝紀》：「解
禱無方。」倒言則作「禱解」，《公羊傳・隱公四年》何休注：「巫
者事鬼神，禱解以治病請福者也。」解即解除之義。

（8）強掩弱，眾暴寡，詐欺愚，勇侵怯

〔註 4〕參見蕭旭《敦煌寫卷〈莊子〉校補》，收入《群書校補》，廣陵書社 2011 年版，
第 1223 頁。

〔註 5〕《類聚》據汪紹楹校本，上海古籍出版社 1982 年版，第 360、1258 頁。《四
庫》本《類聚》卷 20 引作「贏」，卷 73 引作「贏」。《四庫全書》第 887、888
冊，臺灣商務印書館 1986 年初版，第 472、536 頁。

按：掩，《治要》卷35引《文子》同，《文子·自然》作「陵」。何寧曰：「疑詐當為智。」何說非也。《御覽》卷77、《記纂淵海》卷43引作「詐」，《文子》、《長短經·政體》同。《墨子·天志上》：「強者劫弱，貴者傲賤，多詐欺愚。」又《非樂上》：「強劫弱，眾暴寡，詐欺愚，貴傲賤。」又《兼愛中》：「強必執弱，富必侮貧，貴必傲賤，詐必欺愚。」皆「詐」字不誤之證。

（9）懷知而不以相教，積財而不以相分

按：知，讀為智，《文子·自然》正作「智」。《墨子·尚同上》：「至有餘力不能以相勞，府列餘財不以相分，隱匿良道不以相教。」為此文所本。

（10）〔為〕絕國殊俗，僻遠幽閒之處，不能被德承澤，故立諸侯以教誨之

高注：能，猶及也。

按：能，猶得也，高注非是。《文子·自然》、《長短經·政體》作「不得被澤」。

（11）是以地無不任，時無不應

按：二句《治要》卷35引《文子》同，今本《文子·自然》作「是以天地四時，無不應也」，蓋失其舊。

（12）伯里奚轉鬻，管仲束縛

高注：伯里奚，虞臣，自知虞公不可諫而去，轉行自賣於秦，為穆公相而秦興也。

按：轉鬻，《文子·自然》作「傳賣」。轉，讀為傳。《楚辭·王逸·九思》：「管束縛兮桎梏，百貿易兮傳賣。」即本此書，字正作「傳」。《戰國策·秦策五》：「百里奚，虞之乞人，傳賣以五羊之皮。」高誘注：「百里奚，虞臣。虞君不用，傳之門，自鬻於秦，號五羊大夫。」《說苑·尊賢》：「百里奚道之於路，傳賣五羊之皮，秦穆公委之以政。」《呂氏春秋·慎人》：「（百里奚）飯牛於秦，傳鬻以五羊之皮。」「傳賣」即「傳鬻」，「賣」、「鬻」義同，古或同音。《史記·呂不韋傳》《索隱》：「賣貴，王劭賣音作育。按：育、賣義同，

今依義。」〔註6〕字或作儥、粥，《周禮・地官・司徒》：「以量度成賈而征儥。」《釋文》：「儥，劉音育。」《通典》卷 11 引作「儥，音鬻」。《集韻》：「儥，《說文》：『賣也。』鄭康成曰：『買也。』通作粥。」

（13）是以聖人不高山，不廣河，蒙恥辱以干世主，非以貪祿慕位，欲事起天下〔之〕利，而除萬民之害

高注：事，治也。

按：事，務也，猶言勉力、致力也。高注非是。已詳《俶眞篇》校補。王念孫刪「起」字，楊樹達、于省吾並駁之，是也。但楊氏「事」訓從事，于氏謂「事、使同字」，亦未得厥指。于大成、何寧並從楊說，斯爲失之。

（14）堯瘦臞，舜黴黑

按：《意林》卷 1 引《尸子》：「堯瘦舜黑，皆爲民也。」爲此文所本。臞，《文子・自然》《纘義》本同，明刊本作「癯」，《治要》卷 35、《路史》卷 21 引《文子》作「癯」。「癯」同「臞」，見《廣韻》。黴，《類聚》卷 20 引作「微」，《齊民要術自序》引作「黎」，《文子》作「黧」，《長短經・是非》作「黎」，《治要》卷 35 引《文子》作「梨」。微，讀爲黴，已詳《本經篇》校補。黎，黃黑色，字或作「黧」，「梨」則爲借字。疑高本作「黴」而許本作「黎」。《路史》卷 21 引《文子》作「徽」，則「微」字之誤也。

（15）思慮不用

按：用，《齊民要術自序》引同，《治要》卷 35 引《文子》亦同，《文子・自然》誤作「困」。

（16）夫地勢，水東流，人必事焉，然後水潦得谷行

高注：水勢東流，人必事而通之，使得循谷而行也。

按：一本注文「東流」上有「雖」字，是也。《齊民要術・種穀》引正有「雖」字。谷行，高注云循谷而行，謂水潦注谿谷，谿谷入江河，

〔註6〕以上酌參王利器《文子疏義》，中華書局 2000 年版，第 373 頁。

而後東流也。俞樾謂「水之東流豈必循谷而行乎」，因改「谷」爲「沿」。本篇下文云：「江河之回曲，亦時有南北者，而人謂江河東流。」循谷之水，固不必東流也，然何礙於東流入海乎？俞氏所改，非也。《齊民要術》引作「谷行」，與今本正同。馬宗霍謂「谷」訓通、中、潛伏，更爲迂曲難信。

（17）禾稼春生，人必加功焉，故王（五）穀得遂長

高注：加功，謂「是薅是蓘」，耘籽之也。遂，成也。

按：耘籽，《齊民要術・種穀》引作「芸耕」。

（18）私志不得入公道，嗜欲不得枉正術

按：枉，《治要》卷35引《文子》同，《文子・自然》作「挂」。「枉」俗字作「抂」，因而形誤作「挂」。

（19）足重繭而不休息

按：繭，讀爲𧂐〔註7〕。《說文》：「𧂐，黑皴也。」字或作跰，《莊子・天道》：「百舍重跰而不敢息。」《釋文》：「跰，胝也。許愼云：『足指約中斷傷爲跰。』」《類篇》：「跰，久行傷足謂之跰也。」俗字作𤿜，《廣韻》：「𤿜，皮起。跰，上同。」

（20）九攻而墨子九卻之，弗能入

按：《墨子・公輸》：「公輸盤九設攻城之機變，子墨子九距之。」《呂氏春秋・愛類》：「九攻之，墨子九卻之，不能入。」爲此文所本。《御覽》卷752引此文「卻」作「拒」，「弗能入」上有「終」字。拒、距，並讀爲距。

（21）段干木辭祿而處家，魏文侯過其閭而軾之

高注：閭，里。《周禮》：「二十五家爲閭。」

按：閭，《呂氏春秋・期賢》、《新序・雜事五》同，《文選・魏都賦》：「千乘爲之軾廬，諸侯爲之止戈，則干木之德，自解紛也。」劉淵林注引《呂氏》、《通鑑》卷55胡三省註引《新序》並作「廬」。廬，讀

〔註 7〕參見朱駿聲《說文通訓定聲》，武漢市古籍書店 1983 年版，第 723 頁。

為閭〔註8〕。《新語・本行》：「段干木，徒步之士，修道行德，魏文侯過其閭而軾之。」《史記・魏世家》：「文侯受子夏經藝，客段干木，過其閭，未嘗不軾也。」《正義》引皇甫謐《高士傳》：「（魏文侯）出過其閭而軾。」皆用本字「閭」。《太平寰宇記》卷6引《史記》作「廬」，今本皇甫謐《高士傳》卷中亦作「廬」，《類聚》卷36引魏隸《高士傳》亦同。《水經注》卷4：「干木，晉之賢人也，魏文侯過其門，式其廬。」《白帖》卷22：「式廬：魏文侯過段干木之廬必式之。」皆用借字「廬」。《書・武成》：「式商容閭。」孔傳：「式其閭巷以禮賢。」《後漢書・郎襄傳》李賢注引《尚書大傳》：「武王入殷，表商容之閭，歸傾宮之女。」《韓詩外傳》卷3：「表商容之閭。」「文侯軾干木」，與「武王式商容」，其事相比也。《書鈔》卷11引《帝王世紀》：「式商容廬。」亦用借字。

（22）段干木不趍勢利，懷君子之道，隱處窮巷，聲施千里

高注：趍，走。聲，名也。施，行也。

按：趍，《文選・魏都賦》劉淵林注引《呂氏春秋》作「趣」，皇甫謐《高士傳》卷中作「移」。「趍」為「趨」俗字，「趣」則借字，「移」即「趍」形誤。《史記・魏世家》《正義》引皇甫謐《高士傳》正作「趨」，《類聚》卷36引魏隸《高士傳》作「趣」。施，《蒙求集註》卷下引作「馳」，《文選》劉淵林注引《呂氏》亦作「馳」，皇甫謐《高士傳》、《類聚》卷36引魏隸《高士傳》亦並作「馳」。《文選・齊竟陵文宣王行狀》：「公內樹寬明，外施簡惠。」五臣本作「馳」。《集韻》：「施，及也。」本篇下文「名施後世」，高注：「施，延也。」

（23）段干木光於德，寡人光於勢

按：二「光」字，《呂氏春秋・期賢》同，皇甫謐《高士傳》卷中作「先」。「先」即「光」形誤。《史記・魏世家》《正義》引《高士傳》已誤作「先」字。勢，《文選》劉淵林注引《呂氏》、皇甫謐《高士傳》同，《呂氏》、《新序・雜事五》作「地」。

〔註8〕《左傳・昭公二十七年》：「闔廬以其子為卿。」《史記・刺客傳》、《吳越春秋・王僚使公子光傳》作「闔閭」。是其例。古字從呂從盧多通，參見張儒、劉毓慶《漢字通用聲素研究》，山西古籍出版社2002年版，第358頁。

（24）干木雖以己易寡人，不為

　　高注：使干木之己賢，易寡人之尊，不肯爲之矣。

　　按：《呂氏春秋・期賢》：「段干木未嘗肯以己易寡人也。」高注：「謂以
　　　　己之德易寡人之處，不肯也。」爲此文所本。《新序・雜事五》同
　　　　《呂氏》，《御覽》卷 474 引《新序》作「段干木未肯以己易寡人之
　　　　貴也」。《蒙求集註》卷下引作「干木難以勢易寡人，弗爲」，「難」
　　　　爲「雖」誤字。

（25）於是秦乃偃兵，輟不攻魏

　　按：偃，《呂氏春秋・期賢》作「按」，《新序》作「案」，並一聲之轉也。
　　　　《爾雅》：「按，止也。」

（26）夫墨子跌蹏而趨千里，以存楚宋；段干木闔門不出，以安
　　　秦魏

　　高注：跌，疾行也。蹏，趨走也。

　　按：王引之曰：「書傳無訓跌爲疾行者，跌當作跰，注當作『跰蹏，疾
　　　　行也。趨，走也。』……《廣雅》：『駃，奔也。』『趏，疾也。』
　　　　駃、趏並與跰通。《玉篇》：『跰，疾也。』是疾行爲跰也。《說文》：
　　　　『跰，蹏也。』蹏亦奔也。蹏、蹏古字通。是疾行又爲蹏也。合言
　　　　之則曰跰蹏。」于省吾曰：「人之疾行而言跰蹏，他書無徵。《說文》
　　　　『跰，蹏也。』即《莊子・馬蹄》『怒則分背相蹏』之蹏也。此文
　　　　跌字不誤，蹏應讀作蹉跎之跎。是跌跎均謂足之失據也。跌跎而趨
　　　　千里，乃形容其奔趨之踣頓顚仆也。」今本《說文》作「趏，蹏也」，
　　　　王氏誤作「跰」；蹏即踢義，于說是也，王氏誤解。然于氏「跌跎」
　　　　之說，於古亦無徵。竊謂王校「跌」爲「跰」是也〔註9〕，而所釋
　　　　則非。「跰蹏」即「決蹏」，猶今言腳走壞了。上文云：「昔者楚欲
　　　　攻宋，墨子聞而悼之，自魯趨而十日十夜，足重繭而不休息，裂衣
　　　　裳裹足，至於郢。」墨子趨路，以致足重繭，裂衣裳而裹之，即所
　　　　謂「決蹏」也。《御覽》卷 82 引《尸子》：「飛鳥鎩翼，走獸決蹏。」
　　　　注：「鎩翼，殘翼。決，致蹇也。」《覽冥篇》作「走獸廢腳」，高

注：「廢腳，跛蹇也。」《俶眞篇》作「走獸擠腳」，高注：「走獸毀腳。」「決蹄」即「廢腳」、「毀腳」、「跛蹇」之誼也。

（27）今夫救火者，汲水而趣之，或以甕瓴，或以盆盂，其方員銳橢不同，盛水各異，其於滅火，鈞也

　　按：《御覽》卷 869 引「橢」作「揣」，「鈞」作「均」。趣，《御覽》引作「趙」，《記纂淵海》卷 5 引作「赴」。「揣」同「橢」。《史記·平準書》：「三日復小，揣之。」《漢書·食貨志下》作「橢」。是其例也。

（28）故秦楚燕魏之謌也，異轉而皆樂；九夷八狄之天（哭）也，殊聲而皆悲轉

　　高注：轉，音聲也。

　　按：轉，《治要》卷 35、《長短經·正論》引《文子》並同，《文子·精誠》道藏本、《纘義》作「聲」，朱弁本作「傳」，《御覽》卷 468 引《文子》作「傳」。傳，讀爲轉。《齊俗篇》：「其歌樂而無轉，其哭哀而無聲。」《氾論篇》：「譬猶不知音者之歌也，濁一則鬱而無轉，清之則燋而不謳。」高注：「轉，讀傳謁之傳也。」二文「轉」字同義。俗字作囀，《廣韻》：「囀，韻也。」《文選·和伏武昌登孫權故城詩》：「歌梁想遺轉。」五臣本作「囀」。

（29）夫謌者，樂之徵也；哭者，悲之效也

　　按：徵，《文子·精誠》同，《長短經·正論》引《文子》誤作「微」。

（30）憤於中則應於外，故在所以感〔之矣〕

　　高注：憤，發也。

　　按：《文子·精誠》道藏本作「憒於中發於外」，《治要》卷 35、《長短經·正論》引《文子》並作「憒憒於中而應于外」，朱弁本「憒」作「精」。王利器曰：「《風俗通義·十反》：『然無聲響，徒喑喑而已。』一作『喑』，一作『憒（憤）』，蓋許、高本之異同也。」〔註 10〕《風俗

―――――――――――

〔註 10〕王利器《文子疏義》，中華書局 2000 年版，第 102 頁。

通》言「穿踰（竆），奪取衣衾」事，王引未切。「精」、「憒」當即
「憤」之形誤，張雙棣謂「憤」訓「積」，是也。《齊俗篇》：「故哭
之發於口，涕之出於目，此皆憤於中而形於外者也。」「憤」字與
此文正同義。

（31）人性各有所脩短，若魚之躍，若鵲之駮，此自然者，不可損益

按：《爾雅翼》卷 13：「鵲者……又以其色駮，名之爲駮鳥。」並引此文
爲證。是「駮」謂色駮雜也。

（32）夫馬之爲草駒之時，跳躍揚蹄，翹尾而走，人不能制

高注：馬五尺以下爲駒，放在草中，故曰草駒。翹，舉也。制，禁也。

梁玉繩曰：馬牝爲草馬，《日知錄》言之甚詳，此解未及。

張雙棣曰：此草駒當指馬未馴化前之野性狀態，非謂牝馬也。

按：草馬即謂牝馬，張說非也。梁氏謂高注未及，則亦不知其源也。《匡
謬正俗》卷 6：「問曰：『牝馬謂之草馬，何也？』答曰：『本以牡馬
壯健堪駕乘及軍戎者，皆伏皁櫪芻䬴而養之。其牝馬唯充蕃字，不暇
服役，常牧於草，故稱草馬耳。』《淮南子》高誘云云，是知草之得
名，主於草澤矣。」《容齋四筆》卷 6：「今人謂野牧馬爲草馬，《淮
南子》高誘云云，蓋今之所稱者是也。」今人劉曉東考之甚詳〔註11〕，
可參看。母馬常牧於草，故稱母馬爲草馬。引申之，其他畜禽類之
雌者亦可稱「草」，如「草狗」、「草雞」、「草驢」、「草駝」等。敦

〔註11〕 劉曉東《匡謬正俗平議》，山東大學出版社 1999 年版，第 219～220 頁。曾良
謂「草」語義來源於「皁」的槽義，指雌性生殖器官；汪化雲、張志華駁曾說，
謂「草」取雌性畜禽臨產前的「銜草」；張志華、劉紅星駁曾說，謂「草」取
其「細小」、「柔弱」義；朱城亦駁曾說，謂「草」取其「微賤」義；曾良又作
文辯之，駁汪、張之說。張志華的二文，一人而作二說，皆疏於故訓，胡亂比
附方言，固不足辨。朱城之文，於文獻理解亦多有錯誤，所駁亦未中的。曾文
另立新說，其以「槽」喻雌畜，尚未塙覈，未足取信。宋人洪邁指出「今人謂
野牧馬爲草馬」，「草」正指水草而言，高誘、顏師古舊說，不可廢也。曾良《「草
馬」探源》，《中國語文》2001 年第 3 期，第 283 頁。汪化雲、張志華《「草」
的詞源和俗詞源》，《漢字文化》2002 年第 4 期，第 47～48 頁。張志華、劉紅
星《也說「草馬」之源》，《韓山師範學院學報》2003 年第 3 期，第 67～68 頁。
朱城《「草馬」之「草」的語義來源》，《語文研究》2005 年第 4 期，第 32～35
頁。曾良《「草」字辨》，《漢字文化》2006 年第 3 期，第 58～59 頁。

煌寫卷 S.3836V《類書》即有「草驢」、「草馳」、「草馬」的記載〔註12〕。翹尾，《匡謬正俗》卷 6 引誤作「翹足」。

（33）發憤而成〔仁〕，帽憑而為義

高注：帽憑，盈滿積思之貌。

按：王念孫校「帽」作「惛」，是也。「惛憑」爲古楚語，參見附錄二《〈淮南子〉古楚語舉證》。方以智曰：「帽憑，言冒昧憑恃而爲之。」〔註13〕失之。

（34）曼頰皓齒，形夸骨佳，不待脂粉芳澤而性可說者，西施陽文也

高注：曼頰，細理也。夸，弱也。佳，好也。性，猶姿也。西施、陽文，古之好女。

按：頰，《類聚》卷 18 引作「容」，《御覽》卷 381 引作「顏」。夸，《類聚》、《御覽》引並作「姱」。夸、姱，正、俗字，爲古楚語。「佳」亦爲古楚語，參見附錄二《〈淮南子〉古楚語舉證》。

（35）喈朕哆噅，籧篨戚施，雖粉白黛黑，弗能為美者，嫫母、仳倠也

高注：喈，讀權衡之權，急氣言之。朕，讀夔。哆，讀大口之哆。噅，讀楚籧（蓮）氏之籧（蓮）。

傅山曰：《廣韻》作「朧朕」，醜貌。從卷從藿者可互用。哆，《說文》典可切，《玉篇》昌紀、尺馬二切，《廣韻》唇下垂貌，此字聲有七八聲而此又音夸。噅字《玉篇》、《廣韻》皆不正也，而音同〔註14〕。

楊樹達曰：喈當爲齤之或體。《說文》：「齤，缺齒也。一曰曲齒。讀若權。」朕當作睽，形近字誤也。《說文》：「睽，目不相聽也。」哆，《說文》訓張口，高訓大口，與許說同。噅當爲㖒之或作。《說文》：「㖒，口喎也。」又「喎，口戾不正也。」

〔註12〕《英藏敦煌文獻》第 5 冊，四川人民出版社 1992 年版，第 171 頁。

〔註13〕方以智《通雅》卷 4，收入《方以智全書》第 1 冊，上海古籍出版社 1988 年版，第 196 頁。

〔註14〕傅山《讀子二·淮南存雋》，收入《霜紅龕集》卷 33，《續修四庫全書》第 1395 冊，上海古籍出版社 2002 年版，第 673 頁。

于省吾曰：唴應讀作顴。《廣雅》：「腃，醜也。」《說文》：「哆，張口也。」《文選·辯命論》注引《通俗文》：「㖒，口不正也。」顴腃哆㖒，言顴部醜陋，口大而不正也。

何寧曰：疑唴應讀爲朜，或作朧，又通崼。《列子·楊朱篇》：「筋節崼急。」《釋文》：「或作朧。」《廣韻》：「朜，筋節急也。」《集韻》同。故崼與朜通。是朜腃，即朧腃，即崼腃，即唴腃也。《玉篇》：「朧腃，醜貌。」與高注正合，是其明證。

按：諸家說各有得失，茲分別疏證。（a）唴腃，傅山、何寧說是，楊、于二氏說並非。《廣雅》：「頮㖒、朧腃，醜也。」王念孫《疏證》引此文，云：「頮、哆，朧、唴，並通。」錢大昭說同〔註15〕。《中華大字典》云：「按：唴腃即朧腃也。」〔註16〕當本于王說。皆是也。《玉篇》：「朧，朧腃，醜貌。腃，朧腃。」是「朧腃」爲當時俗語也。朱駿聲謂「唴」借爲卷，訓曲〔註17〕，非也。（b）哆訓張口、大口，諸家說是。《文選·辯命論》：「夫靡顏膩理，哆㖒顧頟，形之異也。」李善注：「《說文》曰：『哆，張口也。』音侈。《通俗文》曰：『㖒，口不正也。』」《廣韻》：「哆，又昌者切，下唇垂貌。頮，丁可切，醜貌。」（c）「㖒」字楊說同「瘑」、「喎」，皆是也。《說文》「瘑」字段注：「《口部》曰：『喎，口戾不正也。』此亦疊韻爲訓。」〔註18〕又「喎」字段注：「《通俗文》：『斜戾曰喎。』」〔註19〕《玉篇》：「㖒，許爲切，口不正也，醜也。」《廣韻》：「㖒，許爲切，口不言正。」《白帖》卷21：「哆㖒，口張不正，音侈撝。」㖒、瘑、喎，音苦媧切。舊讀「許爲切」或「撝」音者，皆音之轉耳。字或作嚍，《玉篇》：「嚍，口戾貌。」《廣韻》：「嚍，口偏。」字或作喎、詗，《玉篇》：「喎，口戾。喎，同上。」《慧琳音義》卷15：「喎戾：上苦懷反，《考聲》云：『口偏戾也。』《說文》正體作喎，口戾也。」

〔註15〕 王念孫《廣雅疏證》，錢大昭《廣雅疏義》，並收入徐復主編《廣雅詁林》，江蘇古籍出版社1998年版，第171頁。

〔註16〕 《中華大字典》，中華書局1978年版，第1637頁。

〔註17〕 朱駿聲《說文通訓定聲》，武漢市古籍書店1983年版，第749頁。

〔註18〕 段玉裁《說文解字注》，上海古籍出版社1981年版，第349頁。

〔註19〕 段玉裁《說文解字注》，上海古籍出版社1981年版，第61頁。《通俗文》見《玄應音義》卷6所引。

又卷 33：「喎斜：上苦乖反，又音夸。」《集韻》：「咼，空媧切，或作喎、騧。」《三國志・武帝紀》裴松之注引《曹瞞傳》：「（操）乃陽敗面喎口。」〔註20〕《白帖》卷 33 作「敗面口偏」，以訓詁字「偏」易之也。「喎」、「嚼」爲口戾不正之專字，故字從口。本字作𦜗，《說文》：「𦜗，不正也。」段注：「俗字作歪。」〔註21〕字或作𦬘、華、㖞，《集韻》：「𦬘，空媧切，不正也，或作華、㖞、𦜗。」《周禮・夏官・形方氏》：「掌制邦國之地域，而正其封疆，無有華離之地。」鄭註：「華，讀爲㖞哨之㖞，正之使不㖞邪離絕。」「哨」亦不正之義，「㖞哨」同義連文。字或作狐、弧，《鹽鐵論・非鞅》：「狐刺（剌）之鑿，雖公輸子不能善其柄。」又《申韓》：「若檃栝輔檠之正弧剌也。」王利器謂「弧、狐、㖞字並通」〔註22〕。俗字或作夭，唐・白居易《和春深》：「杭州蘇小小，人道最夭斜。」自注：「夭音歪。」宋・陳與義《清明》：「街頭女兒雙髻鴉，隨蜂趁蝶學夭邪。」方以智曰：「白樂天自〔注〕『夭斜』爲歪，則是未看《說文》，又不記孟德事，而隨用俗說之字耳。」〔註23〕吳玉搢曰：「㖞邪、夭邪，歪邪也。夭，亦皆讀如歪。」〔註24〕（d）《說文》：「闛，闔門也。」《慧琳音義》卷 19、54 並引《國語》賈逵注：「闛，關也。」卷 19 又申釋之云：「關猶開也。」賈逵注與許愼說同。《玄應音義》卷 7：「開闛：《字詁》今作闥，同。于彼反。《廣雅》：『闛，開關也。』《三蒼》：『闛，小開門也。』《廣韻》：『闛，苦緺切，斜開門。《國語》云：『闛門而與之言。』」「苦緺切」即與「咼」同音。小開門即指斜開門也，賈注、許注闛訓關，其義不完備。《玉篇》：「闛，苦乖切，門不正也。」《集韻》：「闛，空媧切，門不正開，或作闥。」「空媧切」亦與「咼」同音。胡吉宣曰：「門不正謂之闛，亦謂之闥；猶口戾謂之咼，亦謂之瘑矣。」〔註25〕口不正爲瘑、嚼、咼、喎、嚼，門不

〔註20〕《御覽》卷 93、512、743 引同。

〔註21〕段玉裁《說文解字注》，上海古籍出版社 1981 年版，第 500 頁。

〔註22〕王利器《鹽鐵論校注》，中華書局 1992 年版，第 105 頁。

〔註23〕方以智《通雅》卷 1，收入《方以智全書》第 1 冊，上海古籍出版社 1988 年版，第 95 頁。

〔註24〕吳玉搢《別雅》卷 1，收入景印文淵閣《四庫全書》第 222 冊，臺灣商務印書館 1986 年初版，第 630 頁。

〔註25〕胡吉宣《玉篇校釋》，上海古籍出版社 1989 年版，第 2200 頁。

正開爲闉、闛，皆即俗「歪」字，其義一也。今吳方言「歪」音 kuǎi，又音 huāi。北京官話有「攞老將」、「走路兩腳朝外攞」之語〔註26〕，吳方言亦同。「攞」正字當作「𡷫」，即「歪」字。《玉篇》闉音于委切，《廣韻》闉又音王詭切、韋委切，《集韻》、《類篇》闉又音枯懷切、羽委切，亦皆音之轉耳。（f）方以智曰：「《文心雕龍》所引『嗢嗢娃娃』，亦聲也。娃娃蓋咍哆之轉。《淮南》：『唅朕哆嗢。』正言開口出聲之醜。而高誘音權葵夸麾，《說文》音哆爲丁可切，皆非也。毛詩音扯，口微張貌，得之矣……唯從口佳聲，轉而爲應聲耳，本義固與嗢通。唐歌于蔫于，蔫亦嗢聲也。以六書本指論之，出口爲亏，啓齒爲兮，噅口虛送爲乎，滿口爲唯。後因唯爲應聲，故或用維，或用嗢耳……今《字彙》又收嗢，以爲喎字。按嗢見《文心雕龍》引《綠圖》，嗢嗢與娃娃葉，不必用也。」〔註27〕方說皆非也。《字彙》以「嗢」同「喎」不誤，方氏失考《文選》「哆嗢」李善注耳。（g）「黛」同「䐶」，見《玉篇》。《說文》：「䐶，畫眉也。」徐鍇《繫傳》：「臣鍇按：古人云：『衛之處子，粉白䐶黑。』今俗作黛字。」《賈子・勸學》：『嘗傳白䐶黑。』正用本字「䐶」。

（36）則是以一飽（飴）之故，絕穀不食；以一蹪之難，輟足不行，惑也

　　高注：蹪，躓，楚人謂躓也。

　　按：《說苑・說叢》：「一噎之故，絕穀不食；一蹶之故，卻足不行。」「蹪」爲古楚語，《說苑》易作通語「蹶」也。參見附錄二《〈淮南子〉古楚語舉證》。

（37）以大氐爲本

　　高注：氐，猶更。

　　按：高注「更」，讀爲梗。《方言》卷 13：「梗，略也。」郭注：「梗概大略也。」張雙棣謂高注誤，失考。《說文》：「氐，至也。」《史記・

〔註26〕許寶華、宮田一郎《漢語方言大詞典》，中華書局 1999 年版，第 3283 頁。「攞老將」指下象棋被對方將軍時，把「將」或「帥」移離中線。
〔註27〕方以智《通雅》卷 4，收入《方以智全書》第 1 冊，上海古籍出版社 1988 年版，第 192～193 頁。

律書》：「氐者言萬物皆至也。」大氐，猶言大至、大歸，引申爲大略、大凡之誼。字或作「大抵」，《廣雅》：「抵，至也。」《史記·秦始皇本紀》：「自關以東，大氐盡畔秦吏應諸侯。」《正義》：「氐，猶略也。」《通鑑》卷8作「大抵」。《漢書·杜周傳》：「其治大抵放張湯。」顏師古注：「大抵，大歸也。」又《禮樂志》：「大氐皆因秦舊事焉。」顏注：「氐，歸也。其後字或作抵，音義竝同。」又《食貨志》：「天下大氐無慮皆鑄金錢矣。」顏注：「氐，讀曰抵，歸也。大氐，猶言大凡也。」《史記·平準書》作「大抵」，《索隱》：「抵，歸也。劉氏云：『大抵，猶大略也。』」字或作「大底」，《史記·佞幸傳》：「自是之後，內寵嬖臣大底外戚之家。」《漢書》作「大氐」。朱駿聲謂「氐」借爲奆〔註28〕，考《說文》：「奆，大也。」朱說非是。

（38）胡人有知利者，而人謂之駤；越人有重遲者，而人謂之訬

高注：駤，忿戾，惡理不通達。駤，讀似質，緩氣言之者，在舌頭乃得。訬，輕利急〔疾〕。訬，讀燕人言躁操善趨者謂之訬同也。

按：（a）駤，楊樹達讀爲懫，是也。字或作恎、痓、窒、室、鷙，《廣雅》：「恎、鷙，很也。」王念孫曰：「《玉篇》：『恎，惡性也。』《論語·陽貨篇》：『惡果敢而窒者。』窒與恎通，言很戾也。馬融訓窒爲塞，失之。下文云：『痓，惡也。』義與恎亦相近。鷙亦恎也。」〔註29〕俞樾曰：「窒，當讀爲懫。《說文》：『懫，忿戾也。《周書》曰「有夏氏之民叨懫。」』今《尚書·多方篇》作懫。懫與窒古同字。《易·損·象傳》：『君子以懲忿窒欲。』《釋文》：『窒，劉本作懫。』《一切經音義》卷9曰：『窒，古文懫，同。』然則《論語》之窒，猶《尚書》之懫，並爲懫之叚字。」〔註30〕《易傳》《釋文》：「窒，鄭、劉作懫，孟作恎。」俞氏失引孟本，故未及「恎」字。《論語》《釋文》：「窒，魯讀窒爲室，今從古。」馮登府曰：「室、窒義本通，古二字

〔註28〕朱駿聲《說文通訓定聲》，武漢市古籍書店1983年版，第576頁。
〔註29〕王念孫《廣雅疏證》，收入徐復主編《廣雅詁林》，江蘇古籍出版社1998年版，第236頁。
〔註30〕俞樾《群經平議》，收入王先謙《清經解續編》第13冊，鳳凰出版社2005年版，第6986頁。

亦相假……案：窒與恎通，狠（很）戾也。馬訓爲塞，失之。」〔註
31〕合王、俞、馮三氏之説，斯爲善矣。朱駿聲讀窒爲庢，訓礙〔註
32〕，非也。字或作懫、憤。《説文》段注：「《尙書・多方》文。今
本摯作憤。按：摯作憤者，天寶閒衞包改也。《釋文》摯作憤，宋開
寶閒改也……《禮記・大學》：『心有所忿懫。』注云：『懫，怒貌。
或作憤。』按：懫、憤不見許書，衞包以意改經，非必憤即摯也。」
〔註33〕段氏以《説文》不收「懫」、「憤」二字，因謂今本《書》、《禮》
爲後人所改，無乃專輒乎？徐灝即斥之爲「皆信口説之耳」〔註34〕。
《繫傳》：「臣鍇曰：今《尙書》作憤，借也。」朱珔曰：「案：憤從
質，質、至雙聲……憤、懫皆許書所無，蓋摯之異體假借也……錢
云：『《淮南》駤即此字。』案：此字亦異體。」〔註35〕楊樹達説與
錢説暗合。《廣韻》：「懫，怒也，恨也。」《集韻》：「憤，忿也。」
又「摯，亦作憤。」字或省作憲〔註36〕，《大戴禮記・武王踐阼》：「《杖
之銘》曰：『惡乎，危于忿憲。』」〔註37〕字或作詀，睡虎地秦簡《語
書》：「詀訕醜言麃斫以視（示）險。」整理者注：「詀，疑讀爲駤……

〔註31〕馮登府《論語異文考證》卷 9，收入《叢書集成續編》第 36 冊，新文豐出版
公司 1991 年印行，第 413 頁。惠棟《論語古義》卷 11 亦謂「室」、「窒」古
通用，可參看，收入《叢書集成續編》第 34 冊，第 744 頁。

〔註32〕朱駿聲《説文通訓定聲》，武漢市古籍書店 1983 年版，第 612 頁。

〔註33〕段玉裁《説文解字注》，上海古籍出版社 1981 年版，第 585 頁。

〔註34〕徐灝《説文解字注箋》，收入丁福保《説文解字詁林》，中華書局 1988 年版，
第 11544 頁。

〔註35〕朱珔《説文假借義證》，黃山書社 1997 年版，第 663 頁。所引錢説，見錢坫
《説文解字斠詮》，收入丁福保《説文解字詁林》，中華書局 1988 年版，第
11544 頁。

〔註36〕參見郭慶藩《説文經字正誼》，收入丁福保《説文解字詁林》，中華書局 1988
年版，第 11544 頁。

〔註37〕《皇王大紀》卷 13 引「惡乎」作「嗚呼」，「惡」音烏。《韓詩外傳》卷 2：「（晏
子）仰天歎曰：『惡乎！崔子將爲無道而殺其君。』」「惡乎」即「嗚呼」。此
文當以「危于忿憲」爲句，下文「惡乎，失道於嗜慾」、「惡乎，相忘于富貴」
亦然。《御覽》卷 710、《事類賦注》卷 14 並節引作「惡乎，失道於嗜欲，相
忘於富貴」，以「惡乎」發句，「失道於嗜欲」、「相忘於富貴」爲句，至爲明
顯。盧辯注：「惡，于何也。」非也。高明、黃懷信、方向東皆誤以「惡乎危」、
「惡乎失道」、「惡乎相忘」爲句。高明《大戴禮記今注今譯》，臺灣商務印書
館 1977 年二版，第 218 頁。黃懷信主編《大戴禮記彙校集注》，三秦出版社
2005 年版，第 659 頁。方向東《大戴禮記匯校集解》，中華書局 2008 年版，
第 618 頁。

《說文》作『鍪』。」〔註 38〕字或作跮，《集韻》、《類篇》、《龍龕手鑑》並云：「跮，一曰忿戾。」字或作鍪，《集韻》：「鍪，忿戾也，或作鋈。」字亦省作至，銀雀山漢簡《五名五共》：「三曰剛至。」整理者注：「至，疑當讀爲『恎』。剛恎，剛愎。」〔註 39〕（ｂ）「訬」謂輕薄狡獪。《文選・吳都賦》李善註引《漢書述》：「江都謂輕薄爲訬也。」《漢書・敘傳下》：「魯恭館室，江都訬輕。」顏注：「訬謂輕狡也。」《廣雅》：「訬，獪也。」《玉篇》：「訬，健也，疾也。」《集韻》：「訬，輕也，江東語。」「訬」當讀爲僄，《說文》：「僄，輕也。」《荀子・議兵》：「輕利僄速。」丁惟汾曰：「俏，又作訬，《淮南・修務篇》：『越人有遲重者，而人謂之訬。』鈔嫽俗語音轉爲漂亮。」〔註 40〕非也。

（39）禹耳參漏，是謂大通

高注：參，三。漏，穴也。大通天下，摧下滯之物。

按：參漏，《潛夫論・五德志》同，《類聚》卷 11 引《帝王世紀》、《御覽》卷 82 引《離書靈准聽》亦同，《御覽》有注：「漏，空也。」《類聚》卷 17、《御覽》卷 366 引此文作「三漏」，《白虎通義・聖人》、《論衡・骨相》、《劉子・命相》亦作「三漏」，《廣韻》「漏」字條云：「禹耳三漏。」《御覽》卷 82 引《帝王世紀》作「參鏤」，《金樓子・興王》、《宋書・符瑞上》亦作「參鏤」。字或作「參屚」、「三屚」，《路史》卷 16：「（老子）耳七寸而參屚，故名耳，而字僮。」《路史》卷 22：「（禹）耳三屚。」羅苹注：「《世紀》：『耳參鏤。』本作漏。」漏、屚、鏤，三、參，並通用。作「漏穴」解之正字爲「屚」。漢代人皆以「三穴」解之，此爲正解。普通人耳有二穴，禹、老子爲聖人，故以有三穴爲有異相也。方以智曰：「參漏，滲漏也。《淮南》言『禹耳謂滲漏』，今之漏耳，《論衡》遂曰三漏。」〔註 41〕《類說》卷 25 引《炙轂子》作「滲漏」，是宋以前人已誤解，

〔註 38〕《睡虎地秦墓竹簡》，文物出版社 1990 年版，第 16 頁。
〔註 39〕《銀雀山漢墓竹簡〔貳〕》，文物出版社 2010 年出版，第 153 頁。
〔註 40〕丁惟汾《方言音釋》，齊魯書社 1985 年版，第 25 頁。
〔註 41〕方以智《通雅》卷 18，收入《方以智全書》第 1 冊，上海古籍出版社 1988 年版，第 623 頁。

未足爲方說之證也。朱起鳳曰：「三漏云者，猶《孔叢》『臧三耳』之類。言夏禹聞善則拜，聲入心通也。漏言其通，若作漏穴解，則厚誣聖人矣。鏤、漏同音，屚爲漏字之省。」〔註42〕此說亦非是。

（40）皋陶馬喙，是謂至信

　　高注：喙若馬口，出言皆不虛，故曰至信。

　　按：《路史》卷16：「繇生馬喙，忠信疏通。」羅苹注：「馬口，見《論衡》。故今繪獄主爲馬頭。《淮南子》作『鳥喙』，《元命苞》云『鳥喙子』，宜誤。」《論衡·骨相》、《講瑞》並云「皋陶馬口」。羅氏所見《淮南子》、《元命苞》作「鳥喙」，是誤本〔註43〕。《初學記》卷12、《御覽》卷53、397引《春秋元命包》並作「馬喙」，不誤。《弘明集》卷1引牟子《理惑論》：「皋陶馬喙。」與此文合。《白虎通義·聖人》：「皋陶鳥喙，是謂至誠。」《劉子·命相》：「皋繇鳥喙。」並誤〔註44〕。

（41）禹生於石

　　高注：禹母脩己感石而生禹，坼胸而出。

　　王引之曰：《御覽·皇親部一》引《河圖著命》曰：「修己見流星，意感生禹。」又引《禮含文嘉》曰：「夏姒氏祖，以薏苡生。」又引《孝經鉤命決》曰：「流星貫昴，脩紀夢接生禹。」是禹之生，或以爲感流星，或以爲吞薏苡，無言生於石者……石紐乃地名……非謂感石而生也。徧考諸書，無禹生於石之說。禹當爲啓。郭璞注《中山經》泰室之山云：「啓母化爲石而生啓，在此山，見《淮南子》。」是《淮南》古本有作「啓生於石」者。及考《漢書·武帝紀》顏師古注：「啓，夏禹子也，其母塗山氏女也。禹治鴻水，通轘轅山，化爲熊。謂塗山氏曰：『欲餉，聞鼓聲乃來。』禹跳石，誤中鼓。塗山氏往，見禹方作熊，慙而去，至嵩高山下，化爲石，方生啓，禹曰：『歸我子。』石破北方而啓生。事見《淮南子》。」《御覽·地部十六》引《淮南》，與師古注略同。又《書鈔·后妃部一》亦引《淮南》「石破生啓」，蓋許慎本作「啓生

〔註42〕朱起鳳《辭通》，上海古籍出版社1982年版，第2156頁。

〔註43〕《御覽》卷24、《路史》卷34引《元命苞》亦誤作「鳥喙」。《類聚》卷99引作「馬啄」，「馬」字不誤，「啄」則「喙」形誤。

〔註44〕陳立《白虎通疏證》已訂正，中華書局1994年版，第339頁。傅亞庶《劉子校釋》尚未能訂之，中華書局1998年版，第241頁。

於石」，《書鈔》、《御覽》及師古注所引即許愼之注，郭璞亦用許愼注也。

　　阮廷焯曰：禹疑當作啟。《隨巢子》佚文正作「啟生於石」，即此文所本〔註45〕。

　　按：（a）坼，各本作「折」，吳承仕謂「折」爲「坼」形誤，至確。《路史》卷 46 引注正作「修己感石，坼胸而生」，《御覽》卷 531 引揚雄《蜀王本紀》亦云其母「坼副而生禹」〔註46〕，《金樓子·興王》言其母「脅坼而生禹于石坳」，亦其旁證。（b）《三國志·秦宓傳》：「禹生石紐，今之汶山郡是也。」裴松之注引《帝王世紀》：「鯀納有莘氏女曰志，是爲修己，上山行，見流星貫昴，夢接意感，又吞神珠，臆圯脅坼而生禹於石紐。」又引譙周《蜀本紀》：「禹本汶山廣柔縣人也，生於石紐，其地名刳兒坪。」〔註47〕《雲笈七籤》卷 100 言「女狄暮汲水，得石子如珠，愛而吞之，有娠，十四月生子」，此子即禹也。《書鈔》卷 1 引《開山圖注》：「女狄暮及（汲）石紐山下泉中，得月精如鷄子，愛而吞之，遂孕，十四月生禹。」《路史》卷 22 引《越春秋》：「女嬉於岷山得薏苡，蓋石苡薏，流星之爲。」宋·羅泌《路史》卷 46 辨此事最爲明晰，羅氏云：「夏后氏生而母化爲石，此事之異聞者，說見《世紀》。蓋原禹母獲月精石如薏苡，吞之而生禹也。《淮南子·脩務》云：『禹生於石。』注謂『修己感石，坼胸而生』，故說者以爲夏后生而母復爲石。」禹生於石者，謂禹母吞食石薏苡，遂孕而生禹也。所生之地，遂名石紐山〔註48〕。禹之生，或以爲感流星，或以爲吞薏苡者，其實一也，謂流星落下的形似薏苡的石子耳，並沒有異說。王引之謂「諸書無禹生於石之說」，蓋失考耳。郭璞注云「啟母化爲

<hr/>

〔註45〕阮廷焯《校書堂札迻·淮南子》，香港《聯合書院學報》第 6 期，1967 年出版，第 133 頁。

〔註46〕《御覽》卷 82 引作「坼堛」，「堛」當作「副」，亦坼也，字或作𤗏、𤖼，《廣韻》：「𤗏，坼也。」

〔註47〕刳兒坪，《元和郡縣志》卷 33、《路史》卷 22 說同，《御覽》卷 82 引揚雄《蜀王本紀》作「痢兒畔」。

〔註48〕《後漢紀》卷 12 鄭弘《上書》：「虞舜出於姚墟，夏禹生於石紐。」《史記·夏本紀》《正義》引揚雄《蜀王本紀》、《後漢書·戴良傳》李賢注引《帝王紀》亦並言「禹生於石紐」。《御覽》卷 82 引揚雄《蜀王本紀》、《太平寰宇記》卷 78 引《郡國志》言「禹生於石細」，「細」爲「紐」形誤。《書鈔》卷 1、《類聚》卷 11 引《帝王世紀》：「伯禹，夏后氏，姒姓也，生於石坳，虎鼻大口，兩耳參漏。」《御覽》卷 82 引作「石紐」，《金樓子·興王》作「石坳」。

石而生啓，在此山，見《淮南子》」者，即《漢書》顏師古注所引《淮南子》之佚文〔註49〕，與此文「禹生於石」無涉。阮廷焯所引《隨巢子》佚文「啓生於石」，考《類聚》卷 6 引作：「禹產於崑石，啓生於石。」注引王韶之云：「啓生而母化爲石。」〔註50〕阮氏只引下句，其上句「禹產於崑石」，非謂「禹生於石」乎？下文「九賢」、「五聖四俊」云者，與數不合，或有脫文乎？《類說》卷 25 引《炙轂子》作「啓生於石紐。」生於石紐者是禹，彼又誤「禹」爲「啓」字。

（42）及加之砥礪，摩其鋒剽，則水斷龍舟，陸剚犀甲

按：剽，《書鈔》卷 122 引作「鍔」。剽、鍔，正、俗字。下文「水斷龍舟，陸剚犀甲」，《文選·七命》李善註引「舟」作「髯」。何寧據李善註引謂此文二「舟」字當作「冉」，即「髯」，非也。《書鈔》卷 12、《初學記》卷 22 引此文作「舟」字。曹植《寶刀賦》：「陸斬犀革，水斷龍角。」《類聚》卷 60、《書鈔》卷 123、《初學記》卷 22、《御覽》卷 346 引「角」並作「舟」字。《廣雅》：「剚、斬，斷也。」

（43）明鏡之始下型，曚然未見形容，及其粉以玄錫，摩以白旃，〔則〕鬢眉微毛可得而察

高注：於，摩。

按：下，《御覽》卷 607 引誤作「不」。粉，《初學記》卷 25、《白帖》卷 13、《古今合璧事類備要》外集卷 53、《錦繡萬花谷》續集卷 7、《古今事文類聚》續集卷 28、《韻府群玉》卷 16「白旃磨鏡」條引同，《御覽》卷 607、812 引作「扢」，《天中記》卷 50 引作「扢」，《御覽》卷 717、《天中記》卷 49、《六家詩名物疏》卷 9 引作「拭」。《呂氏春秋·達鬱》高誘注：「鏡明見人之首（醜），而人不椎鏡破之，而扢以玄錫，摩以白旃，是說鏡之明己也。」高注顯然即本此文爲說，「扢」同「扢」，是高誘本當作「扢」也。《御覽》二引並作「扢」，與「扢」同，亦是高本作「扢」之證。本字作枅，字亦作槩。《說文》：「枅，平也。」《玄應音義》卷 12：「扢土：古文枅、扢二形，

〔註49〕 《御覽》卷 51、《楚詞·天問》洪興祖《補注》、《路史》卷 46、《通志》卷 3、宋·趙明誠《金石錄》卷 24 引同。

〔註50〕 《御覽》卷 51 引同。

－648－

今作槷，同。《廣雅》：『扢，摩也。』」又「不槷：古文扢，同。《廣雅》：『槷，摩也，平也。』謂平斗斛曰槷也。」今本《廣雅》作「扢，磨也」。《要略篇》：「濡不給扢。」許注：「扢，拭也。」字或作仡，敦煌寫卷 S.5752《醜婦賦》：「仡脂磨邐之面，惡努脺肛之觜。」《初學記》等引作「粉」，疑是許本，而今雜入高本也。王念孫謂高注「於」當作「扢」，是也；而謂作「粉」是後人所改，恐未得。白旃，《御覽》卷 607 引作「砥旃」，又卷 717 引作「白氊」。「旃」同「氊」，「砥」字誤。察，《白帖》卷 13 引作「鑒」。

（44）夫學，亦人之砥錫也

按：砥錫，當從《御覽》卷 607 所引校作「砥礪」。《三國志·文帝紀》裴松之注引《魏略》：「學亦人之砥礪也。」宋·晏殊《答樞密范給事書》：「學者，人之砥礪也。」

（45）知者之所短，不若愚者之所脩

高注：短，缺。脩，長。

按：《新語·輔政》：「智者之所短，不如愚者之所長。」為此文所本。

（46）夫宋畫吳治（冶），刻刑鏤法，亂脩曲出，其為微妙，堯舜之聖不能及

高注：宋人之（工）畫，吳人之（工）治（冶），刻鏤刑法，亂理之文，脩飾之巧，曲出於不意也。

按：治，一本作「冶」，《御覽》卷 750、833 引亦作「冶」，「冶」字是也。《文心雕龍·麗辭》：「如宋畫吳冶，刻形鏤法。」《法苑珠林》卷 16：「其和墨點采，刻形鏤法，雖周人盡（畫）策之微，宋客象楮之妙，不能踰也。」〔註51〕皆本此文。考《韓子·喻老》：「宋人有為其君以象為楮葉者，三年而成，豐殺莖柯，毫芒繁澤，亂之楮葉之中而不可別也。」本書《泰族篇》：「宋人有以象為其君為楮葉者，三年而成，莖柯豪芒，鋒（豐）殺顏澤，亂之楮葉之中而不可知也。」高誘注：「象牙也。」此即「宋人工畫」、「宋客象楮」之

〔註51〕《大正藏》本、《四庫全書》本皆作「盡」字，「盡策」不辭，疑當為「畫」字之誤。「周人畫策」之典待考。

出典，謂宋人以象牙刻作楮葉也，故云「宋畫」。《列子・說符》謂
「宋人有爲其君以玉爲楮葉者」，《論衡・自然》謂「宋人或刻木爲
楮葉者」，或「玉」或「木」，傳聞異辭耳。章太炎引《莊子・田子
方》「宋元君將畫圖，眾史皆至，受揖而立，舐筆和墨，在外者半，
有一史後至者，儃儃然不趨，受揖不立，因之舍，公使人視之，則
解衣般礴臝，君曰：『可矣，是眞畫者也。』」謂「此宋人善畫之證」
〔註52〕。章氏說不當也，宋元君將畫圖，其吏爲眞畫者，安可必其
吏爲宋人乎？吳冶，指歐冶子、干將之流也。《齊俗篇》：「淳均之
劍不可愛也，而歐冶之巧可貴也。」《越絕書・外傳記寶劍》：「歐
冶乃因天之精神，悉其伎巧，造爲大刑三，小刑二：一曰湛盧，二
曰純鈞，三曰勝邪，四曰魚腸，五曰巨闕。」又「歐冶子、干將鑿
茨山，泄其溪，取鐵英，作爲鐵劍三枚：一曰龍淵，二曰泰阿，三
曰工布。」刻刑鏤法，謂造爲模型也。楊樹達謂「刑」讀爲型，是
也。《御覽》卷 833 引此文「刑」作「形」，《文心雕龍》及《法苑
珠林》同，亦皆用借字。

（47）夫天之所覆，地之所載，包於六合之內，託於宇宙之間，
陰陽之所生，血氣之精，含牙戴角，前爪後距，奮翼攫肆，
蚑行蟯動之蟲，喜而合，怒而鬭，見利而就，避害而去，
其情一也

高注：攫，搏也。肆，極。

按：銀雀山漢簡《孫臏兵法・勢備》：「夫陷（含）齒戴角，前蚤（爪）
後鋸（距），喜而合，怒而斫（鬭），天之道也，不可止也。」〔註
53〕高注肆訓極，非也。《大戴禮記・夏小正傳》：「肆，殺也。」《廣
雅・釋詁一》：「肆，殺也。」又《釋言》：「肆，噬也。」攫肆，猶
言搏殺、搏噬也。《覽冥篇》：「當此之時，禽獸蝮蛇，無不匿其爪
牙，藏其螫毒，無有攫噬之心。」《戰國策・齊策六》：「徐子之狗，
猶時攫公孫子之腓而噬之也。」正作「噬」字。至其本字，朱駿聲

〔註52〕章太炎《膏蘭室札記》，收入《章太炎全集（1）》，上海人民出版社 1982 年版，
　　　　第 81 頁。
〔註53〕銀雀山漢簡《孫臏兵法》，收入《銀雀山漢墓竹簡〔壹〕》，文物出版社 1985
　　　　年版，第 63 頁。

讀肆爲𩢰〔註54〕，𩢰爲解骨，朱說非也。于省吾讀肆爲殺，錄以備考。《釋言》「肆，噬也」之訓，王念孫改爲「噬，逮也」，錢大昭改作「逮，噬也」〔註55〕，恐皆未得。

（48）夫鴈順風〔而飛〕，以愛氣力；銜蘆而翔，以備矰弋

高注：矰，矢。弋，繳。銜蘆，所以令繳不得截其翼也。

按：備，《文選・蜀都賦》劉淵林注、《類聚》卷91、《御覽》卷917、《記纂淵海》卷97引同，《白帖》卷94、《事類賦注》卷19、《古今事文類聚》後集卷46、《古今合璧事類備要》外集56、又別集卷66、《韻府群玉》卷3「鴈銜蘆」條引作「避」，王叔岷謂「避乃備之聲誤」，是也。《文選・鷦鷯賦》：「徒銜蘆以避繳，終爲戮於此世。」李善注引此文作「避」，改字以就正文也；李善注又引《抱朴子》：「智禽銜蘆以避網，水牛結陣以卻虎。」今本《抱朴子外篇・詰鮑》作「扞網」，李氏亦改字以就正文。李氏注多有改字以就正文此例，非必爲異文也。此不可不察。《說苑・說叢》：「順風而飛，以助氣力；銜葭而翔，以備矰弋。」亦作「備」字，與《抱朴子》「扞」同義。

（49）螣知爲垤，貛貉爲曲穴……此亦鳥獸之所以知求合於其所利

按：《御覽》卷913引作「貒知曲穴，亦鳥獸之智」。《方言》卷8：「貒，關西謂之貒。」「貒」同「貛」。

（50）長於窮櫩漏室之下

按：漏，讀爲陋。《荀子・儒效》：「雖隱於窮閻漏屋，人莫不貴之，道誠存也。」又「彼大儒者，雖隱於窮閻漏屋，無置錐之地，而王公不能與之爭名。」楊倞註：「窮閻，窮僻之處。閻，里門也。漏屋，敝屋漏雨者也。」王念孫曰：「《廣雅》曰：『閻謂之衖。』（與巷同）窮閻，即《論語》所云『陋巷』，非謂里門也。漏，讀爲陋巷之陋。非謂弊屋漏雨也。《治要》引作『陋屋』，《韓詩外傳》作『陋室』，

〔註54〕朱駿聲《說文通訓定聲》，武漢市古籍書店1983年版，第552頁。
〔註55〕王念孫《廣雅疏證》，錢大昭《廣雅疏義》，並收入徐復主編《廣雅詁林》，江蘇古籍出版社1998年版，第400頁。

皆其明證矣。」〔註 56〕王說是，《治要》見卷 38，《韓詩外傳》見卷 5。衖，與「巷」同。櫚，讀爲閭，字或作㠑。《玉篇》：「閭，巷也。」又「㠑，巷也。」陳廣忠曰：「櫚，屋檐，同『檐』。」〔註 57〕失之。

（51）獨守專室而不出門

高注：專室，小室。

按：已詳《本經篇》校補。

（52）胡曹為衣

高注：《易》曰：「黃帝垂衣裳。」胡曹，亦黃帝臣也。

按：《御覽》卷 689 引《世本》：「胡曹作衣。」又引宋衷注：「黃帝臣也。」《廣韻》、《集韻》「衣」字條、《路史》卷 29 引《世本》同。《呂氏春秋·勿躬》：「胡曹作衣。」與此文合。此一說。《氾論篇》：「伯余之初作衣也。」高注：「伯余，黃帝臣。《世本》曰：『伯余製衣裳。』一曰：伯余，黃帝。」《論衡·對作》：「伯余之衣，以辟寒暑。」《玉海》卷 81 引《世本》：「伯余作衣裳。」伯余即黃帝，已詳《氾論篇》校補。《潛夫論·五德志》：「（黃帝）是始製衣裳。」此又一說。考《左傳·昭公二十四年》孔疏、《路史》卷 14 引《世本》：「胡曹作冕。」《左傳桓公二年》孔疏、《儀禮·士冠禮》賈公彥疏、《論語·衛靈公》邢昺疏引《世本》：「黃帝作冕。」《說文》「冕」條云：「古者黃帝初作冕。」是作冕亦有胡曹、黃帝二說也。蓋作者，胡曹也，乃黃帝所使，故諸書言胡曹作者，據實言之；言黃帝作者，以其主其事也。二說並得其實。《史記·曆書》：「黃帝考定星曆。」《索隱》引《系本》：「黃帝使羲和占日，常儀占月，臾區占星氣，泠綸造律呂，大橈作甲子，隸首作算數，容成綜此六術而著調曆也。」是考定星曆者，羲和等六人所爲，容成氏又總其成，而太史公歸之黃帝，其例一也。這也證明伯余即黃帝，胡曹作衣，黃帝所使，可歸之黃帝，而不可歸之另一人也。

〔註 56〕王念孫《荀子雜志》，收入《讀書雜志》卷 10，中國書店 1985 年版，第 92～93 頁。

〔註 57〕陳廣忠《淮南子斠詮》，黃山書社 2008 年版，第 1073 頁。

（53）各悉其知，貴其所欲達，遂為天下備

高注：達，通也。備，猶用也。

按：備，讀爲服、伏。高注非也。《呂氏春秋・先己》：「樂備君道，而百官已治矣。」高注：「樂服行君人無爲之道，則百官承使化職事也。」王念孫曰：「據注，備讀爲服。」〔註58〕《漢書・王莽傳》：「所征殄滅，盡備厥辜。」王念孫曰：「備，讀爲伏，字或作服。」〔註59〕皆其證也。《書鈔》卷 13 引《帝王世紀》：「五十二戰，爲天下服。」爲天下服，言天下服之也。

（54）搏琴撫弦

按：搏，讀爲拍。《釋名》：「拍，搏也，手搏其上也。」又「撫，敷也，敷手以拍之也。」《集韻》：「搏，拊也。」此文「搏」、「撫」同義對舉。

（55）手若蔑蒙

高注：蔑蒙，言其疾舉之貌。

按：高注據王本。《集韻》：「蒙，蔑蒙，飛揚貌。」《史記・司馬相如傳》《大人賦》：「蔑蒙踴躍，騰而狂趡。」《集解》引《漢書音義》：「蔑蒙，飛揚也。」因謂亂飛之小蟲、飛揚之遊氣亦曰蔑蒙。字或作「蠛蠓」、「薔矇」、「蔑蠓」。《後漢書・張衡傳》《思玄賦》：「浮蔑蒙而上征。」《文選》作「蠛蠓」，五臣本作「薔矇」。李賢注：「蔑蒙，氣也。揚雄《甘泉賦》曰：『浮蔑蒙而撇天。』呂向注：「薔矇，遊氣也。」《漢書・揚雄傳》《甘泉賦》：「浮蔑蠓而撇天。」《文選》、《類聚》卷 39 引作「蠛蠓」。晉灼曰：「蔑蠓，疾也。」〔註60〕李善注引孫炎注《爾雅》曰：「蠛蠓，蟲小於蚊。」呂向注：「蠛蠓，遊氣也。」

（56）玉堅無敵，鏤以為獸，首尾成形，礛諸之功

按：堅，緻密。敵，讀爲謫、讁，亦瑕也。《方言》卷 10：「讁，過也。」

〔註58〕轉引自許維遹《呂氏春秋集釋》，中華書局 2009 年版，第 70 頁。

〔註59〕王念孫《漢書雜志》，收入《讀書雜志》卷 7，中國書店 1985 年版，第 17 頁。

〔註60〕日本兵庫縣上野淳一藏初唐寫本亦作「疾」，殿本、局本「疾」都作「蚊」。作「疾」者是其故書，以明其語源也；作「蚊」者後人所改，以明其語義也。如舊本作「蚊」，則無由改作「疾」字。

《老子》第 27 章：「善言無瑕讁。」傅本、《釋文》本作「讁」，《意林》卷 1、《御覽》卷 659 引亦作「讁」。字或作適，馬王堆帛書《老子》甲、乙本並作「適」。《管子・水地》：「瑕適皆見，精也。」尹注：「瑕適，玉病也。」《荀子・法行》：「瑕適並見，情也。」王念孫曰：「適，讀爲讁，讁亦瑕也。」〔註 61〕楊注：「適，玉之美澤調適之謂也。」楊注非也。字或作璃，《呂氏春秋・舉難》：「寸之玉，必有瑕璃。」

（57）木直中繩，揉以為輪，其曲中規

按：揉，《大戴禮記・勸學》、《荀子・勸學》作「輮」，楊注：「輮，屈。」《御覽》卷 607 引《大戴》，《記纂淵海》卷 1、62 引《荀子》並作「揉」。揉、輮，並讀爲煣。《說文》：「煣，屈申木也。」字或作楺，《廣韻》：「楺，屈木。煣，上同。」《氾論篇》：「楺輪建輿。」

（58）唐碧堅忍之類

高注：唐碧，石似玉，皆堅鑽之物。

按：《廣雅》：「碧、瑭：玉。」《玉篇》：「瑭，玉也。」王念孫曰：「唐與瑭通。」〔註 62〕

（59）且夫精神滑淖纖微，倏忽變化

按：滑淖，音轉則爲「潐淖」，已詳《兵略篇》校補。劉台拱、劉殿爵謂「潐淖」之誤〔註 63〕，非也。

（60）君子有能精搖摩監，砥礪其才，自試神明，覽物之博，通物之壅，觀始卒之端，見無外之境，以逍遙仿佯於塵埃之外，超然獨立，卓然離世，此聖人之所以游心

按：（a）精搖摩監，爲古楚語，參見附錄二《〈淮南子〉古楚語舉證》。

〔註 61〕王念孫《荀子雜志》，收入《讀書雜志》卷 12，中國書店 1985 年版，第 31 頁。

〔註 62〕王念孫《廣雅疏證》，收入徐復主編《廣雅詁林》，江蘇古籍出版社 1998 年版，第 762 頁。

〔註 63〕劉殿爵《讀淮南鴻烈札記》，香港《聯合書院學報》第 6 期，1967 年出版，第 186 頁。

（b）《說苑・建本》：「今人誠能砥礪其材，自誠其神明，睹物之應，通道之要，觀始卒之端，覽無外之境，逍遙乎無方之內，彷徉乎塵埃之外，卓然獨立，超然絕世，此上聖之所遊神也。」即本此文。有能，猶言若能，表假設關係，與「誠能」同義〔註64〕。試，向宗魯、楊樹達校作「誠」，是也。左松超曰：「試通拭，又疑誠字之誤。」〔註65〕前說非是。《俶眞篇》：「芒然仿佯於塵埃之外，而消搖於無事之業。」《精神篇》：「芒然仿佯於塵垢之外，而消搖於無事之業。」《文子・精誠》：「芒然仿佯乎塵垢之外，逍遙乎無事之際。」又《九守》：「芒然仿佯塵垢之外，逍遙乎無事之業。」諸文皆本於《莊子・大宗師》：「芒然彷徨乎塵垢之外，逍遙乎無爲之業。」又《達生》：「芒然彷徨乎塵垢之外，逍遙乎無事之業。」「仿佯」即「彷徨」，「消搖」即「逍遙」，一聲之轉也。諸文皆以「仿佯（彷徨）」與「逍遙（搖）」對舉，此文亦當然，故當補「無方之內」或「無事之業」四字也。（c）此文「覽物之博，通物之壅」，《說苑》作「睹物之應，通道之要」。此文二「物」字爲複，疑下句當作「通道之壅」，《莊子・庚桑楚》：「達道之塞。」《呂氏春秋・有度》：「通道之塞。」是其誼也。《說苑》當作「睹物之要，通道之壅」，「壅」、「應」形近致譌，又與「要」字誤倒。（d）此文「超然獨立，卓然離世」，當乙作「卓然獨立，超然離世」，《說苑》作「卓然獨立，超然絕世」，是其證也。《原道篇》：「卓然獨立，塊然獨處。」（劉殿爵已及，但引《說苑》「絕」誤作「離」）《說苑・君道》：「廓然遠見，踔然獨立。」「踔」同「卓」。卓然，高聳貌，故與「獨立」相連，其義相因也。《史記・滑稽列傳》：「崛然獨立，塊然獨處。」「崛然」義同。超然，遠貌，故與「離世」相連，其義亦相因也。《方言》卷7：「超，遠也。」《後漢書・方術傳》：「超然絕俗。」《梁書・處士傳》：「邈然絕世。」唐・張祐《題潤州金山寺》：「一宿金山寺，超然離世群。」可作旁證。邈亦遠也。

〔註64〕「有」、「誠」表假設，參見裴學海《古書虛字集釋》，中華書局1954年版，第154、830頁。
〔註65〕左松超《說苑集證》，（臺灣）「國立」編譯館2001年版，第164頁。

（61）閒居靜思

按：靜，《說苑・建本》誤作「心」。《賈子・修政語上》：「靜思而獨居。」

（62）日以自娛

按：娛，《說苑・建本》作「虞」，借字。

（63）設儀立度

按：《說文》：「儀，度也。」《說苑・建本》作「義」，借字。

（64）窮道本末，究事之情

高注：窮，盡也。究，極也。

按：道，當從《說苑・建本》作「追」。追亦究也、尋也。高注究訓極，
　　未安。

（65）如此者，人才之所能逮

高注：逮，及也。

按：逮，《說苑・建本》誤作「建」。《廣韻》：「建，至也。」「建」亦誤
　　字。趙少咸曰：「諸書建不訓至，此至或置之誤。」〔註66〕茲所不取。

（66）名可務立，功可彊成

高注：務，事也。彊，勉也。

按：楊樹達讀務爲敄，引《說文》「敄，彊也」、《文子・精誠》「名可強
　　立」以證，是也。《爾雅》：「務，強也。」朱駿聲亦讀務爲敄〔註67〕。
　　高注務訓事者，二漢人以「事」爲「務」、「致力」、「勉力」之誼，
　　另詳《俶眞篇》「事復返之」條校補。

（67）昔者南策（榮）疇恥聖道之獨亡於己，身淬霜露，欮蹻跂
　　〔步〕，跋涉山川，冒蒙荊棘，百舍重跰，不敢休息

高注：淬，浴。欮，猶著。蹻，履。跂，趣。不從蹊逐曰跋涉，故觸犯
荊棘。南，姓。榮疇，字。蓋魯人也。跰，足胝生。

按：《賈子・勸學》：「昔者南榮跦醜聖道之忘乎己，故步陟山川，坒冒楚

〔註66〕趙少咸《廣韻疏證》，巴蜀書社 2010 年版，第 2668 頁。
〔註67〕朱駿聲《說文通訓定聲》，武漢市古籍書店 1983 年版，第 262 頁。

棘，彌道千餘，百舍重繭，而不敢久息。」《文子·精誠》：「昔南榮趎恥聖道而獨亡於己。」（a）醜，恥也。而，猶之也。忘，讀爲亡。俞樾曰：「忘當爲亡。亡乎己者，不在乎己也。」〔註68〕（b）《莊子·庚桑楚》：「南榮趎蹵然正坐。」《釋文》：「趎，向音疇，《漢書·古今人表》作『南榮疇』，或作儔，又作壽，《淮南》作『南榮幬』，亦作疇。」趎、跦，並讀爲疇，或作儔、壽、幬，並音之轉也。「侏張」即「俛張」，是其比也。盧文弨曰：「跦與趎同，《淮南子》作幬，聲亦相近。」〔註69〕（c）欶，當從景宋本作「敕」，《莊子·庚桑楚》《釋文》、《廣韻》「趎」字條引亦並作「敕」。《說文》：「敕，舓地曰敕。」「舓」同「插」。蹻，讀爲屬，履也。敕蹻，言足插於履中，故高注云「猶著」，今言穿也。《原本玉篇殘卷》「緪」字條引作「緪履跌步」，又引許注：「緪，勅也。跌，疾也。」「勅」爲「勅」俗字，與「敕」通用。是許本作「緪履」、高本作「敕蹻」也。朱駿聲讀欶爲飭〔註70〕，非也。陶方琦曰：「《說文》：『揯，引急也。』此緪訓敕，義同揯字。」陶說是也。許注緪訓敕者，《說文》：「緪，一日急也。」《廣韻》：「敕，固也，急也。」字或省作緪，見《廣韻》。緪履，猶今言緊鞋帶。（d）劉師培曰：「『步陟』乃『跋涉』之訛。」〔註71〕朱起鳳曰：「步、跋聲之轉。」〔註72〕「陟」爲「涉」之誤，劉說是也；「步」字不誤，亦非「跋」字聲轉。步，陸行；涉，水行。《六書故》：「涉，步水爲涉。」《後漢書·仲長統傳》：「舟車足以代步涉之難。」又《謝該傳》李賢注引《魏略》：「（樂）詳，字文載，少好學，聞謝該善《左氏傳》，乃從南陽步涉詣許，從該問難。」《三國志·朱桓傳》：「又千里步涉，人馬罷困」又《常林傳》裴松之注：「行則步涉，食則茨藿。」皆其例也。倒言則作「涉步」，《弘明集》卷11南朝宋釋道高《重答李交州書》：「流浪義苑，涉步書園。」《大唐

〔註68〕俞樾《賈子平議》，收入《諸子平議》，上海書店1988年版，第569頁。
〔註69〕盧文弨《賈誼新書》校本，收入《諸子百家叢書》，上海古籍出版社影印浙江書局本1989年版，第57頁。
〔註70〕朱駿聲《說文通訓定聲》，武漢市古籍書店1983年版，第217頁。
〔註71〕劉師培《賈子新書斠補》，收入《劉申叔遺書》，江蘇古籍出版社1997年版，第1000頁。
〔註72〕朱起鳳《辭通》，上海古籍出版社1982年版，第2774頁。

西域求法高僧傳》卷 1：「汎舶而陵閩越。涉步而屆長安。」（e）盧
文弨曰：「坌，塵坌也。」〔註73〕劉師培曰：「『坌冒』與『冒蒙』同，
盧云塵坌之義，非也。」〔註74〕章太炎曰：「坌之爲言奔也。冒，抵
觸也。言奔觸楚棘也。」〔註75〕蔣禮鴻曰：「坌與逢同，觸犯之義也。」
〔註76〕方向東曰：「步陟，義亦通。劉氏據《淮南子》校，其書在後，
未必切。蔣、章二說是，蔣說長。」〔註77〕方謂「步陟」義亦通，
失之。（f）《廣韻》：「胼，胼胝，皮上堅也。跰，上同。」字或作跰。
繭、跰，讀爲蠒，已詳上文。王念孫、陶方琦謂「跰」爲「跰」之
誤，並失考。（g）《賈子》「久息」，當據此文讀爲「休息」。《山海經‧
海外南經》：「狄山有鴟久。」郭璞注：「鴟久，鴟鵂之屬。」郝懿行
曰：「鴟，當爲鴟。《說文》云：『鴟舊，舊留也。舊，或作鵂。』是
經文鴟久即鴟舊，注文雌鵂即鵂鷅也，皆聲近假借字。」〔註78〕又
《海外北經》：「務隅之山有鴟久。」袁珂曰：「鴟久，《藏經》本作
鴟久。」〔註79〕又《大荒南經》：「蒼梧之野有鴟久。」郭璞注：「鴟
久，即鵂鷅也。」此鳥《廣雅》作「鴟鵂」。《說文》：「舊，鴟舊，
舊留也。鵂，舊或從鳥，休聲。」「鵂」同「舊」，與「久」音近而
通用。此即久讀爲休之證。

（68）精神曉泠，鈍聞條達

高注：曉，明。泠，猶了也。鈍聞，猶鈍惛。

按：《文子‧精誠》作「精神曉靈，屯閔條達」。靈、泠，字或作聆、怜、
懭，已詳《齊俗篇》「所居聆聆」條校補。「鈍聞」、「屯閔」爲「頓

〔註73〕盧文弨《賈誼新書》校本，收入《諸子百家叢書》，上海古籍出版社影印浙江
　　　書局本1989年版，第57頁。

〔註74〕劉師培《賈子新書斠補》，收入《劉申叔遺書》，江蘇古籍出版社1997年版，
　　　第1000頁。

〔註75〕章太炎《賈子義抄》（沈延國輯），轉引自方向東《賈誼集匯校集解》，河海大
　　　學出版社2000年版，第317～318頁。

〔註76〕蔣禮鴻《義府續貂》，收入《蔣禮鴻集》卷2，浙江教育出版社2001年版，第
　　　25頁。

〔註77〕方向東《賈誼集匯校集解》，河海大學出版社2000年版，第318頁。

〔註78〕郝懿行《山海經箋疏》卷6，中國書店1991年版，第7頁。

〔註79〕袁珂《山海經校注》，巴蜀書社1993年版，第292頁。

滑」之音轉，爲古楚語，參見附錄二《〈淮南子〉古楚語舉證》。《玄應音義》卷 14：「泠而：《淮南子》：『受教一言，清神〔曉〕泠。』許叔重曰：『泠然，亦解悟之意。』」〔註80〕《慧琳音義》卷 18 引顧野王曰：「泠然，解寤之意也。」顧氏語亦係引許注也。

（69）是以明照四海，名施後世，達略天地，察分秋毫

高注：施，延也。達，通也。略，猶數也。察，明。

按：《文子・精誠》「施」作「立」，「達」作「智」。上文「聲施千里」，高注：「施，行也。」王利器曰：「達略天地，蓋即『智絡天地』也。」〔註81〕略，讀爲絡，《文子》《纘義》本正作「絡」，默希子本、明刊本同此，亦用借字。另參見《俶眞篇》「智終天地」條校補。高注非也。達，通達、知曉，動詞作名詞用，與下「察」一例。馬宗霍乙作「略達天地」，何寧「略」訓略達，皆非也。

（70）欣然七日不食，如饗太牢

按：《文子》《纘義》本作「辛苦十日不食」，默希子本、朱弁本、明刊本「辛」作「勤」。「辛」爲「欣」音誤，默希子等本又以同義字改作「勤」，失之愈遠。「十」爲「七」字形誤。

（71）決腹斷頭

按：《戰國策・楚策一》作「斷脰決腹」，鮑注：「脰，項也。」

（72）申包胥竭筋力以赴嚴敵，伏尸流血，不過一卒之才，不如約身卑辭，求救於諸侯。於是乃贏糧跣走，跋涉谷行，上峭山，赴深谿，游川水，犯津關，獵蒙籠，蹙沙石，蹠達膝〔暴〕，曾繭重胝，七日七夜至於秦庭，鶴跱而不食，晝吟宵哭，面若死灰，顏色黴黑，涕流交集，以見秦王

高注：贏，裹也，一曰囊。峭山，高山。犯，觸。觸津關則捲（踐）獵蒙籠之山，一曰葛薯所蒙籠，言非人所由。蹙，僵。蹠，足。達，穿。鶴跱，峙立貌。

〔註80〕此據磧砂本，高麗藏本、金藏本及《慧琳音義》卷 59 引皆無「許叔重」三字。
〔註81〕王利器《文子疏義》，中華書局 2000 年版，第 106 頁。

按：《戰國策・楚策一》：「棼冒勃蘇曰：『吾被堅執銳，赴強敵而死，此猶一卒也，不若奔諸侯。』於是嬴糧潛行，上崝山，踰深谿，蹠穿膝暴，七日而薄秦王之朝，雀立不轉，晝吟宵哭，七日不得告，水漿無入口，瘨而殫悶，旄不知人。」為此文所本。（a）棼冒勃蘇，《文選・求通親親表》李善注引作「樊冒勃蘇」，皆即「申包胥」之緩音，《鶡冠子・備知》、《世賢》又作「申麃」。《困學紀聞》卷6：「棼冒勃蘇即申包胥也。」吳師道曰：「棼冒即蚡冒，勃蘇、包胥聲近，豈蚡冒之裔歟？」齊召南曰：「蓋吳楚之間人名，非告於上國而史得書于策者，大抵皆有音無字，隨紀載者所聞而書之。申麃、申包胥、棼冒勃蘇，音皆似也。」〔註82〕（b）嬴，《初學記》卷17、《渚宮舊事》卷3引《策》作「贏」，《御覽》卷418引《策》作「贏」，有注：「贏，音盈。」「贏」字誤，嬴、贏並讀為籯〔註83〕，字或作籝，竹製小籠也。用為動詞，故為裹也，囊也。《氾論篇》：「軵蹶嬴蓋。」高注亦云：「嬴，囊也。」字或作攍，《廣雅》：「攍，負也。」（c）谷行，言緣山谷而行，不走大道，故《策》作「潛行」，其義同也。上文「水潦得谷行」，高注：「水勢東流，人必事而通之，使得循谷而行也。」厥誼相同。俞樾謂當作「沿行」，向宗魯駁之，據《史記・魏世家》校作「道涉谷行」，以「涉谷」為地名。朱起鳳謂「谷」為「潛」脫誤〔註84〕。蔣禮鴻曰：「谷當作峾，此即與郤通。郤即隙。峾行即郤行，亦即間行也。」皆未得也。「郤行」不辭。（d）鮑注：「崝山，崝嶸之山。」本字為崝。《說文》：「嶸，崝嶸也。」此文作「峭」，厥義雖同，然疑本作「崝」，形之誤也。《方言》卷6：「崝，高也。」故高注云「崝山，高山」也。《慧琳音義》卷88：「崝嶸：許叔重注《淮南子》云：『崝，山谷高險貌也。』《說文》正作崝。」所引許注當即此文。（e）獵，一本作「躐」，《困學紀聞》卷6引亦作「躐」。躐、獵，正、借字。躐，踐也。（f）達，通也，故高注訓穿，《策》正作「穿」字。《說文》：「穿，通也。」《黃石公三略》卷

〔註82〕引自《春秋左氏傳注疏考證》，收入景印文淵閣《四庫全書》第144冊，臺灣商務印書館1986年初版，第550頁。
〔註83〕參見朱駿聲《說文通訓定聲》，武漢市古籍書店1983年版，第859頁。
〔註84〕朱起鳳《辭通》，上海古籍出版社1982年版，第921頁。

上：「《軍讖》曰：『軍井未達，將不言渴。』」《兵略篇》：「軍井通，然後敢飲。」是達即通也，亦即穿也。《吳越春秋·闔閭內傳》作「足踵蹠劈，裂裳裹膝」。（g）薄，至也。此文正作「至」字。字或作搏、傅，另詳《兵略篇》校補。（h）曾繭重胝，《文選·幽通賦》李善注引作「重繭」，又引高誘《戰國策》注：「重繭，累胝也。」《文選·百辟勸進今上牋》李善注引作「累繭重胝」。曾讀爲層，重也。（i）雀，當據此文作「鶴」，《初學記》、《文選·求通親親表》李善注、《渚宮舊事》、《冊府元龜》卷 739 引正作「鶴」，《御覽》引作「鸖」，俗字。《吳越春秋·闔閭內傳》作「鶴倚哭於秦庭」，尤爲切證。王引之曰：「雀當爲萑，字之誤也。萑與鶴同。」〔註85〕《困學紀聞》卷6、《冊府元龜》卷 743 亦誤作「雀」。鮑注：「雀立，踊也。」非是。

（73）寡君失社稷，越在草茅

　　高注：越，遠也。

　　按：《公羊傳·桓公十六年》：「越在岱陰齊。」何注：「越，走也。」此猶言流竄。《吳越春秋·闔閭內傳》作「寡君出在草澤」，「出」字義會。高注非也。《左傳·定公四年》作「寡君失守社稷，越在草莽」，《釋文》：「草莽，舊作茅，亡交反；今本多作莽，莫蕩反。」陸氏所見舊本與此合。

（74）夫七尺之形，心致憂愁勞苦，膚（之）知痛疾寒暑，人情一也

　　按：致、知對舉，致亦知也。一本「致」作「知」，失其舊。《禮記·樂記》：「致禮樂之道，舉而錯之天下無難矣。」《史記·樂書》「致」作「知」。《孟子·離婁下》：「天之高也，星辰之遠也，苟求其故，千歲之日至，可坐而致也。」《宋書·律曆志》引「致」作「知」。皆其例也。

（75）苦身勞形，焦心怖肝

　　高注：怖肝，猶戒懼。

〔註85〕轉引自王念孫《戰國策雜志》，收入《讀書雜志》卷1，中國書店 1985 年版，第 86 頁。

按：怖讀爲脯，曝乾也。高注非是。已詳《主術篇》校補。

（76）蓋聞子發之戰，進如激矢，合如雷電，解如風雨，員之中規，方之中矩，破敵陷陳，莫能雍御，澤戰必克，攻城必下

按：已詳《兵略篇》「疾如錐矢，合如雷電，解如風雨」條校補。

（77）是故田者不強，困倉不盈；官御不厲，心意不精；將相不強，功烈不成；侯王懈惰，後（沒）世無名

高注：強，力也。精，專。

按：此爲當時諺語。《史記・龜策傳》：「故曰：『田者不彊，困倉不盈；商賈不彊，不得其贏；婦女不彊，布帛不精；官御不彊，其勢不成；大將不彊，卒不使令；侯王不彊，沒世無名。』」據《史記》，此文有脫誤。「官御不厲，心意不精」當作「商賈不彊，不得其贏；婦女不彊，布帛不精；官御不厲，其勢不成」。「心意」爲「布帛」之形誤。高注「精，專」，是所見本已脫。《文子・精誠》：「故田者不強，困倉不滿；官御不勵，誠心不精；將相不強，功烈不成；王侯懈怠，後（沒）世無名。」亦有脫誤。《論衡・命祿》：「故官御同才，其貴殊命；治生鈞知，其富異祿。」

（78）通於物者不可驚〔以〕怪，喻於道者不可動以奇，察於辭者不可燿以名，審於形者不可遯以狀

高注：通，達也。喻，明也。燿，眩。遯，欺也。狀，貌也。

按：《新語・思務》：「夫長於變者不可窮以詐，通於道者不可驚以怪，審於辭者不可惑以言，遠（達）於義者不可動以〔利〕。」〔註86〕《弘明集》卷1漢牟融《理惑論》：「牟子曰：『夫長於變者不可示以詐，通於道者不可驚以怪，審於辭者不可惑以言，達於義者不可動以利也。』」《要略篇》：「使人通迥周備，不可動以物，不可驚以怪者也。」

〔註86〕遠，《治要》卷40引同，注：「遠當作達。」「利」字原脫，《治要》引有。王利器據《子彙》本、《品節》本校「遠」作「達」，補「利」字。王校是也，《長短經・知人》引正作「達於義者不可動以利」，《理惑論》亦同，皆其確證。王利器《新語校注》，中華書局1986年版，第163頁。

物，指「利」而言。《史記・留侯世家》：「易動以利。」《抱朴子外篇・名實》：「雖窮賤而不可脅以威，雖危苦而不可動以利。」《呂氏春秋・士容》：「難動以物而必不妄折。」高注：「不爲物動，唯義所在，不妄屈折也。」陳奇猷曰：「此『物』指利言。」〔註87〕此文高注「燿，眩」是也，與「惑」同義。陳廣忠曰：「燿，炫耀、顯揚。」〔註88〕非是。

（79）夫無規矩，雖奚仲不能以定方圓；無準繩，雖魯般不能以定曲直

按：《說林篇》：「非規矩不能定方圓，非準繩不能正曲直。」正亦定也。《國語・齊語》：「正卒伍。」《漢書・刑法志》「正」作「定」。《書・堯典》：「定四時。」《史記・五帝紀》「定」作「正」。

（80）是故鍾子期死而伯牙絕弦破琴，知世莫賞也；惠施死而莊子寢說言，見世莫可爲語者也

按：張雙棣指出語本《呂氏春秋・本味》「鍾子期死，伯牙破琴絕絃，終身不復鼓琴，以爲世無足復爲鼓琴者」。按《韓詩外傳》卷9：「鍾子期死，伯牙擗琴絕絃，終身不復鼓琴，以爲世無足與鼓琴也。」《漢書・揚雄傳》《解難》：「是故鍾期死〔則〕伯牙絕弦破琴而不肯與眾鼓，玃人亡則匠石輟斤而不敢妄斲。」《說苑・說叢》：「鍾子期死而伯牙絕絃破琴，知世莫可爲鼓也；惠施卒而莊子深瞑不言，見世莫可與語也。」又《尊賢》：「鍾子期死，伯牙破琴絕絃，終身不復鼓琴，以爲世無足爲鼓琴者。」《風俗通義・聲音》：「子期死，伯牙破琴絕絃，終身不復鼓，以爲世無足爲音者也。」亦皆本《呂氏》。「與鼓琴」、「與眾鼓」二「與」字，猶爲也，讀去聲。何寧曰：「疑今本『言』上奪一字，與『絕弦破琴』對文，無可據補。」王叔岷「言」上據《說苑》補「不」字，是也。《本經篇》：「鉗口寢說，遂不言而死者眾矣。」《文子・精誠》：「寢說而不言。」皆其確證。《文選・廣絕交論》李善註、《古今事文類聚》前集卷23、《古今合璧事類備

〔註87〕陳奇猷《呂氏春秋新校釋》，上海古籍出版社2002年版，第1705頁。
〔註88〕陳廣忠《淮南子斠詮》，黃山書社2008年版，第1085頁。

要》前集卷 33 引已脱「不」字。

（81）唐姑梁曰：「謝子，山東辯士，固權說以取少主。」惠王因
　　　藏怒而待之

　　高注：言謝子辯士也，常發其巧說以取少主之權。

　　按：《呂氏春秋・去宥》：「唐姑果對曰：『謝子，東方之辯士也，其爲人
　　　甚險，將奮於說以取少主也。』」高注：「奮，彊也。」固，猶將也
　　　〔註89〕。劉台拱、王引之謂「權」當作「奮」，是也。于大成曰：「固
　　　乃奮字之誤。權，譎也。權說者，譎詐之說也，故高釋爲『巧說』。」
　　　非也。藏，《說苑・雜言》作「懷」，義同。

（82）夫以徵為羽，非絃之罪；以甘為苦，非味之過

　　按：《說苑・雜言》：「故以徵爲羽，非絃之罪也；以甘爲苦，非味之罪
　　　也。」

（83）楚人有烹猴而召其隣人

　　高注：召，猶請也。

　　按：猴，《意林》卷 2 引作「狙」。召，《意林》、《書鈔》卷 144、《初學記》
　　　卷 26、《御覽》卷 861、《埤雅》卷 5、《記纂淵海》卷 53、《海錄碎
　　　事》卷 6、《古今事文類聚》續集卷 16、《古今合璧事類備要》外集
　　　卷 45 引並同。《御覽》卷 910、《萬卷菁華》卷 17 引作「紿其邦人」，
　　　有注：「徒亥切。」〔註90〕「紿」爲「紹」字之誤，非訓爲欺也。于
　　　大成曰：「疑許本作召，故《意林》如此。高本當作紿，今《脩務》
　　　是高注本，後人以許本易之。」非也。

（84）據地而吐之，盡寫其〔所〕食，此未始知味者也

　　按：吐，《御覽》卷 861 引作「嘔」。寫，《御覽》卷 910 引同，《初學記》
　　　卷 26、《記纂淵海》卷 53、《古今事文類聚》續集卷 16、《古今合璧
　　　事類備要》外集卷 45 引作「瀉」。寫、瀉，正、俗字。未始，猶言
　　　未曾、未嘗。《御覽》卷 910 引「始」作「爲」。

〔註89〕 參見蕭旭《古書虛詞旁釋》，廣陵書社 2007 年版，第 123 頁。
〔註90〕 《四庫》本《御覽》引「紿」誤作「給」，注誤作「徒立切」。

（85）邯鄲師有出新曲者，託之李奇，諸人皆爭學之

高注：出，猶作也。

按：出新曲，《御覽》卷 565 引作「鬻曲」。

（86）今劍或絕側贏文，齧缺卷錏，而稱以頃襄之劍，則貴人爭
帶之

高注：絕，無側。贏，無文。齧齒卷錏，鈍弊無刃。

按：于省吾曰：「卷錏猶言卷曲。《廣雅》：『錏，聏也。』又『聏，曲也。』」
于說是也，而猶未盡。《廣雅》本作「飪，聏也」，王念孫《疏證》
據《玉篇》等引訂作「錏」字，又引此文爲證，云：「卷與聏通。」
〔註91〕《廣韻》：「錏，錏濡。」《集韻》引《字林》：「錏，濡也。」
「濡」即軟弱之義，軟弱，斯卷曲矣，義相因也。《廣雅》：「柔、
奊、儒、恁、㮇、偄、偄，弱也。」濡、奊、儒、恁、偄，並同字，
即今之「軟」字也。恁、㮇、錏，亦通用。《說文》：「㮇，弱貌也。」
《五音集韻》：「㮇，木弱也。」字或作飪，《說文》：「飪，大熟也。
肛，古文飪。恁，亦古文飪。」食物熟則軟，其義亦取軟也。字或
作壬、任，《爾雅》：「任、壬，佞也。」朱駿聲曰：「壬，叚借爲㮇。
按：善柔似弱如木之㮇也。」〔註92〕字或作荏，《論語・陽貨》：「色
厲而內荏。」何晏《集解》：「孔曰：『荏，柔也。』謂外自矜厲而
內柔佞。」《禮記・曲禮上》鄭玄注：「色厲而內荏。」《釋文》：「荏，
柔弱貌。」《漢書・翟方進傳》：「色厲內荏。」顏師古注引應劭曰：
「荏，屈撓也。」柔弱，斯屈撓矣，義亦相因也。《晉書音義》卷
中：「內荏，一作恁。」「內荏」之專字，固當從心，指內心柔弱也。
《慧琳音義》卷 8 引《考聲》：「荏，草弱貌也。」又卷 19：「荏若：
又作㮇，同。柔木也。《廣雅》：『荏，弱也。』亦溫柔也。下字宜
作弱。」字或作袵，《詮言篇》：「筐牀袵席。」許注：「袵，柔弱也。」
字或作稔，《集韻》：「稔，禾弱也。」人柔善爲壬、任，故字從人；
木柔弱爲㮇，故字從木；草柔弱爲荏，故字從草；禾柔弱爲稔，故
字從禾；內心柔弱爲恁，故字從心；被子柔軟爲袵，故字從衣；食

〔註91〕 王念孫《廣雅疏證》，收入徐復主編《廣雅詁林》，江蘇古籍出版社 1998 年版，
第 349 頁。

〔註92〕 朱駿聲《說文通訓定聲》，武漢市古籍書店 1983 年版，第 87 頁。

物軟熟爲飪，故字從食；金屬柔軟爲錠，故字從金。各換義符以製
專字，其義一也。

（87）苗山之鋌，羊頭之銷，雖水斷龍舟，陸劃兕甲，莫之服帶

高注：苗山，楚山，利金所出。羊頭之銷，白羊子刀。

王念孫曰：鋌當爲鋌，字之誤也。鋌音挺。《說文》：「鋌，銅鐵樸也。」
《文選‧七命》注引此篇「苗山之鋌，（《七發》注同）羊頭之銷」，又引許慎
注曰：「鋌，銅鐵樸也。（高注：「苗山，楚山，利金所出。」義與許同。）銷，
生鐵也。」是其證。

于省吾曰：按王說與許注合。但鋌爲銅鐵樸，銷爲生鐵，銅鐵樸與生鐵，
安能水斷龍舟，陸劃兕甲乎？且高注自與許說異。高本謂利金所出，可以爲
鋌，又謂羊頭之銷，白羊子刀，不訓生鐵明矣。「鋌」字不誤。《說文》：「鋌，
小矛也。」……劉台拱謂「銷」同「削」，是也。《周禮‧考工記》：「築氏爲
削。」馬注：「偃曲卻刃也。」……是高本謂因莫之稱託，故無人服帶，非謂
銅鐵樸與生鐵之不可服帶也。

按：陳直亦謂銷讀爲削〔註93〕，與劉說同。(a) 苗山，即茅山，會稽山
之本名。茅、苗一聲之轉也〔註94〕。《越絕書‧外傳記地傳》：「（禹）
到大越，上茅山，大會計，爵有德，封有功，更名茅山曰會稽。」《史
記‧夏本紀》《集解》、《周禮‧職方氏》賈公彥疏、《書鈔》卷 94、
160、《御覽》卷 558、《玉海》卷 70、《會稽志》卷 1 引《越傳》「茅
山」並作「苗山」。《史記‧封禪書》《索隱》引《吳越春秋》：「禹巡
天下，登茅山以朝群臣，乃大會計，更名茅山爲會稽，亦曰苗山也。」
〔註95〕又《太史公自序》《索隱》引張勃《吳錄》：「（會稽）本名苗
山，一名覆釜，禹會諸侯計功，改曰會稽。」又《夏本紀》《集解》
引《皇覽》：「禹冢在山陰縣會稽山上，會稽山本名苗山，在縣南，
去縣七里。」《太平寰宇記》卷 96 引《茅山郡國志》：「東南有會稽

〔註93〕陳直《讀子日札‧淮南子》，收入《摹廬叢著七種》，齊魯書社 1981 年版，第
112 頁。
〔註94〕《儀禮‧士相見禮》：「在野則曰草茅之臣。」鄭注：「古文茅作苗。」《孟子‧
滕文公上》：「《詩》曰：『晝爾于茅。』」孫奭《音義》：「茅，張云：『或作苗。』」
皆其例。
〔註95〕今本《吳越春秋‧越王無余外傳》無「亦曰苗山也」五字。

山，一名茅山，一名覆釜，亦曰苗山。」皆其證也。《山海經·海內東經》:「會稽在大楚南。」又《南山經》:「(會稽之山)其上多金玉。」故高注云:「苗山，楚山，利金所出。」又考《文選·七發》:「楚苗之食，安胡之飯。」李善注:「楚苗山出禾，可以為食。」蓋「苗山」之得名於出禾，即其山出產禾米也。苗秀乃名為禾。(b)鋋，《文選·七命》、《七發》李善注二引並作「鋋」，《玉海》卷151引亦作「鋋」，《七命》注又引許慎曰:「鋋，銅鐵樸也。」考《慧琳音義》卷29「金鋋」條引許注:「鋋者，金銀銅等未成器鑄作片，名曰鋋。」又卷49「鋋鎔銷」條引許注:「鋋，銅鐵璞(樸)也。」是許本作「鋋」字也。鋋、銷對舉，皆指銅鐵之樸，即生銅生鐵。許注是也。高本作「鋋」，非也。《樂府詩集》卷39魏文帝《大牆上蒿行》「苗山之鋋，羊頭之鋼。」《類聚》卷57引梁蕭子範《七誘》:「收苗山之鋋，採邪谿之銅。」二文以鋋與銅、鋼對舉，是其比也。《書鈔》卷122引晉傅玄《正都賦》:「苗山之鋋，鑄以為劍。其利也，陸斷犀兕，水截輕鴻。」鋋、銷、銅、鋼皆鑄刀、劍之材料，因此所鑄之劍亦得稱鋋，所鑄之刀亦得稱銷也。許注「銷，生鐵」，與高注「白羊子刀」，一者明其材質，一者名其器物，其義固相因也。《鹽鐵論·殊路》:「于越之鋋不礪，匹夫賤之。」又《論勇》:「世言強楚勁鄭，有犀兕之甲，棠谿之鋋也。」又「所謂利兵者，非謂吳越之鋋，干將之劍也。」三例顯然即以鋋稱劍。「苗山之鋋，羊頭之銷」，是指以苗山之鋋製成的劍，以羊頭之銷製成的刀。《書鈔》卷122陳琳《武庫賦》:「其劍則越金楚冶，棠谿名工，清涇皓刃，苗山銳鋒，陸陷玄犀，水截輕鴻。」〔註96〕苗山銳鋒指劍，清涇皓刃指刀，亦其比也。互詳《齊俗篇》「剞劂銷鋸」條校補。陶方琦謂「銷」當作「鐃」，引《說文》「鐃，鐵文也」以說之。鐵文即指鐵之紋理，非其誼也。于省吾謂「鋋」字不誤，訓小矛，已為何寧所駁。但何寧解此二句為「苗山乃利金所出，以其鋋鑄為白羊子刀」，亦未得也。(c)「羊

〔註96〕「清涇皓刃，苗山銳鋒」，《類聚》卷59、《玉海》卷151、《緯略》卷9引作「清堅皓鍔，脩刺銳鋒」。宋范成大《吳郡志》卷19「其間北岸又有司馬涇、季涇、周涇、小蕭涇、大蕭涇、歸涇、吳涇、清涇、譚涇、褚涇、楊涇之類，皆是民間所謂某家涇某家浜之類是也。」「清涇」蓋亦地名。

頭」與「苗山」對舉，當亦爲山名。《漢書・王莽傳》：「羊頭之阨，北當燕趙。」顏師古注：「羊頭，山名，在上黨壺關縣。」《唐開元占經》卷111：「神農曰：『禾生於棗，出於上黨羊頭之山右谷中。』」（d）《文選・七命》：「楚之陽劍，歐冶所營，耶谿之鋌，赤山之精，銷踰羊頭，鏷越鍛成。」此例銷、鏷對舉，銷亦鏷也。「鏷」即銅鐵樸之專字。李周翰注：「鑄鐵不消，以羊頭骨灰致之乃銷。」〔註97〕則謂以羊頭骨銷煉鋌樸以製利劍也。此又一說〔註98〕。此蓋唐人附會之辭，不足以解《淮南》及《七命》之文。（e）舟，《文選・七命》李善注引作「髳」，已詳上文。

（88）山桐之琴，潤子（梓）之腹，雖鳴廉隅、修營、唐牙，〔莫之鼓也〕

高注：伐山桐以爲琴，谿澗之梓以爲腹。言其鳴，音聲有廉隅。修營，音清涼，聲和調。唐猶堂。營，讀營正急之營也。

按：朱駿聲以「鳴廉、修營、唐牙」爲琴名，云：「按皆古琴名，注失之。」〔註99〕考《廣雅》：「鳴廉、脩營、藍脇、號鐘、宮中、自鳴、焦尾：琴名。」王念孫引此文爲證，云：「案此謂世俗之人皆貴古而賤今，故琴之惡者而稱爲古琴，則人爭鼓之，否則雖善而莫之鼓也。故下文云：『服劍者期於銛利，而不期於墨陽、莫邪；乘馬者期於千里，而不期於驊騮、綠耳；鼓琴者期於鳴廉、脩營，而不期於濫脇、號鐘。』是『濫脇、號鐘』爲古琴之名，而『鳴廉、脩營』乃言其聲之美，非琴名也。《廣雅》以四者皆爲琴名，失之。濫與藍同。《初學記》引《纂要》云：『古琴名有鳴廉、修況、藍脅、號鐘、自鳴、空中、焦尾。』《太平御覽》引《大周正樂》亦云：『鳴廉、脩況、藍脅、自鳴、空中、號鍾、焦尾。』況與營聲相近。」〔註100〕按《初

〔註97〕《御覽》卷344引注作「羊頭骨銷之也」，《事類賦注》卷13引注作「以羊頭骨銷之」，《本草綱目》卷50引註作「羊頭骨能消鐵也」。

〔註98〕《天中記》卷54引《物類相感志》：「融鐵鑄鐵不銷，以羊頭骨灰致之乃消融也。」明・徐應秋《玉芝堂談薈》卷32：「貘溺及羊頭骨灰消鐵。」明・繆希雍《神農本草經疏》卷30：「羊脛骨灰可以磨鏡，羊頭骨灰可以消鐵。」皆本此說。

〔註99〕朱駿聲《說文通訓定聲》，武漢市古籍書店1983年版，第858頁。

〔註100〕王念孫《廣雅疏證》，收入徐復主編《廣雅詁林》，江蘇古籍出版社1998年版，

學記》見卷 16〔註 101〕，《御覽》見卷 579。此文「廉隅、脩營、唐牙」三者皆狀其琴聲之美，王說是也。《廣雅》以「鳴廉、脩營」爲琴名者，正以其狀琴聲之美而命名耳，二者其實一也。王氏於此，尚未會通。（a）一本正文無「隅」字，于大成據下文「鼓琴者期於鳴廉、脩營」，謂「隅」字衍，是也。何寧據道藏本補「隅」字，張雙棣據此文改下文「鳴廉」作「廉隅」，並失之。高注「音聲有廉隅」者，言其聲端方嚴峻。（b）脩營，言其聲悠長回旋。脩、悠一聲之轉。《國語・吳語》：「今吾道路悠遠。」韋注：「悠，長也。」《玄應音義》卷 9 引《國語》賈逵注同。悠遠，慈利竹書同，明道本作「脩遠」，《補音》：「脩，本多作悠，並通。」營，回繞旋曲也，常詀耳。字或作謍，《說文》：「謍，回疾也。」段注：「回轉之疾飛也。」〔註 102〕《方言》卷 12：「謍、激，清也。」戴震曰：「案《說文》：『謍，回疾也。激，水礙衺疾波也。』故皆爲清急之義。」〔註 103〕此文「營」即取回轉激清之誼，故高注云「音清涼」、「讀營正急之營」。《原道篇》：「營然能聽。」高注：「營讀疾營之營也。」此注「營正急」即彼注「疾營」之誼。「正」爲副詞，狀急字。何寧刪「正」字，恐不必。音轉則爲「脩況」，《廣韻》亦云：「況，脩況，琴名。」（c）唐牙，疑讀爲琅玕〔註 104〕。石之似玉者爲琅，骨之似玉者爲玕。玉石之聲亦謂之琅玕，此文形容聲音清朗貌。字或作「瑯琊」、「琅邪」、「琅琊」，用爲山名或臺名，以玉石之美形容之。其義一也。金其源、蔣禮鴻以「唐牙」爲師堂、伯牙，屬下句，已爲于大成、張雙棣所駁。

（89）服劍者期於銛利，而不期於墨陽、莫邪

高注：墨陽、莫邪，美劍名也。

第 697 頁。

〔註 101〕《樂府詩集》卷 57、《古樂苑》卷 30《琴曲歌辭》解題引《纂要》誤作「鳴鹿、循況」。

〔註 102〕段玉裁《說文解字注》，上海古籍出版社 1981 年版，第 583 頁。

〔註 103〕戴震《方言疏證》，收入《戴震全集（5）》，清華大學出版社 1997 年版，第 2447 頁。

〔註 104〕《集韻》「閳」同「閬」，是其比。

按：《廣雅》：「鏌釾、墨陽，劍也。」《楚辭・九思》：「攝衣兮緩帶，操
我兮墨陽。」《類聚》卷 60 引後漢士孫瑞《劍銘》：「暨彼良工，歐
冶干將，爰造寶劍，巨闕墨陽。」皆以「墨陽」為劍名。《史記・蘇
秦傳》：「韓卒之劍戟，皆出於冥山、棠谿、墨陽、合賻、鄧師、宛
馮、龍淵、太阿。」《集解》引《淮南子》：「墨陽之莫邪也。」《索
隱》引此文作「服劍者貴於剡利，而不期於墨陽、莫耶」，云：「則
墨陽，匠名也。」「冥山、棠谿」等皆地名，則「墨陽」本當亦是地
名，鑄劍於此地，因此劍亦名墨陽焉。「莫邪」為人名，所鑄之劍因
亦名莫邪焉。《鹽鐵論・論勇》：「楚鄭之棠谿、墨陽，非不利也。」
則直以地名為劍名焉。小司馬謂「墨陽，匠名也」，恐非是。

（90）若遺腹子之上隴，以禮哭泣之，而無所歸心

按：隴，讀為壠、壟。《說文》：「壠，丘壠也。」《繫傳》「壠」作「壟」。
《方言》卷 13：「冢，秦晉之閒謂之壠，自關而東謂之丘。」

（91）今取新聖人書，名之孔墨，則弟子句指而受者必眾矣

按：《說苑・君道》：「北面拘指，逡巡而退以求臣，則師傅之材至矣。」
《鹽鐵論・刺議》：「僕雖不敏，亦當傾耳下風，攝齊句指，受業於君
子之塗矣。」李哲明、陳直、張雙棣分別引上二文，解「句指」為恭
謹之狀〔註105〕，並是也。劉台拱校《說苑》引此文為證，云：「拘指
即句指。」〔註106〕楊樹達、王利器校《鹽鐵論》，亦分別引此文及《說
苑》為證，王利器亦云：「拘指即句指。」〔註107〕《說苑》之「拘指」，
《戰國策・燕策一》作「詘指」，鮑彪注：「詘指，屈指也。」吳師道
注：「詘，屈也，猶言折節。」詘屈、句拘，並正、假字。詘，曲也。
句，亦曲也。鮑、吳皆誤以借字為正字。指，讀為肢。詘肢，猶言鞠
躬、曲躬，故為恭謹之狀也。張居正曰：「『詘指』作『屈己』。」橫
田惟孝曰：「詘指猶拘指，拱手也。」中井積德曰：「指，疑當作節。」

〔註105〕陳直《讀子日札・淮南子》，收入《摹廬叢著七種》，齊魯書社 1981 年版，第
113 頁。
〔註106〕劉台拱《劉氏遺書》卷 2《經傳小記》，收入《叢書集成續編》第 15 冊，新
文豐出版公司 1991 年印行，第 470 頁。
〔註107〕王利器《鹽鐵論校注》，中華書局 1992 年版，第 320 頁。

于鬯曰：「指蓋讀爲稽，即稽首。又『詘指』二字疊韻，或古語。」
范祥雍曰：「指與恉通用。《說文》：『恉，意也。』」〔註108〕范說實本
於金正煒，金氏云：「指，意也。字本作恉。」〔註109〕諸說皆未得。
陳廣忠曰：「句指，即研討旨義。《匡謬正俗》卷8：『檢覆得失謂之句。』
指，與旨同。」〔註110〕尤爲臆說。

（92）三代與我同行，五伯與我齊智，彼獨有聖智之實，我曾無有閭里之聞、窮巷之知者何？彼並身而立節，我誕謾而悠忽

高注：誕謾，倨傲也。悠忽，謂遊蕩輕物也。

按：《賈子·勸學》：「夫啟耳目、載心意，從立移徙，與我同性，而舜
獨有賢聖之名，明君子之實，而我曾無鄰里之聞、寬裕之智者，獨
何與？然則舜僶俛而加志，我儃慢而弗省耳。」爲此文所本。（a）
此文「行」字，當據《賈子》作「性」。（b）盧文弨曰：「聞，名譽
著聞也，讀爲問，建本即作問字。寬，裕。徇，通也，即徇齊之徇。
別本作『窮巷之知』，非是。」〔註111〕別本作「窮巷之知」者，即
據本書也，盧氏失考。（c）並，讀爲屛。屛身，猶言隱身、退身。
《管子·弟子職》：「既徹，並器，乃還而立。」尹注：「並，謂藏
去也。」俞樾曰：「並，當爲屛。」〔註112〕是其例也。本字爲姘，
《說文》：「姘，除也。」朱起鳳曰：「『並身』即『廉直』，乃字形
之譌。」〔註113〕陳廣忠曰：「並身，身心專一。」〔註114〕二氏皆
非也。（d）誕謾、儃慢，一音之轉，猶言縱逸、放縱，故高注云「倨
傲」〔註115〕。漫，讀爲慢。儃，讀爲嬗。《說文》：「嬗，緩也。」

〔註108〕並轉引自范祥雍《戰國策箋證》，上海古籍出版社 2006 年版，第 1686～1687 頁。
〔註109〕金正煒《戰國策補釋》，收入《續修四庫全書》第 422 冊，上海古籍出版社 2002 年版，第 578 頁。
〔註110〕陳廣忠《淮南子斠詮》，黃山書社 2008 年版，第 1091 頁。
〔註111〕盧文弨《賈誼新書》校本，收入《諸子百家叢書》，上海古籍出版社影印浙江書局本 1989 年版，第 57 頁。
〔註112〕俞樾《諸子平議》，上海書店 1988 年版，第 96 頁。
〔註113〕朱起鳳《辭通》，上海古籍出版社 1982 年版，第 2687 頁。
〔註114〕陳廣忠《淮南子斠詮》，黃山書社 2008 年版，第 1093 頁。
〔註115〕《史記·龜策傳》：「或忠信而不如誕謾。」《集解》引徐廣曰：「誕，一作

《玉篇》同〔註116〕。字亦作繟、墠，《廣韻》:「繟，寬緩。」《集韻》:「繟，滯緩也。墠，寬也。」(e)「誕謾」、「僤僈」字或作「澶漫」、「但曼」，《廣韻》:「澶，澶漫。」《莊子·馬蹄》:「澶漫爲樂。」《釋文》:「澶，本又作僤，向、崔本作但。漫，向、崔本作曼，音同。李云:『澶漫，猶縱逸也。』崔云:『但曼，淫衍也。』一云:『澶漫，牽引也。』」成疏:「澶漫是縱逸之心。」王叔岷曰:「『但曼』與『澶漫』同，『縱逸』與『淫衍』義亦相通。」〔註117〕王說是也。《釋文》一說解爲「牽引也」非是，蓋誤以爲即「撣援」、「嬋媛」、「僤個」〔註118〕。王敔曰:「澶音但，縱衍也。漫，靡也。煩雜衆聲，靡靡娛人。」〔註119〕王說望文生訓，支離不足信也。唐·韋應物《冰賦》:「由是依廣澶漫，憑高崢嶸。」字或作「壇曼」，《史記·司馬相如傳》《子虛賦》:「其南則有平原廣澤，登降陁靡，案衍壇曼。」《索隱》引司馬彪曰。「壇曼，平博也。」《漢書》顏注:「壇曼，寬廣之貌也。」《文選·西京賦》:「澶漫靡迆，作鎮於近。」李善注引《子虛賦》:「案衍澶漫。」李氏改字以就正文也。字或作「壇曼」、「壇漫」，《集韻》:「壇，壇曼，寬廣貌。」《文選·甘泉賦》:「平原唐其壇曼兮，列新雉於林薄。」五臣本作「壇漫」，李善注引《子虛賦》作「壇曼」，亦改字以就正文也。李周翰註:「壇漫，廣大貌。」朱起鳳曰:「曼即漫字之省也。澶字作壇字，字形

相近。」〔註120〕澶、壇亦爲音近借字，朱說失之。字或作「誕漫」、「誕慢」，漢・蔡邕《爲陳留太守上孝子》：「清風奮揚，休徵誕漫，太平之萌，昭驗已著。」《北齊書・王昕傳》：「昕舍轡高拱，任馬所之，左右言其誕慢。」字或作「坦謾」，晉・嵇康《明膽論》：「今子之論，乃引渾元以爲喻，何遼遼而坦謾也？」朱起鳳曰：「坦與誕音近義同，謾字古亦作漫。」〔註121〕字或作「憚漫」，《文選・洞簫賦》：「其奏歡娛，則莫不憚漫衍凱阿那腲腇者已。」李善注：「憚漫衍凱，歡樂貌。」〔註122〕憚漫訓縱逸，故爲歡樂貌。朱起鳳曰：「『澶漫』、『譠謾』、『憚漫』、『誕謾』、『儃佪』，此皆聲近義通之字。」〔註123〕字或作「譠謾」，《廣雅》：「譠謾，緩也。」王念孫曰：「譠謾，或作『儃佪』，謂怠緩也。《淮南子・脩務訓》作『誕謾』，並字異而義同。『憚漫』亦舒緩之意。」〔註124〕字或作「蟬蔓」，《史記・賈生傳》《鵩鳥賦》：「變化而嬗。」《集解》引或曰：「蟬蔓相連也。」《文選》作「變化而蠰」，李善注引或曰：「蠰，相連也。」字或作「儃漫」，《集韻》：「儃，儃漫，縱逸。」宋・張嶷《救弊》：「余大懼不學非儒之說儃漫於天下。」字或作「亶曼」、「亶漫」，明・王世貞《弔夷齊》：「眺孤竹之亶曼兮，台要靈以故祐。」明・潘滋《蓬萊閣賦》：「於是西望諸山，大竹小竹，瀰霧渺煙，峭壁無路，絕壑連天；大洋半洋，案衍亶曼，千嵥百嶣，窮之無端。」「案衍亶曼」即出自《子虛賦》：「案衍壇曼」。明・王世貞《悲逝》：「季咸語余以要之兮，卒亶漫而不可下。」字或作「歗歔」，《玉篇》：「歗，歗歔，無采色也。」又「歔，歗歔。」《廣韻》：「歔，歗歔。」又「歗，歗歔，無文章貌。」《集韻》：「歗，歗歔，無文采貌。」「歗歔」爲「歗歔」之誤〔註125〕。字或作「淡漫」，《集韻》：「淡，《字林》：『淡漫，水廣貌。』」

〔註120〕朱起鳳《辭通》，上海古籍出版社1982年版，第1988頁。

〔註121〕朱起鳳《辭通》，上海古籍出版社1982年版，第1988頁。

〔註122〕衍，當據五臣本作「行」，《類聚》卷44引亦作「行」。《後漢書・樊準傳》李賢注：「行行，和樂貌也。」凱，讀爲愷。《說文》：「愷，樂也。」

〔註123〕朱起鳳《辭通》，上海古籍出版社1982年版，第1988頁。

〔註124〕王念孫《廣雅疏證》，收入徐復主編《廣雅詁林》，江蘇古籍出版社1998年版，第134頁。《方言》卷10、《玉篇》「譠謾」訓欺謾者，亦同形異字也。

〔註125〕余迺永曰：「北宋本及鉅宋本從文……故從攴無所取也。」余迺永《新校互注宋本廣韻》，上海辭書出版社2000年版，第404頁。

《文選・海賦》：「沖瀜沆瀁，渺瀰淡漫。」李善注：「渺瀰淡漫，曠遠之貌。」李周翰注：「淡漫，平遠貌。」朱起鳳曰：「澶字《集韻》讀他案切，音炭，故《海賦》叚淡字爲之。」〔註126〕音轉又爲「散漫」、「散慢」，《止觀輔行傳弘決》卷 5：「瀾，瀾漫，游波也。漫，亦散漫，縱逸也。」南朝宋・謝惠連《雪賦》：「其爲狀也，散漫交錯，氛氲蕭索。」《大乘義章》卷 17：「專修不退，散漫有退。」《瑜伽師地論》卷 44：「不輕棄擲，不散慢心，無雜染心而爲供養。」宋、元本作「散漫」。《修習止觀坐禪法要》卷 1：「若心寬病相者，覺心志散慢，身好透迤。」倒言則作「慢訑」、「慢誕」，《莊子・知北遊》：「曰：『天知予僻陋慢訑，故棄予而死已矣。』」《釋文》：「訑，徒且反，徐徒見反，郭音但。」《御覽》卷 78 引作「慢誕」。《集韻》：「訑，徒案切，慢訑訑，縱意。」楊愼曰：「慢訑，上音慢，下音歎，俗言『慢慢訑訑』是也。」〔註127〕今吳方言猶有「慢訑訑」之語，俗音轉爲「慢吞吞」，又轉爲「慢騰騰」。「慢訑」之訑，《六書故》音余支、商支二切，非也。考《廣雅》：「誕，訑也。」是「誕」、「訑」同也。倒言又作「漫誕」、「漫澶」，唐・韓愈《感春》：「皇天平分成四時，春氣漫誕最可悲。」宋・魏仲舉《五百家注昌黎文集》卷 3 引孫氏注曰：「漫誕，飄蕩之貌。」《新唐書・魏知古盧懷愼等傳贊》：「人之立事，無不銳始而工於初，至其半則稍怠，卒而漫澶不振也。」倒言又作「謾誕」〔註128〕，宋・劉弇《走筆答郭子隆勾稽》：「兒童憚逢迎，應客事謾誕。」

（93）今夫毛嬙西施，天下之美人，若使之銜腐鼠，蒙蝟皮，衣豹裘，帶死蛇，則布衣韋帶之人，過者莫不左右睥睨而掩鼻

〔註126〕朱起鳳《辭通》，上海古籍出版社 1982 年版，第 1988 頁。

〔註127〕楊愼《古音駢字》卷 4，收入《叢書集成新編》第 39 冊，新文豐出版公司 1985 年印行，第 335 頁。

〔註128〕《周禮・秋官・司寇》鄭注：「民之好爲侵陵稱詐謾誕，此三者亦刑所禁也。」《釋文》：「謾，本或作慢。誕，音但。」孔疏：「謾誕，釋經『作言語而不信者』也。謾誕，謂浮謾虛誕也。」《韓詩外傳》卷 9：「謾誕者，趨禍之路也。」《說苑・敬愼》作「謾詼」。此文「謾誕（詼）」與下「忠信」對文，自爲「欺詐」之義。此亦同形異字者也。

按：《賈子·勸學》：「夫以西施之美而蒙不潔，則過之者莫不〔睼〕睨而掩鼻。」爲此文所本。《賈子》脫「睼」字。

（94）粉白黛黑

按：《賈子·勸學》作「傅白臙黑」。臙、黛，正、俗字，已見上文校補。

（95）冶由笑

高注：冶由笑，巧笑。

按：冶由，音轉爲「歋瘉」、「歋歈」。《說文》：「歋，人相笑相歋瘉。」《玉篇》：「歋，人相笑也，相歋歈也。」字或作「撽撤」、「歋瘱」、「撽歈」、「儶瘱」、「儶愉」、「撽揄」、「撽瘱」，《玉篇》：「撽，撽撤，輕笑貌。撤，撽撤。」《廣韻》：「歋，歋瘱，手相弄人，亦作撽。」又「撽，撽歈，舉手相弄。」又「瘱，以周切，歋瘱，以手相弄。」又「儶，儶瘱。」《集韻》：「儶，儶愉，動貌。」宋·郭祥正《鸚鵡洲行》：「猛虎磨牙齒九州，襧生何事來撽瘱？」宋·梅堯臣《登舟再和潘歙州紙硯》：「拜睨雙珍不可辭，年衰只怕撽揄鬼。」音轉又作「耶歈」、「揶揄」、「耶揄」、「邪揄」、「邪瘱」、「邪歈」、「耶瘱」、「椰榆」，《廣韻》：「瘱，邪瘱，舉手相弄，或作歋歈。」《集韻》：「撽、歋、挪，撽歈，舉手相弄，或省，亦作挪，通作邪。」又「揄、撤，邪揄，手相弄，或從歈，俗作瘱，非是。」《御覽》卷 498 引《說文》作「人相笑相耶歈也」。《世說新語·任誕》劉孝標注引《續晉陽秋》：「且出門，於中路逢一鬼，大見揶揄，云：『我只見汝送人作郡，何以不見人送汝作郡？』」《御覽》卷 498 引《續晉陽秋》作「耶歈」，又卷 883 引作「耶榆（揄）」。《東觀漢記》卷 10：「市人皆大笑，舉手揶揄之。」《御覽》卷 498 引作「耶歈」，《後漢書·王霸傳》作「邪揄」。李賢注：「《說文》曰：『歋瘱，手相笑也。』歋音弋支反，瘱音踰，或音由。此云邪揄，語輕重不同。」是李賢以「歋瘱」即「邪揄」之音轉也。唐·司空圖《馮燕歌》：「凌波如喚遊金谷，羞彼椰榆淚滿衣。」宋·蘇舜欽《依韻和王景章見寄》：「鵬來閒暇何須怪，鬼見邪歈豈易禁。」宋·黃朝英《靖康緗素雜記》卷 1：「《前書》云：『趙將李左車設伏兵之計以禦韓信，而趙王不用，遂爲市中人耶瘱之。』蘇鶚《演義》云：『耶瘱者，舉手相弄之貌，即今俗謂之冶由也。耶瘱之，蓋音韻訛舛耳。」

是蘇鶚以「冶由」即「耶癒」也〔註129〕。蘇氏云「今俗謂之冶由」，是唐代俗語猶有「冶由」也。楊慎曰：「捓揄，笑人也，出《晉書》。賈誼《新書》：『冶由笑。』冶由，女子笑貌。『捓揄』同。《說文》作『歋瘉，人相笑』。歋，以支切。瘉、歈同。『捓揄』亦同。」〔註130〕方以智曰：「邪揄，一作歋癒、捓揄、歋瘉、冶由、歋歈。邪揄，舉手笑也。按賈誼《新書》『冶由』，女子笑貌，即『邪揄』轉尤之聲。許顗《彥周詩話》引王元之詩：『澤畔離騷正憔悴，道旁山鬼謾邪歈。』此宋人隨意書者。」〔註131〕方氏謂「揄轉尤之聲」，失引李賢注「癒或音由」及蘇鶚語。《廣韻》癒音以周切，正讀作由。《周禮・天官・冢宰》鄭注：「蠃，蜦蝓。」《釋文》：「蝓，音由，又音揄。」《儀禮・士冠禮》《釋文》：「蝓，音揄，劉又音由。」《韓詩外傳》卷3：「與鄉人居，愉愉然不去也。」《孟子・萬章下》「愉愉」作「由由」。此皆其音轉之確證也。吳玉搢曰：「歋瘉、邪揄、冶由、歋歈，捓揄也。」〔註132〕吳氏全襲自方說也。朱起鳳謂「冶由」即《文選・海賦》「冶夷」〔註133〕，李善注：「冶夷，妖媚之貌。」張雙棣說同。《廣韻》：「蝓，蜦蝓，蝸牛。」《集韻》：「蝓，蟲名，《說文》：『虒蝓也。』」「蜦蝓」、「虒蝓」亦同源。其爲蟲名，又稱「蜒蚰」。其得名之由待考。《本草綱目》卷42：「時珍曰：其行延引，故曰蜒蚰。」李海霞曰：「蜦，猶簏、迤、施，延伸。蜦蝓延伸而行。蝓，猶揄、踰、逾，延引。蜦蝓延引而行。」〔註134〕皆未得之。

（96）口曾撓，奇牙出

高注：曾，則也。撓，弱也。口則弱撓，冒若將笑，故好齒出。齻酺，頰邊文，婦人之媚也。

按：曾，讀爲層，重也。撓，曲折也。高注非也。趙宗乙謂「曾，通『重』」

〔註129〕今本《蘇氏演義》無此語，蓋佚。
〔註130〕楊慎《古音駢字》卷2，收入《叢書集成新編》第39冊，新文豐出版公司1985年印行，第332頁。
〔註131〕方以智《通雅》卷7，收入《方以智全書》第1冊，上海古籍出版社1988年版，第276頁。
〔註132〕吳玉搢《別雅》卷1，收入景印文淵閣《四庫全書》第222冊，臺灣商務印書館1986年初版，第625頁。
〔註133〕朱起鳳《辭通》，上海古籍出版社1982年版，第1014頁。
〔註134〕李海霞《漢語動物命名考釋》，巴蜀書社2005年版，第679頁。

〔註135〕，亦非是。字或作「曾繞」，下文「繞身若環，曾撓摩地」，《御覽》卷 574 引作「曾繞」。字或作「曾橈」，《本經篇》：「夭矯曾橈。」另參見《本經篇》校補。朱起鳳謂高注「曾，則也」之「則」為「折」字之誤〔註136〕，無據。高注申言之云「口則弱撓」，是高氏明作「則」字也。于鬯曰：「口疑足之壞文。撓奇，蓋物名。」張雙棣、何寧並駁之，是也。《楚辭‧大招》：「靨輔奇牙，宜笑嫣只。」是明以「奇牙」為文也，尤足證于氏妄說。

（97）則雖王公大人，有嚴志頡頏之行者，無不憚悇癢心而悅其色矣

高注：憚悇，貪欲。癢心，煩悶也。憚悇，讀慘尊（探）之探也。

按：憚，景宋本作「憛」，《記纂淵海》卷 60 引亦作「憛」。《賈子‧勸學》作「孰能無悇憛養心，而顛一視之」。「憚悇」讀為「憛悇」，倒言則作「悇憛」、「悇覃」，《廣雅》：「悇覃，懷憂也。」「懷憂」與「貪欲」，其義相因。段玉裁曰：「高注云：『憛悇，貪欲也。』賈誼《新書‧勸學篇》：『孰能無悇憛養心，而顛一視之。』《匈奴篇》：『一國聞之者、見之者，垂羨而相告人，悇憛其所自。』按：悇憛猶憛悇也。若《廣雅》云：『悇憛，懷憂也。』此則其引申之義。凡求得未有不患失者。」〔註137〕「憛悇」、「悇憛」最早出現於《淮南子》、《賈子》，蓋南楚方言。「憛悇」音轉為「憛忒」、「譸訛」，俗作「忐忑」、「貪圖」〔註138〕。

（98）今鼓舞者，繞身若環，曾撓摩地，扶於猗那

按：《御覽》卷 574 引作「曾繞摩以宣地，扶於阿郍」，「以宣」二字蓋衍。《史記‧司馬相如傳》：「扶輿猗靡。」《集解》引郭璞引作「曾折摩地，扶輿猗委」，《楚辭‧九懷》洪興祖補注引郭璞引同。(a)摩，讀為靡，《說文》：「靡，披靡。」《廣韻》：「靡，偃也。」《慧琳

〔註135〕趙宗乙《淮南子札記》，黑龍江人出版社 2009 年版，第 270 頁。
〔註136〕朱起鳳《辭通》，上海古籍出版社 1982 年版，第 2041 頁。
〔註137〕段玉裁《說文解字注》，上海古籍出版社 1981 年版，第 509 頁。《賈子》「羨」作「漢」，段氏引誤。
〔註138〕另參見蕭旭《「忐忑」考》。

音義》卷 23：「身上靡：《漢書拾遺》曰：『靡，傾也。』傾謂偃臥也。」《文選・吳都賦》：「請攘臂而靡之。」呂向注：「靡，倒也。」曾撓靡地，言身體曲折而偃臥傾倒於地也。《文選・舞賦》：「浮騰累跪，跗蹋摩跌。」考《繆稱篇》：「若跌而據。」許注：「跌，仆也」《玉篇》同，蓋即據許說。《方言》卷 13：「跌，蹶也。」郭璞注：「跌，偃地也，江東言跥。」是「摩跌」同義連文，猶言臥倒、偃臥也。李善註：「言舞者之容也。跗蹋摩跌，或反足跗以象蹈，或以足摩地而揚跌也。」李周翰注：「摩跌，謂並足而舉後也。」皆失之。（b）「扶於」同「扶輿」、「扶與」，音轉作「枎疏」、「扶疎」、「扶疏」。《楚辭・九懷》：「登羊角兮扶輿。」王注：「輿，一作與。」《史記・司馬相如傳》《上林賦》：「垂條扶於。」《集解》引郭璞曰：「扶於，猶扶疎也。」《文選》五臣本作「扶疎」，李善本、《漢書》作「扶疏」，李善又引《說文》：「扶疏，四布也。」今本《說文》作「枎疏」。又音轉作「扶蘇」、「扶胥」、「扶㩹」、「扶㐲」、「搏㐲」、「萯蓏」〔註139〕。章太炎曰：「扶即蟠。」〔註140〕何寧已駁之。（c）「猗那」同「阿郍（那）」，又音轉作「婀娜」、「旖旎」等語〔註141〕。

（99）動容轉曲，便媚擬神

按：曲，《御覽》卷 574 引誤作「面」。（a）動容，猶言搖動。容讀為搈，搈亦動也，「動容」同義連文。字或作「動溶」，《廣雅》：「搈，動也。」王念孫曰：「《說文》：『搈，動搈也。』《楚辭・九章》云：『悲秋風之動容兮。』《韓子・揚榷篇》云：『動之溶之。』溶、搈、容並通。」〔註142〕俞樾曰：「溶字當為搈，亦作『動容』，《孟子・盡心篇》『動容周旋中禮者』是也。』」〔註143〕《原道篇》：「動溶無

〔註139〕參見方以智《通雅》卷 7，收入《方以智全書》第 1 冊，上海古籍出版社 1988 年版，第 287 頁。又參見吳玉搢《別雅》卷 1，收入景印文淵閣《四庫全書》第 222 冊，臺灣商務印書館 1986 年初版，第 623 頁。

〔註140〕章太炎《膏蘭室札記》，收入《章太炎全集（1）》，上海人民出版社 1982 年版，第 81 頁。

〔註141〕參見蕭旭《〈說文〉「委，委隨也」義疏》，收入《群書校補》，廣陵書社 2011 年版，第 1413～1418 頁。

〔註142〕王念孫《廣雅疏證》，收入徐復主編《廣雅詁林》，江蘇古籍出版社 1998 年版，第 97 頁。

〔註143〕俞樾《韓非子平議》，收入《諸子平議》，上海書店 1988 年版，第 414 頁。

形之域，而翱翔忽區之上。」《說文繫傳》引作「動搈」。劉文典曰：
「溶爲搈叚。」〔註144〕《俶眞篇》：「若夫眞人，則動溶于至虛而
游于滅亡之野。」《楚辭・九章・抽思》：「悲秋風之動容兮，何回
極之浮浮！」王逸注：「言風起而草木之類搖動。」姜亮夫曰：「容
非容貌之容，乃搈之借字。《說文》：『搈，動搈也。』《廣雅》：『搈，
動也。』古或借容爲之。《廣雅》：『容、舉，動也。』動容，猶今
言動搖……字又作『動溶』。」〔註145〕（b）便媚，王念孫謂當據《後
漢書・邊讓傳》李賢注、《御覽》卷574引校作「便娟」，是也。《御
覽》卷983引亦誤作「便媚」。考《楚辭・遠遊》：「雌蜺便娟以增撓
兮。」爲此文所本。王逸注：「神女周旋侍左右也。娟，一作蜎。」
洪興祖注：「便娟，輕麗貌。《爾雅疏》引『雌蜺婸嬽』，嬽與娟同。」
「增撓」即上文之「曾撓」。《廣韻》：「娟，便娟，舞貌。」便娟，
字或作「便蜎」、「婱嬽」、「嬽娟」、「便嬛」，又音轉作「便旋」、「鼈
姍」、「洴桓」、「盤桓」等〔註146〕。

（100）身若秋藥被風，髮若結旌

　　高注：結旌，屈而復舒也。

　　按：屈而復舒，《御覽》卷983引同，又卷574引作「卷而復舒」。《爾雅
　　　　翼》卷26引許注：「屈而復舒也。」《禮記・曲禮上》：「德車結旌。」
　　　　鄭注：「不盡飾也。結，謂收斂之也。」孔疏：「德車結旌者，德車
　　　　謂玉路、金路、象路、木路，四路不用兵，故曰德車。德美在內，
　　　　不尙赫奕，故結纏其旒著於竿也。」《詩・都人士》：「匪伊卷之，髮
　　　　則有旟。」毛傳：「旟，揚也。」《爾雅翼》卷26引此文以證之，云：
　　　　「先儒以爲『旟，揚也』，非。故卷之髮當自有揚起者爾……結旌則
　　　　旟之義。」

（101）木熙者，舉梧檟，據句枉；蝯自縱，好茂葉

　　　　高注：熙，戲。舉，援也。梧，桐。檟，梓。皆大木也。句枉，曲枝也。

〔註144〕劉文典《淮南鴻烈集解》，中華書局1989年版，第27頁。
〔註145〕姜亮夫《楚辭通故（四）》，收入《姜亮夫全集》卷4，雲南人民出版社2002
　　　　年版，第496～497頁。書中「搈」並誤作「榕」，徑正。
〔註146〕參見蕭旭《〈說文〉「鼈姍」疏證》。

枉，或作掘也。

按：（a）熙，讀爲娛，《說文》：「娛，戲也。」方以智曰：「娛又與戲、
熙俱通，《淮南》『木熙』、《莊子》『鼓腹而熙』是也。」〔註147〕蔣
超伯曰：「熙字于《說文》又作嬰，謂悅樂也。」蔣說非也。字或
作嬉，《方言》卷10：「江沅之閒謂戲爲婬，或謂之嬉。」《廣雅》：
「嬉，戲也。」《玄應音義》卷3引《蒼頡篇》：「嬉，戲笑也。」
字或作僖，《玄應音義》卷6「嬉戲」條云：「嬉，《說文》作僖。」
又卷7「嬉遊」條云：「嬉，又作僖，同。」木熙者，楊愼曰：「木
熙，今之上高竿者。」〔註148〕方以智曰：「木熙即都盧、緣橦之戲
也，即今之上高竿。漢有都盧，唐名戴竿，一曰竿木。」〔註149〕
即高竿之戲。（b）吳闓生曰：「掘字是。」吳說是。掘讀爲屈。句
亦屈也，曲也。「句屈」同義連文。《禮記·月令》孔疏：「是句芒
者，主木之官。木初生之時，句屈而有芒角，故云句芒。」字或作
「勾屈」，《御覽》卷18引《三禮義宗》：「五行之官也，木正曰勾
芒者，物始生，皆勾屈而芒角，因用爲官名也。」《太玄·玄數》「神
勾芒。」晉·范望注：「勾取物春勾屈而生，芒取其有芒角也。」
字或作「句曲」，《史記·天官書》：「其西有句曲九星。」《正義》：
「句音鈎。」又「鈎雲句曲。」《正義》：「句音古侯反。」《左傳·
昭公二十九年》：「木正曰句芒。」杜注：「取木生句曲而有芒角也。」
字或作「鈎曲」，《抱朴子外篇·廣譬》：「鈎曲之形，無繩直之影。」
又《名實》：「插株於塗要者，雖鈎曲〔繚〕戾，細而速朽，而猶見
用也。」〔註150〕

（102）援豐條，舞扶疏

高注：援，持也。持大條，以木舞。扶疏，槃跚貌。

〔註147〕方以智《通雅》卷7，收入《方以智全書》第1冊，上海古籍出版社1988年
版，第295頁。

〔註148〕楊愼《丹鉛餘錄》卷16，收入景印文淵閣《四庫全書》第855冊，臺灣商務
印書館1986年初版，第112頁。

〔註149〕方以智《通雅》卷35，收入《方以智全書》第1冊，上海古籍出版社1988
年版，第1088頁。

〔註150〕「繚」字據楊明照《抱朴子外篇校箋》說補，中華書局1997年版，第488
頁。

　　向宗魯曰：注以扶疏爲槃跚貌，蓋一音之轉。然此以扶疏與豐條對文，高注非也，《說文》：「扶疏，四布也。」《詩・山有扶蘇》傳：「扶蘇，小木也。」「小」當作「大」，亦謂枝葉四布之木也。

　　　按：「扶疏」即「枎疏」，亦即上文之「扶於」，自當訓四布，向說是也。然《詩》毛傳「扶蘇，扶胥，小木也」不誤。《詩》之「扶蘇」，爲「樸樕」、「槲樕」之音轉。《集韻》：「樕，《說文》：『樸樕，小木。』」又音轉爲「觳觫」、「僕遫」等〔註151〕。向說謂「小當作大」，非也。「槃跚」即「蹣跚」、「蹣跚」等〔註152〕。

（103）龍從鳥集，搏援攫肆

　　高注：持捷大極其巧。

　　　按：「肆」爲「捷」形誤。《主術篇》：「若五指之屬於臂，搏援攫捷，莫不如志。」正作「捷」字。高注云「大極其巧」，是所見本已誤作「肆」矣。捷，讀爲接。「搏援攫捷」爲手的四種動作。上文言盲者撫琴「攫援摽拂」，「攫援」亦爲手的二種動作。姚廣文曰：「援當作捷。」陳廣忠曰：「攫肆，盡情抓取。」〔註153〕並非也。

（104）觀身莫不爲之損心酸足

　　高注：觀身見其微妙危險，皆爲之損動中心，酸酢其足也。

　　　按：損，高注釋爲損動，當讀爲愪，《說文》：「愪，憂貌。」《集韻》：「愪，動也。」《文選・洞簫賦》：「哀悁悁之可懷兮，良醰醰而有味。」李善注引《毛詩》「中心悁悁」爲證，是李善本作「悁」字，《初學記》卷16引同。李善又引《說文》：「憂煩悁悒，憂貌。」考《說文》：「悁，忿也，一曰憂也。」又「忿，悁也。」李善注但取一說。《說文》「悁」、「忿」同義互訓，是「悁」本義爲忿急也，疑「一曰憂也」，本爲「愪」字之訓，後人以字誤作「悁」，遂繫於「悁」字之下也。治《說文》諸家，皆未之及。《洞簫賦》亦當作「愪」字，《書鈔》卷111引正

〔註151〕參見趙鑫曄、蕭旭《〈孟子〉「觳觫」正詁》，收入蕭旭《群書校補》，廣陵書社2011年版，第1204～1209頁。孔疏：「傳言『扶胥，小木』者，毛當有以知之，未詳其所出也。」是孔氏已不得其解。

〔註152〕參見蕭旭《〈說文〉「𧼤姍」疏證》。

〔註153〕陳廣忠《淮南子斠詮》，黃山書社2008年版，第1095頁。

作「悁悁」。《後漢書・張衡傳》《思玄賦》：「悲離居之勞心兮，情悁悁而思歸。」李賢注引《說文》：「悁悁，憂也。」《文選》張平子注引《字林》：「悁悁，忿恨也。」呂向注：「悁悁，憂心也。」張平子注訓忿恨，是以《說文》本義釋之，李賢、呂向注訓憂心，則亦以誤字「悁」釋之。當以訓憂爲得，疑字亦當作「惆」。惆字或作忱，《廣韻》：「忱，心悶貌。」字或作俱，《玉篇》：「俱，優也。」胡吉宣曰：「優當爲憂，《心部》：『惆，憂也。』《疒部》：『瘨，病也。』」〔註154〕胡說是也，《龍龕手鑑》：「俱，憂也，與惆同。」是其確證。《慧琳音義》卷55引作「黃（莫）不悁心瘦足」，又引《說文》：「酸，亦疼也。」並指出「悁音一玄反」。是慧琳所見本即誤作「悁」字。「悁」字亦當作「惆」；酸、瘦，正、俗字。于大成曰：「考今《說文》無瘦、疼二文，當從慧琳引補……許本作『悁心瘦足』。」于說皆非是。唐人引《說文》不皆可信〔註155〕，此亦其例。

（105）彼乃始徐行微笑，被衣修擢

高注：彼，彼舞者，更復徐行小笑，被倡衣，修擢舞，爲後曲也。

按：吳承仕曰：「擢爲舞羽，字亦作翳，作掉，作翟。此作擢，並聲近通借。」吳說未盡。本字爲翟，音徒歷切。《說文》：「翟，山雉尾長者。」《詩・簡兮》：「右手秉翟。」毛傳：「翟，翟羽也。」孔疏：「謂雉之羽也。」即此舞者所持之羽也。字或作鸐，《爾雅》：「鸐，山雉。」郭注：「長尾者。」《集韻》：「翟、鸐：《說文》：『山雉尾長者。』或從鳥。」字或作鶅、雗，《集韻》：「鸐、翟、鶅、雗：鳥名，《爾雅》：『鸐，山雉。』或作翟、鶅。」字或作掉，《原道篇》：「目觀掉羽武象之樂。」《本經篇》：「掉羽武象，不知樂也。」高注：「掉羽，羽舞也。武象，周武王樂。」至於「翳」，別一物，非翟羽也，吳說非是。

（106）夫鼓〔舞〕者非柔縱，而木熙者非眇勁

高注：言非其人生自柔弱屈句委縱也。眇，絕也。言其非能自有絕眇之

〔註154〕胡吉宣《玉篇校釋》，上海古籍出版社1989年版，第538頁。

〔註155〕參見錢大昕《十駕齋養新錄》卷4「唐人引《說文》不皆可信」條，收入《嘉定錢大昕全集（七）》，江蘇古籍出版社1997年版，第84頁。

強力也。

　　按：縱，讀爲從。柔縱，猶言柔軟順從也。高注「委縱」，猶言委曲順從也。《本經篇》：「優柔委從。」《荀子・不苟》：「與時屈伸，柔從若蒲葦，非懾怯也。」又《君道》：「夫有禮則柔從聽侍，夫無禮則恐懼而自竦也。」皆作本字「從」。眇，王念孫讀爲訬，輕利急疾也。另參見上文「越人有重遲者，而人謂之訬」條校補。

（107）淹浸漬漸靡使然也

　　高注：淹，久。浸，漬。漸於教久，使之柔縱眇勁，靡教化使之然也。

　　按：王念孫謂正文「漬」字衍。惠士奇曰：「靡，讀爲磨。……《荀子》曰：『靡使然也。』……《管子》曰：『漸也順也靡也久也服也習也，謂之化。』然則漸順服習久而化者，靡之義也。」〔註156〕二氏說是也。「磨」爲「摩」俗字。《漢書・枚乘傳》《上書諫吳王》：「漸靡使之然也。」《說苑・正諫》所載《上書諫吳王》亦作「靡」，《御覽》卷456引《說苑》作「摩」，則易作本字矣。《枚乘傳》顏注：「靡，盡也。」又《淮南衡山濟北王傳》：「亦其俗薄，臣下漸靡使然。」顏注：「靡謂相隨從。」《文選》呂延濟注：「靡，無也。」方以智曰：「漸靡，一作漸靡、煎靡。」〔註157〕四說並失之。《玉篇》：「淹，漬也。」《禮記・儒行》鄭注：「淹，謂浸漬之。」高注訓久，失之。《廣雅》：「漸，漬也。」上引《漢書》二例，王念孫曰：「漸，讀漸漬之漸。靡與摩同。漸靡即漸摩。《董仲舒傳》云：『漸民以仁，摩民以誼。』是也。師古於靡字，則前訓爲相隨從，後訓爲盡，皆失之。」〔註158〕《董仲舒傳》顏注：「漸，謂浸潤之。摩，謂砥礪之也。」斯爲得之。淹浸漸靡，以浸漬磨切比喻之也。

〔註156〕惠士奇《易說》，收入阮元《清經解》第 2 冊，上海書店 1988 年版，第 22 頁。

〔註157〕方以智《通雅》卷 7，收入《方以智全書》第 1 冊，上海古籍出版社 1988 年版，第 302 頁。吳玉搢說同方氏，吳玉搢《別雅》卷 2，收入景印文淵閣《四庫全書》第 222 冊，臺灣商務印書館 1986 年初版，第 675 頁。

〔註158〕王念孫《漢書雜志》，收入《讀書雜志》卷 5，中國書店 1985 年版，第 59～60 頁。

《泰族篇》校補　卷第二十

（1）天設日月，列星辰，調陰陽，張四時

按：《文子‧精誠》「調陰陽」與「張四時」互倒，餘同。《新語‧道基》：「張日月，列星辰，序四時，調陰陽。」《素問‧上古天眞論》：「其次有賢人者，法則天地，象似日月，辯列星辰，逆從陰陽，分別四時。」並可互證。

（2）日之行也，不見其移，騏驥倍日而馳，草木為之靡，縣燧未轉，而日在其前〔矣〕

許注：縣燧，邊候見虜舉燧，轉相受，行道里最疾者。

按：《呂氏春秋‧別類》：「騏驥綠耳，背日而西走，至乎夕，則日在其前矣。」高注：「日東行，天西旋，日行遲，天旋疾，及夕，日入於虞淵之北，騏不能及，故日在前矣。」為此文所本。《論衡‧說日》：「仰視天之運，不若麒麟，負日而馳，皆暮，而日在其前。」亦可參證。倍，《御覽》卷896、《事類賦注》卷21引作「背」，背、倍，正、假字；負亦背也。縣燧未轉，《御覽》、《事類賦注》引作「懸峰未薄」〔註1〕，注作「懸峰，馬蹄下雞舌也」。劉文典謂是許、高之異。《道德指歸論》卷2：「是以天下選將簡士，砥礪甲兵，懸烽烈火，四面相望。」「懸烽」之義與許注相合。一注「馬蹄下雞舌」者，疑「下」

〔註1〕 《事類賦注》據《北京圖書館古籍珍本叢刊》第75冊，書目文獻出版社1998年版，第488頁。《四庫》本「未」誤作「木」，《四庫全書》第892冊，臺灣商務印書館1986年初版，第985頁。

當作「上」。晉・嵇含《南方草木狀》卷中：「蜜香、沉香、雞骨香、黃熟香、棧香、青桂香、馬蹄香、雞舌香，案此八物，同出於一樹也。……其根節輕而大者為馬蹄香；其花不香，成實乃香，為雞舌香。」「馬蹄」謂馬蹄香樹，其上之花實為雞舌香也。懸峰未薄者，蓋言雞舌香未有消散也。《酉陽雜俎》卷 16：「（馬）夜眼名附蟬，尸肝名懸燧，亦曰雞舌。」〔註2〕《醫宗金鑑》卷 24：「馬肝，一名懸燧。」馬肝名懸燧，亦名雞舌，取譬正同。蓋皆以「雞舌」、「懸燧」之形名之也。

（3）故天之且風，草木未動而鳥已翔矣；其且雨也，陰曀（曀）未集而魚已噞矣

許注：鳥巢居，知風也。魚潛居，知雨也。

按：《文選・情詩》：「巢居知風寒，穴處識陰雨。」李善注引《春秋漢含孳》：「穴藏〔之蟻〕先知雨，陰曀未集魚已噞喁；巢居之鳥先知風，樹木〔未〕搖鳥已翔。」〔註3〕

（4）故寒暑燥濕，以類相從；聲響疾徐，以音相應也

按：《新語・術事》：「事以類相從，聲以音相應。」

（5）是以天心呿唫者也

按：呿唫，《文子・精誠》作「動化」。李哲明、王利器並曰：「呿唫，謂開閉。」〔註4〕字或作「呿吟」，《呂氏春秋・重言》：「君呿而不唫。」高注：「呿，開。唫，閉。」《說苑・權謀》作「君呿而不吟」。《素問・寶命全形論》：「獨出獨入，呿吟至微，秋毫在目。」王冰註：「呿謂欠呿，吟謂吟嘆。」王注未得「吟」字之誼。閉口為唫、吟，讀為噤，《說文》：「噤，口閉也。」《史記・晁錯傳》：「臣恐天下之士，噤口不敢復言也。」又《日者傳》：「悵然噤口不能言。」朱起鳳謂

〔註2〕尸肝，《白帖》卷 96、《太平廣記》卷 435 引作「戶肝」。懸燧，《廣記》引同，《白帖》引作「懸蟷」。《本草綱目》卷 50 李時珍曰：「夜眼，在足膝上，馬有此，能夜行，故名。」

〔註3〕李注引脫「之蟻」、「未」三字，《古微書》卷 12 引作「穴藏之蟻先知雨，陰曀未集魚已噞喁；巢居之鳥先知風，樹未搖禽已羽翰。」

〔註4〕王利器《文子疏義》，中華書局 2000 年版，第 64 頁。

「唫」爲「合」字之譌〔註5〕，非也。

（6）故一動其本而百枝皆應

按：《後漢書·李固傳》：「猶叩樹本百枝皆動也。」即本此文。

（7）若春雨之灌萬物也，渾然而流，沛然而施，無地而不澍，無物而不生

按：《記纂淵海》卷46引「渾」作「洋」，「澍」作「注」。澍，讀爲注，亦灌也。渾，讀爲混。《精神篇》：「渾然而往。」高注：「渾，轉行貌。」亦其例。《說文》：「混，豐流也。」《廣韻》：「混，混流。」《文選·上林賦》：「汩乎混流，順阿而下。」李善注引郭璞曰：「混，并也。」

（8）故精神感於內，形氣動於天

按：《文子·精誠》：「故精誠內形，氣動於天。」《文子》「內」上脫「感於」或「發於」二字，「形」字當下屬。下文云「此言精誠發於內，神氣動於天也」，正有「發於」二字，而「形」又誤作「神」字。《文選·東征賦》李善注引《文子》作「精誠通於形，動氣於天」，亦有脫誤。治《文子》諸家皆未及之。《新序·雜事四》：「人君苟能至誠動於內，萬民必應而感移；堯舜之誠，感於萬國，動於天地。」言「至誠動於內」，即「精誠感於內」也。

（9）則景星見，黃龍下，祥鳳至，醴泉出，嘉穀生

按：祥鳳至，張雙棣據《要略篇》、《孝經援神契》、《禮稽命徵》等文獻校作「祥風至」，是也。《白虎通義·封禪》：「德至八方，則祥風至，佳氣時。」《文選·東都賦》李善注引《禮斗威儀》：「其政頌平，則祥風至。」又引宋均注：「即景風也。」〔註6〕《御覽》卷872引同，引宋均注作「景風，其來長養萬物」。皆其確證。《文子·精誠》作「鳳凰至」，非也，《意林》卷1引《文子》正作「祥風至」。

〔註 5〕　朱起鳳《辭通》，上海古籍出版社1982年版，第2756頁。
〔註 6〕　《後漢書·班固傳》李賢注、《御覽》卷9引同。

（10）河不滿溢，海不溶波

按：《大戴禮記・誥志》：「海不運，河不滿溢。」爲此文所本。楊樹達讀溶爲涌，是也。《文子・精誠》：「河不滿溢，海不波涌。」正作「涌」字。王利器謂「溶當爲涌，聲近之誤也」〔註7〕，實不必以誤字說之。《漢書・司馬相如傳》《大人賦》：「紛鴻溶而上厲。」顏注引張揖曰：「鴻溶，竦踴也。」《史記》「溶」作「涌」。是其例也。字或省作容，《史記・司馬相如傳》《上林賦》：「洶涌滂濞。」《索隱》：「司馬彪曰：『洶涌，跳起貌。』涌，或作容。」馬宗霍謂溶訓盛，非也。《文子》「波涌」當據《意林》卷 1 引乙作「涌波」。《大戴》之「運」，即指涌波也。洪頤煊曰：「運，動也。莊周說鵬曰：『海運則將徙于南冥。』」〔註8〕近之。王聘珍曰：「運，徙也。」〔註9〕孔廣森曰：「運，改其道也。」〔註 10〕宋翔鳳曰：「運，通『暈』。」〔註 11〕胥失之也。滿，讀爲漫。漢・王褒《四子講德論》：「於是皇澤豐沛，主恩滿溢，百姓歡欣，中和感發。」亦其例。《後漢書・五行志三》劉昭注引《廣州先賢傳》：「雨漫溢。」

（11）逆天暴物，則日月薄蝕，五星失行，四時千（千）乖，晝冥宵光，山崩水涸，冬雷夏霜

按：千乖，景宋本作「干乘」，《文子・精誠》作「相乘」。王利器、李定生、徐慧君謂「乘」當作「乖」〔註12〕，張雙棣解爲「冒犯違背」；何寧校爲「干乘」，解爲「陵犯」；彭裕商謂「似以作『乖』義勝」〔註 13〕。作「乖」字是，乖戾、錯亂也。謂四時乖錯其序也。《後漢書・蘇竟傳》：「五星失晷，天時謬錯。」乖即謬錯之義。

〔註 7〕 王利器《文子疏義》，中華書局 2000 年版，第 65 頁。

〔註 8〕 洪頤煊《孔子三朝記》卷 4，收入《續修四庫全書》第 108 冊，上海古籍出版社 2002 年版，第 150 頁。

〔註 9〕 王聘珍《大戴禮記解詁》，中華書局 1983 年版，第 185 頁。

〔註10〕 孔廣森《大戴禮記補注》，收入《叢書集成新編》第 34 冊，新文豐出版公司 1985 年印行，第 537 頁。

〔註11〕 宋翔鳳《過庭錄》，中華書局 1986 年版，第 225 頁。

〔註12〕 王利器《文子疏義》，中華書局 2000 年版，第 65 頁。李定生、徐慧君《文子校釋》，上海古籍出版社 2004 年版，第 55 頁。

〔註13〕 彭裕商《文子校注》，巴蜀書社 2006 年版，第 29 頁。

（12）天之與人有以相通也，故國危亡而天文變，世惑亂而虹蜺見，萬物有以相連，精祲有以相蕩也

　　許注：精祲，氣之侵入者也。

　　按：《漢書・匡衡傳》：「臣聞天人之際，精祲有以相盪，善惡有以相推，事作乎下者，象動乎上。」李奇曰：「祲，氣也。言天人精氣相動也。」顏師古曰：「祲謂陰陽氣相浸漸以成災祥者也。」「祲」即取「侵入」義，而爲陰陽氣成災祥者之專字。許注所以明其語源也。《文子・精誠》「危」作「殂」，「惑」作「俗」，「祲」作「氣」，「蕩」作「薄」。

（13）故神明之事，不可以智巧爲，也不可以筋力致也

　　按：筋，《文子・精誠》作「強」。

（14）天地所包，陰陽所嘔，雨露所濡，化生萬物

　　按：（a）包，讀爲抱。《俶眞篇》：「夫天之所覆，地之所載，六合所包，陰陽所呴，雨露所濡，道德所扶。」《文子・微明》：「天地之所覆載，日月之所照明，陰陽之所煦，雨露之所潤，道德之所扶。」與此文可以互證。「包」與「覆」、「載」義相近。何寧讀包爲孚，說本《俶眞篇》蔣超伯校語，非也。（b）楊樹達曰：「嘔，當讀作欨。《說文》：『欨，吹也。』」張雙棣曰：「楊說恐非。下文云：『夫天地之施化也，嘔之而生，吹之而落。』嘔當釋爲吐。」楊說是，但未明晰，故張氏致疑。出氣急謂之吹，出氣緩謂之欨。呵氣使溫暖，即是欨。字或作煦，又省作呴，另參見《俶眞篇》校補。字或作休、咻、噓、吁，又參見《精神篇》「吹呴呼吸」條校補。

（15）摩而不玩，久而不渝

　　按：玩，劉台拱、馬宗霍、蔣禮鴻讀爲刓〔註14〕，訓損缺，是也。《玉篇》：「刓，削也。」《廣韻》：「刓，圓削也。」字或作抏，刮削、磨損、消耗也。《廣韻》：「抏，挫也。」《文選・上林賦》李善注引郭璞曰：「抏，損也。」《史記・平準書》《索隱》：「抏者耗也。」字或作捖，《集韻》：「捖，摩也。」又「捖，刮摩也。」字或作園、輐、剜，

〔註14〕蔣禮鴻《續〈淮南子校記〉》，收入《蔣禮鴻集》卷 3，浙江教育出版社 2001 年版，第 377 頁。

桂馥曰：「字或作园……又或作輐……又通作玩……又通作抏。」〔註
15〕朱駿聲曰：「刓，字亦作剜，《埤蒼》：『剜，削也。』《字林》：『剜，
削也。』字又作捥，字又作抏。」〔註16〕《玉篇》：「剜，剜削也。」
《廣韻》：「剜，刻削也。」《玄應音義》卷4引《埤蒼》：「剜，削也。」
《慧琳音義》卷100引《文字典說》：「剜，刻削也。」字或省作剙，
《集韻》、《類篇》：「剜、剙：《說文》：『削也。』亦省。」

（16）奚仲不能旅，魯般不能造

許注：旅，部旅也。

按：旅，俞樾謂「放」字之誤，訓放效；金其源引《家語》「旅樹而反
坫」王注訓施；馬宗霍讀爲臚，訓傳；陳廣忠謂即「輔助、幫助」
義〔註17〕。俞說無據，且訓放效，亦與下文「不能造」不對應，俞
說、陳說非也。《家語》「旅樹」，又見於《禮記・雜記下》，鄭注：
「旅樹，門屏也。」「旅」字古無「施」訓，王氏臆說。《禮記・郊
特牲》：「臺門而旅樹。」鄭注：「旅，道也。屏謂之樹，樹所以蔽
行道。」《路史》卷38：「涂（途）一曰旅，亦謂之行，所謂旅樹微
行者。」是「旅樹」之旅當訓道途，金說亦失其據也。馬氏讀爲臚
訓傳，是「陳列」義，義亦未合。此文「旅」疑字本當作「施」，
蓋涉下「魯」字而音誤作「旅」也。施亦造也。許注訓部旅，是所
見本已誤。《御覽》卷752引亦誤作「旅」。

（17）夫天地之施化也，嘔之而生，吹之而落，豈此契契哉

按：契契，馬宗霍引《詩・大東》毛傳訓爲憂苦，是也。字或作「挈挈」，
《楚辭・九歎》：「孰挈挈而委棟兮？」王注：「挈挈，憂貌也。挈，
一作挈。」《文選・上責躬應詔詩表》李善註引《孝經鉤命決》：「削
肌刻骨，挈挈勤思。」字或作「挈挈」，《廣雅》：「挈挈，憂也。」王
念孫曰：「（契契、挈挈）並與『挈挈』同。」〔註18〕錢大昭曰：「『挈

〔註15〕桂馥《說文解字義證》，齊魯書社1987年版，第363～364頁。「园」誤作「圓」，
　　　徑正。《玄應音義》卷5「空刓」注：「刓，又作园，同。」
〔註16〕朱駿聲《說文通訓定聲》，武漢市古籍書店1983年版，第707頁。《玄應音義》
　　　卷2引《字林》作「剜，刖也。」朱氏蓋訂「刖」爲「削」也。
〔註17〕陳廣忠《淮南子斠詮》，黃山書社2008年版，第1104頁。
〔註18〕王念孫《廣雅疏證》，收入徐復主編《廣雅詁林》，江蘇古籍出版社1998年

挈』與『挈挈』同。」〔註19〕字或作「屑屑」、「屑屑」，《方言》卷
10：「屑屑，不安也。」《東觀漢記》卷15、《後漢書·王良傳》：「何
其往來屑屑不憚煩也？」李賢注引《方言》作「屑屑」。方以智曰：「挈
挈，猶屑屑也。」〔註20〕朱起鳳曰：「挈字古亦讀屑。」〔註21〕後起
本字作愬〔註22〕，《玉篇》：「愬，心事也。」《集韻》：「愬，心有事也。」

（18）故九州不可頃畝也，八極不可道里也，太山不可丈尺也，江海不可斗斛也

按：太，張雙棣校作「大」，是也。《記纂淵海》卷56引正作「大山」。

（19）懷天氣，抱天心

按：俞樾據上文「故聖人者，懷天心」，謂當從《文子·精誠》作「懷天
心，抱地氣」，鄭良樹從之；楊樹達、蔣禮鴻據《要略篇》同此文，
謂俞說非是。檢《俶真篇》：「天含和而未降，地懷氣而未揚。」《本
經篇》：「天含和而未降也，〔地〕懷氣而未揚。」則此文亦可能木作
「懷地氣，抱天心」，上一「天」爲「地」之誤。

（20）（聖人）執中含和

按：中，《要略篇》同，《文子·精誠》作「沖」。「沖」當作「中」，中謂
中道。《說苑·修文》：「故君子執中以爲本。」《文子》默希子注解
爲「沖合」，非也。

（21）民化而遷善，若性諸己，能以神化者也

按：性，于省吾讀爲生，引《文子·精誠》作「出」以證之。檢景宋本

版，第454頁。
〔註19〕 錢大昭《廣雅疏義》，收入徐復主編《廣雅詁林》，江蘇古籍出版社1998年
版，第454頁。
〔註20〕 方以智《通雅》卷9，收入《方以智全書》第1冊，上海古籍出版社1988年
版，第364頁。
〔註21〕 朱起鳳《辭通》，上海古籍出版社1982年版，第2433頁。
〔註22〕 此「愬」音去計切。《孟子·萬章上》：「夫公明高以孝子之心，爲不若是愬。」
趙注：「愬，無愁之貌。」孫奭《音義》：「愬，張古點切，丁音界。《說文》
作愫，忽也，許介切。」二「愬」字音、義全別，同形異字，胡吉宣混而一
之，引《孟子》以證《玉篇》，云：「愬之言韌刻也，不忘於心也，故云心事。」
非也。胡吉宣《玉篇校釋》，上海古籍出版社1989年版，第1736頁。

《文子》作「生」，尤爲顯證。

（22）故丘阜不能生雲雨，滎（榮）水不能生魚鱉者，小也

按：榮，一本作「滎」，一本作「涔」。王念孫引《說文》「滎，絕小水也」
以解之，又謂字或作濙，作「涔」爲朱本妄改，並是也。「榮」爲「濚」
省，張雙棣改作「滎」，無此必要。滎字或作澄，《玉篇》：「滎，絕
小水也。澄，同上。」又考《說文》：「涔，滎涔也。」《文選・七命》
李善注引《說文》：「涔，絕小水也。」是滎亦涔也。《四庫全書考證》：
「刊本涔訛榮，據《漢魏叢書本》改。」〔註23〕《考證》失考，所
改不可從也。《喻林》卷1、楊愼《丹鉛總錄》卷3引作「涔水」，楊
氏解云：「涔水，行潦也。」〔註24〕是二氏所見本亦誤作「涔」字也。
《六書故》：「滎之爲小水，他亦無所見。別作潛、濚、澄、濚、涔。」
豈戴氏未見《淮南》耶，或所見本亦誤耶？《御覽》卷932引「丘」
作「立」，「滎」作「濚」。作「立」誤，「濚」爲「濚」省。

（23）夫蛟龍伏寢於淵，而卵割於陵

許注：蛟龍，鱉屬也。乳於陵而伏於淵，其卵自孕（孚）也。

按：割，景宋本作「剖」。王念孫曰：「割當作剖，字之誤也。剖謂破卵
而出也。《初學記》、《白帖》、《御覽》引此並作『卵剖』，《開元占經》
引作『卵孚』，孚、剖聲相近。」劉台拱、顧廣圻說同。王氏改字得
之，釋爲「破卵而出」則誤。剖，讀爲孚，俗作孵，參見《原道篇》
「羽者嫗伏」條校補。此文《初學記》卷30、《白帖》卷95引作「蛟
龍伏潛於川而卵剖於陵」，《爾雅翼》卷31、32引作「蛟龍伏寢於淵
而卵剖於陵」，《古今合璧事類備要》別集卷63引作「伏潛於淵而卵
剖於陵」，《御覽》卷930引作「蛟龍寢於泉而卵剖陵」，作「潛」作
「川」作「泉」，皆諸書臆改。何寧謂「伏寢於淵」與「伏潛於川」
爲許、高之異，非也。《埤雅》卷2：「今鱉伏於淵而卵剖於陵，此思
化也。」亦作「剖」字。

〔註23〕《四庫全書考證》，收入景印文淵閣《四庫全書》第1499冊，臺灣商務印書
館1986年初版，第139頁。

〔註24〕楊愼《丹鉛總錄》卷3，收入景印文淵閣《四庫全書》第855冊，臺灣商務印
書館1986年初版，第365頁。

（24）今夫道者，藏精於內，棲神於心，靜漠恬淡，訟謬（繆）胸
中

　　許注：訟，容也。翏（繆），靜也。

　　按：訟繆，王引之據《文子・精誠》校作「悅穆」。「悅穆」乃六朝人用語
　　　〔註25〕，王校非也。《原本玉篇殘卷》引注同今本，是《淮南子》許
　　　本固作「訟繆」也。然許解非也，方以智曰：「雍睦，通作『訟繆』。
　　　陳登曰：『閨門雍穆。』即謂雍雍穆穆也。……訟繆與雍穆同。」〔註
　　　26〕所引陳登語，見《三國志・陳矯傳》。雍穆，和怡也。

（25）邪氣無所留滯，四枝節族，毛蒸理泄，則機樞調利，百脈
九竅莫不順比

　　按：楊樹達曰：「毛蒸理泄，謂毛孔腠理有所蒸發。」向宗魯曰：「理當
　　　作裡（裏），形聲相近而誤。毛與裒通。毛蒸裡泄，猶言外蒸內泄
　　　也。」楊說是，向說非也。何寧謂「向說是也，楊氏望文生義」，
　　　所謂以不狂爲狂也。傅山曰：「毛蒸理泄，《靈樞經・營衛生命（會）
　　　篇有此四字。《管子・內業》：『得道之人，理丞而屯泄。』注：『謂
　　　腠理丞達屯聚泄散。』丞即蒸，毛與屯易混。然毛字明而淺，屯字
　　　細雋矣。」〔註27〕傅氏謂「毛字明而淺，屯字細雋」非也，餘說皆
　　　是。《靈樞經》：「歧伯曰：『此外傷於風，內開腠理，毛蒸理泄，衛
　　　氣走之，固不得循其道。』」晉・皇甫謐《鍼灸甲乙經》卷 1 同。
　　　此「理」爲腠理之確證。《道德指歸論》卷 2：「及至定神安精，動
　　　體勞形，則是理泄汗流，捐衣出室，暖有餘身矣。」亦其例。傅氏
　　　所引《管子》例，王引之曰：「丞讀爲烝。烝，升也。泄，發也。
　　　屯當爲毛，字之誤也。」王氏正引《淮南》此文爲證〔註28〕。

〔註25〕《文選・三月三日曲水詩序》：「警蹕清夷，表裏悅穆。」《南齊書・高帝本紀》：
　　　　「妖氛載澄，國塗悅穆。」
〔註26〕方以智《通雅》卷 7，收入《方以智全書》第 1 冊，上海古籍出版社 1988 年
　　　　版，第 301 頁。
〔註27〕傅山《讀子二・淮南存雋》，收入《霜紅龕集》卷 33，《續修四庫全書》第 1395
　　　　冊，上海古籍出版社 2002 年版，第 673 頁。
〔註28〕轉引自王念孫《管子雜志》，收入《讀書雜志》卷 8，中國書店 1985 年版，第
　　　　24～25 頁。

（26）其所居神者，得其位也，豈節柎而毛脩之哉

　　按：脩，當作「循」，字之誤也。循，讀爲揗，與「柎（拊）」同義。《說文》：「拊，揗也。」陳廣忠曰：「脩，通『修』，飾也。」〔註29〕非是。

（27）四海之內，莫不仰上之德，象主之指

　　按：傅山曰：「鄧上之德：鄧，國名，於義遠。隥，《說文》：『仰也。』或用此字。」〔註30〕是傅氏所見本作「鄧」也。指，《文子・精誠》作「旨」，並讀爲恉，意也。象，隨也，字或作像，《覽冥篇》：「驕主而像其意。」高注：「像，猶隨也。」另參見《主術篇》「影之像形」條校補。于大成曰：「象，效也。」張雙棣曰：「象，法也。」並未允。

（28）故擴道以被民，而民弗從者，誠心弗施也

　　按：何寧曰：「擴，布也。擴道猶施道。《治要》引作『總道』，非。」《文子・精誠》亦誤作「總道」。「施」即上文「推其誠心，施之天下而已矣」之「施」，《文子》作「至」，乃臆改。

（29）夫矢之所以射遠貫牢者，弩力也；其所以中的剖微者，正心也

　　按：《孟子・萬章下》：「由射於百步之外也，其至，爾力也；其中，非爾力也。」趙注：「夫射遠而至，爾努力也；其中的者，爾之巧也。」爲此文所本。努，讀爲弩。（a）牢，《御覽》卷745引同。何寧曰：「牢當爲堅，避隋諱改，《治要》引作『堅』。」《長短經》卷3、《三朝北盟會編》卷76引亦作「堅」。（b）弩力也，《治要》卷41引同，《御覽》引作「弓力也」，《長短經》引作「弓弩力也」，衍一字。（c）正，王念孫據《治要》、《御覽》所引校作「人」，鄭良樹舉《長短經》引亦作「人」以證之，《三朝北盟會編》引亦作「人」。（d）中的剖微，《治要》、《長短經》、《三朝北盟會編》引同，《御覽》引作「中

〔註29〕陳廣忠《淮南子斠詮》，黃山書社2008年版，第1107頁。

〔註30〕傅山《讀子二・淮南存雋》，收入《霜紅龕集》卷33，《續修四庫全書》第1395冊，上海古籍出版社2002年版，第673頁。

杓部徹微」。杓，讀爲的，《莊子・庚桑楚》：「我其杓之人耶？」《釋文》：「杓，郭音的，又匹么反，又音弔。郭云：『爲物之標杓也。』王云：『斯由己爲人準的也。』向云：『馬氏作釣，音的。』」「部」爲「剖」之音誤，「徹」則涉「微」形誤而衍。

（30）聖人之治天下，非易民性也，柎循其所有而滌蕩之

按：「柎」字衍。循，因也，順也。下文「故因則大，化則細矣」，「因」即承此而言。《文子・自然》正作「因其所有而條暢之」。《治要》卷 41 引作「拊循」，是所見本已衍。王念孫曰：「『滌蕩』與『條暢』同。」《晉書・烈女傳》：「妾聞天地之生萬物，聖王之馭天下，莫不順其性而暢之。」即本此文，亦「蕩」讀爲「暢」之證。陳廣忠曰：「柎循，安撫，撫慰。」趙宗乙曰：「拊循，本作『拊揗』，謂撫慰之也。」〔註31〕並非是。

（31）后稷墾草發菑，糞土樹穀

按：《說文》：「菑，不耕田也。」《董子・五行相生》：「觀民墾草發淄，耕種五穀。」盧文弨曰：「淄與菑同。」〔註32〕

（32）埏埴而爲器，窬木而爲舟

按：《說文》：「窬，一曰空中也。」謂挖空其中心也。《汜論篇》：「乃爲窬木方版以爲舟航。」高注：「窬，空也。」本字爲俞，《說文》：「俞，空中木爲舟也。」《說山篇》：「見竅木浮而知爲舟。」竅亦空也。《御覽》卷 752 引「窬」作「刳」，蓋據《易・繫辭下》「刳木爲舟，剡木爲楫」以易之也。

（33）鑠鐵而爲刃，鑄金而爲鐘

按：鑠，《御覽》卷 752 引作「爍」，《兵略篇》同。鑠、爍，正、假字。

（34）故無其性，不可教訓；有其性，無其養，不能遵道

〔註31〕陳廣忠《淮南子斠詮》，黃山書社 2008 年版，第 1111 頁。趙宗乙《淮南子札記》，黑龍江人出版社 2009 年版，第 275 頁。

〔註32〕《春秋繁露》（盧文弨校本），上海古籍出版社影印浙江書局本 1989 年版，第 76 頁。

按：養，當從一本作「資」，字之誤也。《文子‧自然》作「無其性，不可使順教；有其性，無其資，不可使遵道。」順，讀爲訓。使，猶以也。道，猶從也。

（35）繭之性為絲，然非得工女煮以熱湯而抽其統紀，則不能成絲；卵之化（性）為雛，非慈雌嘔煖覆伏，累日積久，則不能為雛；人之性有仁義之資，非聖人為之法度而教導之，則不可使鄉方

按：沈延國、于大成指出語本《韓詩外傳》卷 5「繭之性爲絲，弗得女工燔以沸湯抽其統理，不成爲絲；卵之性爲雛，不得良雞覆伏孚育，積日累久，則不成爲雛；夫人性善，非得明王聖主扶攜，內之以道，則不成爲君子」〔註 33〕。按《董子‧實性》：「中民之性如繭如卵，卵待覆二十日而後能爲雛，繭待繰以綰（湣）湯而後能爲絲，性待漸於教訓而後能爲善。」亦可以互證。嘔，讀爲欨，已詳上文。鄉，《文子‧自然》作「向」。《外傳》「女工」，當乙作「工女」，猶言巧女；「燔」當作「煮」〔註 34〕。

（36）故因其性，則天下聽從；拂其性，則法縣而不用

按：下句《文子‧自然》作「怫其性，即法度張而不用」，此文疑脫一「度」字。拂、怫，並讀爲咈，《治要》卷 35 引《文子》正作「咈」字。《說文》：「咈，違也。」《廣雅》：「咈，盭也。」《集韻》：「咈，通作拂。」王利器曰：「日本兩《治要》本『怫』作『咈』，不可從。」〔註 35〕王說非也，《治要》本作本字。縣、張義同，《漢書‧食貨志》：「縣法以誘民。」顏師古注：「縣，謂開立之。」

（37）察陵陸水澤肥墝高下之宜

按：墝，《御覽》卷 624 引作「墩」，誤。方以智曰：「肥磽，即肥墝。磽之於磽，猶徼之於僥也。」吳玉搢襲之〔註 36〕。《說文》：「墝，磽也。

〔註 33〕沈延國《讀書雜錄‧淮南子》，《制言》第 16 期。
〔註 34〕參見屈守元《韓詩外傳箋疏》，巴蜀書社 1996 年版，第 477 頁。
〔註 35〕王利器《文子疏義》，中華書局 2000 年版，第 358 頁。
〔註 36〕方以智《通雅》卷 7，收入《方以智全書》第 1 冊，上海古籍出版社 1988 年版，第 302 頁。吳玉搢《別雅》卷 2，收入景印文淵閣《四庫全書》第 222

礄，磬石也。磬，堅也。」字或作「肥墝」，《主術篇》、《脩務篇》並有「肥墝高下」之語。《禮記·王制》鄭注：「肥墝有五等。」《釋文》：「墝，本又作墩。」

（38）中考乎人德，以制禮樂

按：中考乎人德，《文子·上禮》作「中受人事」。受，審也，考也。《尹文子·大道上》：「故人以度審長短，以量受少多。」受、審同義對舉。彭裕商曰：「受，受理。」〔註37〕非也。德，似以作「事」爲長。《後漢書·祭祀志》劉昭注引《黃圖》：「聖王之制，必上當天心，下合地意，中考人事。」

（39）乃澄列金木水火土之性

許注：澄，清也。

按：澄列，讀爲「瀓洌」。《方言》卷12：「瀓、瀓，清也。」戴震曰：「瀓，亦作澄。左思《詠史詩》：『左眄澄江湘。』李善注引《方言》：『澄，清也。』《考工記》：『清其灰。』鄭注云：『清，澄也。』」〔註38〕錢繹曰：「司馬相如《上林賦》云：『轉騰瀓洌。』按：瀓、洌，皆清也。瀓洌猶言澄列也。澄與瀓同。」〔註39〕錢氏引此文以爲證。《文子·上禮》無「澄」字，蓋未得其誼而刪之。彭裕商曰：「列，論列、闡述。」〔註40〕陳廣忠解爲「擺列」〔註41〕，並非也。

（40）乃裂地而州之，分職而治之，築城而居之，割宅而異之，分財而衣食之

按：于大成指出語本《大戴禮記·王言》「昔者明王之治民有法，必別地以州之，分屬而治之」。按《韓詩外傳》卷6：「築城而居之，別田而養之。」亦爲此文所本。裂，《文子·上禮》作「列」。列、裂，正、

冊，臺灣商務印書館1986年初版，第644頁。二氏引此文「墩」作「礅」。

〔註37〕彭裕商《文子校注》，巴蜀書社2006年版，第232頁。

〔註38〕戴震《方言疏證》，收入《戴震全集（5）》，清華大學出版社1997年版，第2443頁。

〔註39〕錢繹《方言箋疏》，上海古籍出版社1984年版，第661頁。

〔註40〕彭裕商《文子校注》，巴蜀書社2006年版，第233頁。

〔註41〕陳廣忠《淮南子斠詮》，黃山書社2008年版，第1116頁。

假字。職，《文子》作「國」。「國」當作「職」，《治要》卷 35 引《文子》正作「職」字。《史記・黥布傳》：「上裂地而王之，疏爵而貴之。」《集解》引《漢書音義》：「疏，分也。」「分職」亦即「疏爵」也。何寧改「職」爲「國」，僨矣。異，賜予。《說文》：「異，分也，從廾、畁。畁，予也，凡異之屬皆從異。」《繫傳》：「畁音俾，將欲與物，先分異之也。」《呂氏春秋・觀表》：「隔宅而異之，分祿而食之。」《呂氏》及此文「異」字，皆用本義「畁予」。曹庭棟曰：「異，別也。」〔註 42〕馬敘倫讀異爲廙，陳奇猷讀異爲御〔註 43〕，並失之。《孔叢子・陳士義》：「隔宅而居之，分祿而食之。」《風俗通義・過譽》：「裂宅而居之，分祿而食之。」並本《呂氏》，而作「居」字，蓋異本。《類聚》卷 84、《御覽》卷 806 引《呂氏》亦作「居」字。

（41）堯乃妻以二女，以觀其內；任以百官，以觀其外

　　按：《廣雅》：「任，使也。」言以百官爲舜之使也。向宗魯曰：「任當作仕，仕與事通，即《孟子》『百官事舜於畎畝之中』也。」非是。《書鈔》卷 3、《御覽》卷 80、《資治通鑑前編》卷 1、《路史》卷 20 羅苹注引並作「任」，《資治通鑑外紀》卷 1 亦作「任」字。

（42）夫物未嘗有張而不弛，成而不毀者也

　　按：成而不毀，《文子・上禮》作「盛而不敗」。

（43）湯之初作囿也，以奉宗廟鮮犒之具

　　許注：生肉爲鮮，乾肉爲犒。

　　按：惠士奇曰：「犒與槁通。」〔註 44〕何寧謂「槁」之俗字，與惠說合。譚獻曰：「犒疑作槁。」〔註 45〕無煩改作也。奉，《文子・上禮》作「成」。

（44）五色雖朗，有時而渝；茂木豐草，有時而落；物有降（隆）

〔註 42〕轉引自王利器《呂氏春秋注疏》，巴蜀書社 2002 年版，第 2594 頁。
〔註 43〕二說並見陳奇猷《呂氏春秋新校釋》，上海古籍出版社 2002 年版，第 1428 頁。
〔註 44〕惠士奇《禮說》卷 5，收入《叢書集成三編》第 24 冊，新文豐出版公司 1997 年印行，第 333 頁。
〔註 45〕轉引自王利器《文子疏義》，中華書局 2000 年版，第 517 頁。

殺，不得自若

按：《韓詩外傳》卷 5：「夫五色雖明，有時而渝；豐交之木，有時而落；物有成衰，不得自若。」爲此文所本。《說苑‧說叢》：「五采曜眼，有時而渝；茂木豐草，有時而落；物有盛衰，安得自若？」亦足互證。《外傳》之「交」，爲「茂」字之誤。孫詒讓曰：「交疑支之誤，支、枝字通。」[註46] 朱起鳳曰：「交即芙字之誤。芙、廡同音，茂盛也。」[註47] 皆未確。《外傳》之「成」，讀爲盛。

（45）故聖人事窮而更爲，法弊而改制，非樂變古易常也，將以救敗扶衰，黜淫濟非，以調天地之氣，順萬物之宜也

按：《韓詩外傳》卷 5：「故三王之道，周則復始，窮則反本，非務變而已，將以止惡扶微，紬繆淪非，調和陰陽，順萬物之宜也。」爲此文所本。《說文》：「救，止也。」《外傳》一本「止」作「正」，誤。屈守元曰：「淪當爲濟，字之誤也。向先生訓濟爲止。」[註48] 于鬯曰：「濟當訓止，或爲當爲擠，排也。」一說非是。濟訓止，本字爲霽。何寧謂「淪，沒也。與『止』亦義近。」「淪沒」與「止」義不近，何說非也。繆，讀爲謬。《文子‧上禮》：「故聖人治弊而改制，事終而更爲。」「治」爲「法」形誤，「終」爲「窮」音誤。《治要》卷 35 引已誤。《鹽鐵論‧詔聖》：「故衣弊而革裁，法弊而更制。」亦作「法」字。更亦改也。李定生、徐慧君曰：「整治弊病而改制度。」[註49] 非也。

（46）天不一時，地不一利，人不一事

按：三句本《管子‧宙合》。利，《文子‧上禮》誤作「材」，《纘義》本又誤作「財」。

（47）刺幾辯義者，《春秋》之靡也

按：靡，蔣禮鴻讀爲微[註50]，是也。《文選‧南都賦》李善註引《本草

〔註46〕孫詒讓《札迻》，中華書局 1989 年版，第 31 頁。
〔註47〕朱起鳳《辭通》，上海古籍出版社 1982 年版，第 302 頁。
〔註48〕屈守元《韓詩外傳箋疏》，巴蜀書社 1996 年版，第 461 頁。
〔註49〕李定生、徐慧君《文子校釋》，上海古籍出版社 2004 年版，第 468 頁。
〔註50〕蔣禮鴻《續〈淮南子校記〉》，收入《蔣禮鴻集》卷 3，浙江教育出版社 2001

經》:「虋蕪，一名薇蕪。」〔註51〕是其證也。張雙棣曰:「靡，猶爲也。」陳廣忠曰:「靡，美也。」〔註52〕並非是。

（48）《書》之失拘

許注:《書》有典謨之制，拘以法也。

按:拘，《御覽》卷 608 引作「劫」。

（49）帶不猒新，鉤不猒故

按:《類聚》卷 30 引《竇玄妻與玄書》:「衣不厭新，人不厭故。」

（50）《關雎》興於鳥，而君子美之，爲其雌雄之不乖居也；《鹿鳴》興於獸，〔而〕君子大之，取其見食而相呼也

按:（a）乖居，王念孫校爲「乘居」，謂「乘者，匹也」，引《列女傳》卷 3「夫雎鳩之鳥，猶未嘗見乘居而匹處也」、張華《鷦鷯賦》「繁滋族類，乘居匹遊」爲證，桂馥說同〔註53〕，是也。《詩攷》、《困學紀聞》卷 3 引已誤。徐𤊹曰:「『乘居』宜作『乖居』，於義尤得。」〔註54〕僨矣。（b）爲亦取也，同義對舉，《家語・好生》「爲」正作「取」。（c）「君子大之」上當補「而」字，與上文一例。《家語》正有「而」字。（d）王叔岷曰:「見，疑本作尋。尋，古得字。《家語・好生篇》、《劉子・適才篇》見並作得，是其證。」《詩・鹿鳴》毛傳:「鹿得𦯎，呦呦然鳴而相呼。」亦其確證。《爾雅翼》卷 14、《困學紀聞》卷 3 引已誤作「見」字。

（51）泓之戰，軍敗君獲，而《春秋》大之，取其不鼓不成列也

許注:宋襄公與楚戰於泓，楚人敗之，襄公獲也。

按:獲，被俘獲、被活捉。《尹文子・大道上》敘泓之戰事作「戰敗，楚人執宋公」，與本書所言合。獲即執也。金其源曰:「《左傳》曰『公

年版，第 377 頁。

〔註51〕《類聚》卷 81 引「虋」作「虇」。

〔註52〕陳廣忠《淮南子斠詮》，黃山書社 2008 年版，第 1120 頁。

〔註53〕桂馥《札樸》卷 7，中華書局 1992 年版，第 295 頁。

〔註54〕徐𤊹《徐氏筆精》卷 1，收入《叢書集成續編》第 17 冊，新文豐出版公司 1988 年印行，第 434 頁。

傷股』，《穀梁傳》曰『則兵敗而身傷焉』，皆言傷，無言獲者。此言獲者何？《廣雅》：『獲，辱也。』謂受傷之辱，非謂生得之獲也。」鍾佛操說同，張雙棣、何寧並從其說。趙宗乙解「獲」爲「死、殺獲」〔註55〕。諸氏皆失考《尹文子》。

（52）王喬赤松，去塵埃之間，離群慝之紛

按：慝，《楚辭・遠遊》、《惜誓》洪興祖補注引並同，《文選・招隱詩》李善註引作「物」，蓋臆改。

（53）可謂養性矣

按：性，《楚辭・遠遊》洪興祖補注引同，《文選・招隱詩》李善註引作「生」，古通用。

（54）重者可令埴固，而不可令凌敵

按：埴固，《文子・自然》作「固守」。《墨子・尙賢中》：「此言聖人之德章明，博大埴固以脩久也。」畢沅曰：「埴訓黏土，堅牢之意。」〔註56〕埴，讀爲植，立也。植固，立其牢固之心，猶言持固、守固，故《文子》易作「固守」也。畢說非是〔註57〕。倒言則作「固植」，另參見《兵略篇》「固植而難恐」條校補。

（55）海不讓水潦，以成其大；山不讓土石，以成其高

按：《文子・自然》作「故海不讓水潦，以成其大；山林不讓枉橈，以成其崇」。《類聚》卷8、《白帖》卷6引此文作「海不讓水，積以成其大」，《御覽》卷60引此文、《事類賦注》卷6引《文子》並作「海不讓水，積小以成其大」。蓋皆誤「潦」爲「積」字，或又增「小」字以足其義。《管子・形勢解》：「海不辭水，故能成其大；山不辭土石，故能成其高。」《莊子・徐無鬼》：「故海不辭東流，大之至也。」《韓詩外傳》卷3：「夫太山不讓礫石，江海不辭小流，所以成其大也。」並爲此文所本。

〔註55〕趙宗乙《淮南子札記》，黑龍江人出版社2009年版，第277頁。

〔註56〕畢沅《墨子校注》，收入《叢書集成新編》第20冊，新文豐出版公司1985年版，第371頁。

〔註57〕朱起鳳《辭通》亦從其誤說，上海古籍出版社1982年版，第1765頁。

（56）寸而度之，至丈必差；銖而稱之，至石必過。石秤丈量，
　　　徑而寡失

　　按：《漢書・枚乘傳》《上書諫吳王》：「夫銖銖而稱之，至石必差；寸寸
　　　　而度之，至丈必過。石稱丈量，徑而寡失。」

（57）故無益於治而有益於煩者，聖人不為

　　按：煩，當據《文子・上仁》作「亂」，《文子・上義》亦作「亂」字。

（58）小辯破言，小利破義，小義破道

　　按：《大戴禮記・小辨》：「夫小辨破言，小言破義，小義破道。」為此
　　　　文所本。此文「利」當據《大戴》作「言」，「小言」、「小義」皆承
　　　　前句言之。《逸周書・武稱解》：「淫言破義。」亦其旁證。張雙棣、
　　　　何寧據一本，改「小義」作「小藝」，非也。《孔子集語》卷上引同
　　　　道藏本，「利」字雖誤，而「義」則不誤也。《文子・上仁》：「故小
　　　　辯害義，小義破道。」《家語・好生》：「小辯害義，小言破道。」《後
　　　　漢書・陳元傳》：「所謂『小辯破言，小言破道』者也。」李賢注引
　　　　《大戴記》以說之。《說苑・說叢》：「窮鄉多曲學，小辯害大知，
　　　　巧言使信廢，小惠妨大義。」此篇下文「小快害義，小慧害道，小
　　　　辯害治」，《文子・微明》作「小德害義，小善害道，小辯害治」。
　　　　文各詳略不同。

（59）河以逶蛇，故能遠；山以陵遲，故能高；陰陽無為，故能
　　　和；道以優遊，故能化

　　按：《說苑・說叢》：「河以委蛇，故能遠；山以陵遲，故能高；道以優
　　　　遊，故能化；德以純厚，故能豪。」即本此文。逶蛇，《御覽》卷
　　　　61引作「委虵」，有注：「委虵，音逶迤。」《事類賦注》卷6引作
　　　　「逶迤」，《文子・上仁》亦作「逶迤」，並與「委蛇」同。「委蛇」
　　　　之同源詞極多〔註58〕。陵遲，本作「夌遟」，《說文》：「夌，越也，
　　　　一曰夌遟也。」《繫傳》：「夌遟，漸卑迆也……今作陵遲。」字或
　　　　作「陵夷」，《鹽鐵論・詔聖》：「故峻則樓季難三仞，陵夷則牧豎易

<hr>

〔註58〕參見蕭旭《〈說文〉「委，委隨也」義疏》，收入《群書校補》，廣陵書社2011
　　　　年版，第1413～1418頁。

山巓。」《漢書・儒林傳》:「自諸侯出,陵夷二百餘年而孔子興。」顏師古注:「陵夷,言漸頹替〔也〕。」至其語源,顏師古《匡謬正俗》卷 8 云:「按陵爲陵阜之陵,而遲者遲遲微細削小之義,今俗語猶然。又遲即夷也,古者遲、夷通用……史籍或言陵遲,或言陵夷,其義一也。夷者,平也,言陵阜漸平。」顏說亦未允當。王念孫曰:「師古以陵爲丘陵,非也。陵與夷皆平也。」〔註 59〕斯爲得之。

（60）周公肴臑不牧（收）於前,鐘鼓不解於懸,而四夷服

按:牧,當據各本作「收」,《類聚》卷 52 引作「撤」,義同。

（61）覆稽趑留

按:《御覽》卷 636 引作「覆督稽留」。

（62）戍五嶺以備越,築修城以守胡

按:築,《類聚》卷 52 引誤作「桀」。《人間篇》:「欲知築脩城以備亡,不知築脩城之所以亡也;發適戍以備越,而不知難之從中發也。」《鹽鐵論・誅秦》:「築長城以守胡,而亡其所守。」《漢書・五行志》:「南戍五嶺,北築長城,以備胡越。」皆作「築」字。

（63）黃帝曰:「芒芒昧昧,因天之威,與元同氣。」故同氣者帝,同義者王,同力者霸,無一焉者亡

按:《呂氏春秋・名類》:「黃帝曰:『芒昧,因天之威,與元同氣。』……帝者同氣,王者同義,霸者同力。」〔註 60〕爲此文所本。力,《文子・上仁》誤作「功」。《繆稱篇》引黃帝言「因天之威」作「從天之道」。

（64）肥肌膚,充腹腸,供嗜欲,養生之末也

按:供,《文子・下德》同,《類聚》卷 75 引《文子》作「閅」,《治要》卷 35、《御覽》卷 720 引《文子》作「開」。「開」爲「供」之誤,「閅」又涉「開」而誤。

〔註 59〕王念孫《漢書雜志》,收入《讀書雜志》卷 7,中國書店 1985 年版,第 32 頁。
〔註 60〕《御覽》卷 77 引「芒昧」作「茫茫昧昧」,此文當複言之。

（65）〔若〕掘其所流而深之，茨其所決而高之

按：掘，《御覽》卷58引作「拙」。掘、拙，正、借字。

（66）雖有腐髊流澌，弗能汙也

許注：腐髊，骨也。澌，水也。

按：澌，《御覽》卷58引作「澌」。「澌」字是，然不訓水也。《禮記·曲禮下》鄭注：「死之言澌也，精神澌盡也。」《釋文》：「澌，本又作㺑，同，音賜。」《論衡·四諱》：「出見負豕於塗，腐澌於溝，不以爲凶者，涴辱自在彼人，不著己之身也。」黃暉注：「澌，死人也。」〔註61〕張雙棣據以訓澌爲死尸，是也。專字作㺑，《玉篇》「㺑，死也，盡也，亦作澌。」《集韻》：「㺑，死也，通作澌。」從斯之字，多有盡義，「㺑」即取精神盡爲義，故爲死也。

（67）誠決其善志，防其邪心

按：決，《文子·下德》作「順」。人導水使行曰決，與「順」義合。

（68）所以貴聖人者，非貴隨罪而鑒刑也，貴其知亂之所由起也

按：張雙棣、何寧謂「隨罪」上當據上文文例補「其」字，是也。《文子·下德》、《類說》卷25引《炙轂子》正有「其」字。鑒，察也，斷也，《文子》作「作」。

（69）若不脩其風俗，而縱之淫辟，乃隨之以刑，繩之法（以）法，雖殘賊天下，弗能禁也

按：脩，讀爲條。《漢書·地理志》：「丞相張禹使屬潁川朱贛條其風俗。」正用本字「條」。或借修字爲之，《逸周書·周祝解》：「舉其修，則有理。」王念孫曰：「修，即條字也。」〔註62〕《文子·上仁》：「百官修達。」《脩務篇》作「條達」〔註63〕。

〔註61〕黃暉《論衡校釋》，中華書局1990年版，第976頁。

〔註62〕王念孫《逸周書雜志》，收入《讀書雜志》卷1，中國書店1985年版，第56頁。

〔註63〕另參見高亨《古字通假會典》，齊魯書社1989年版，第740～741頁。茲所舉皆高氏所未及者。

（70）故守不待渠壍而固，攻不待衝降而拔

按：《鹽鐵論・繇役》：「故善攻不待堅甲而克，善守不待渠梁而固。」

（71）墨子服役者百八十人，皆可使赴火蹈刃，死不還踵，化之所致也

按：還，讀爲旋。《漢書・鼂錯傳》：「如此而勸以厚賞，威以重罰，則前死不還踵矣。」顏注：「還，讀曰旋。旋踵，回旋其足也。」《說苑・指武》引《太公兵法》：「使士赴火蹈刃，陷陳取將，死不旋踵者，多異於今之將者也。」正用本字「旋」。

（72）聖王在上，明好惡以示之，經誹譽以尊（導）之

按：誹，《治要》卷 41 引同，《文子・上禮》作「非」，借字。經，讀爲輕，參見《本經篇》「經誹譽」條校補。彭裕商曰：「經，治理，也有辨明的意思。」〔註64〕非也。《說文》：「誹，謗也。」《慧琳音義》卷 31 引《考聲》：「誹，謗毀也。」焦竑曰：「誹讀爲毀，誹、毀古通用。」顧起元全襲其說〔註65〕。二氏以通借說之，非也。

（73）德足以懷遠

按：德，指文德，《文子・上禮》作「惠」。「惠」當作「悳」，字之誤也。悳，古德字。《黃石公素書・正道章》、《長短經・品目》引《鈐經》亦並作「德」。

（74）德足以教化

按：《文子・上禮》同，《長短經・品目》引《鈐經》作「法足以成教」。

（75）行足以隱義

按：《文子・上禮》同，《長短經・品目》引《鈐經》作「行足以脩義」。
彭裕商曰：「隱，憑依。隱義，依義而行，即循義而行。」〔註66〕此

〔註64〕彭裕商《文子校注》，巴蜀書社 2006 年版，第 235 頁。
〔註65〕焦竑《焦氏筆乘》卷 6「古字有通用假借用」條，收入《叢書集成續編》第 88 冊，新文豐出版公司 1985 年版，第 241 頁。顧起元《說略》卷 15《字學》，收入《叢書集成續編》第 8 冊，新文豐出版公司 1988 年版，第 661 頁。
〔註66〕彭裕商《文子校注》，巴蜀書社 2006 年版，第 235 頁。

說是也。《鈐經》作「脩」，即「循」之誤，循亦依也。馬宗霍曰：「隱當訓度……言行足以闇合於義耳。」何寧曰：「馬訓隱爲度，是也，以義爲仁義字，非也。義猶隱也。《俶眞篇》：『不可隱儀揆度而通光耀者。』隱儀揆度四字疊義。《兵略篇》：『兵之所隱議者，天道也。』隱議即隱儀。」王利器曰：「隱，意也，度也。隱義者，隱於義而行，所謂念茲在茲也。」〔註67〕李定生、徐慧君曰：「隱，意也，思也。隱義，倚義。」〔註68〕胥失之矣。此文「隱義」與「隱儀（議）」不同。

（76）仁足以得眾

按：仁，《長短經·品目》引《鈐經》同，《黃石公素書·正道章》作「義」，《文子·上禮》作「信」。

（77）行足以為儀表

按：行，《文子·上禮》、《黃石公素書·正道章》同，《長短經·品目》引《鈐經》作「身」。《賈子·官人》：「行足以爲表儀。」《申鑒·時事》：「言行足以爲法式，則書。」並可參證。

（78）守職而不廢，處義而不比

按：《文子·上禮》同，《黃石公素書·正道章》作「守轍而不廢，處義而不回」，《長短經·品目》引《鈐經》作「守節而無撓，處義而不怒」。《玉篇》：「比，阿黨也。」即《論語·爲政》「君子周而不比，小人比而不周」之「比」。彭裕商曰：「比，比周，結黨營私。」〔註69〕王利器曰：「《論語·里仁篇》：『義之與比。』邢疏：『比，親也。』」〔註70〕李定生、徐慧君說同王氏〔註71〕。諸解並是，但引《論語·里仁》，則非。《論語》之「比」，即比較之義，邢疏訓親，非也〔註72〕。回，

〔註67〕王利器《文子疏義》，中華書局 2000 年版，第 520 頁。
〔註68〕李定生、徐慧君《文子校釋》，上海古籍出版社 2004 年版，第 470 頁。
〔註69〕彭裕商《文子校注》，巴蜀書社 2006 年版，第 235 頁。
〔註70〕王利器《文子疏義》，中華書局 2000 年版，第 520 頁。
〔註71〕李定生、徐慧君《文子校釋》，上海古籍出版社 2004 年版，第 470 頁。
〔註72〕參見蕭旭《說苑校補》「君子比義」條，收入《群書校補》，廣陵書社 2011 年版，第 541 頁。

讀為覂，邪曲。處，與「守」同義對舉，讀為據。《韓詩外傳》卷 5：「據法守職而不敢為非者，人吏也。」是其比。《主術篇》：「據義行理而志不攝。」正作本字「據」。《戰國策・東周策》：「必不處矣。」鮑注：「處，猶據也。」《禮記・投壺》：「梁丘據。」《釋文》：「據，本又作處，同。」《孫子・虛實》：「凡先處戰地而待敵者佚，後處戰地而趨戰者勞。」《御覽》卷 270 引二「處」字並作「據」。《漢書・敘傳》：「況虖天子之貴，四海之富，神明之祚，可得而妄處哉？」《宋書・符瑞志》處作據，下文「越次妄據」，尤為確證〔註73〕。《莊子・天地》《釋文》：「遽，本又作處。」《史記・荀卿傳》：「劇子之言。」《集解》引徐廣曰：「按應劭《氏姓注》直云處子也。」皆其相通之證。

（79）見難不苟免，見利不苟得

按：《禮記・曲禮上》：「臨財毋苟得，臨難毋苟免。」為此文所本。難，《文子・上禮》同，《黃石公素書・正道章》、《長短經・品目》引《鈐經》並作「嫌」。「嫌」字誤。《齊俗篇》：「立節者見難不苟免，貪祿者見利不顧身。」《兵略篇》：「為主不顧身，見難不畏死。」《韓子・說疑》：「上見利不喜，下臨難不恐。」皆「難」字不誤之證。《管子・內業》：「見利不誘，見害不懼。」害亦災難之誼也。

（80）使愚教知，使不肖臨賢，雖嚴刑罰，民弗從也

按：知，《治要》卷 41 引作「智」。《荀子・王霸》：「使愚詔知，使不肖臨賢，生民則致貧隘，使民則綦勞苦。」詔亦教也。《爾雅》：「詔，導也。」郭注：「詔，教導之。」

（81）故雖出邪僻之道，行幽昧之塗，將欲以直大道成大功

按：直大道，使大道直，與「邪僻之道」為對文，王念孫據《治要》卷 41 所引，校「直」為「興」，非也。此文申言上文「夫聖人之屈者，以求伸也；枉者，以求直也」之誼。「出邪僻之道」即屈者、枉者，「直大道成大功」即求伸、求直也。僻，《治要》卷 41 引作「僻」。僻、辟，正、借字。

〔註73〕參見蕭旭《漢書校補》，收入《群書校補》，廣陵書社 2011 年版，第 435 頁。

（82）孔子欲行王道，東西南北七十說而無所偶，故因衛夫人彌
　　　子瑕而欲通其道

　　　　按：偶，讀爲遇，志相得也，投合也。《漢書・揚雄傳》《解嘲》：「或七
　　　　　　十說而不遇，或立談間而封侯。」《鹽鐵論・相刺》：「是以孔子東西
　　　　　　無所適遇，屈原放逐于楚國。」《史記・儒林傳》：「是以仲尼干七十
　　　　　　餘君無所遇。」皆作本字「遇」。《鹽鐵論・相刺》：「（孔子）東西南
　　　　　　北七十說而不用。」《史記・十二諸侯年表》：「是以孔子明王道，干
　　　　　　七十餘君莫能用。」作「用」，義亦相會。

（83）夫觀逐者於其反也，而觀行者於其終也

　　　　按：反，讀爲返，返回、返還。陶鴻慶謂反當作及，訓至，非也。《治要》
　　　　　　卷 41、《文苑英華》卷 760 唐・李宗閔《隨論下篇》引並作「反」字。

（84）文公樹米，曾子架羊，猶之爲知也

　　　　許注：文公，晉文公也。樹米而欲生之。架，連架，所以備知也。
　　　　按：《類聚》卷 21 引作「文公種米，曾子枷羊，猶爲智也」，《御覽》卷
　　　　　　823 引亦作「文公種米」。《新語・輔政》、《說苑・雜言》並作「文公
　　　　　　種米，曾子駕羊」，《意林》卷 2 引《新語》作「枷羊」〔註74〕。《尸
　　　　　　子》卷下：「羊不任駕鹽車，椽不可爲楣棟。」向宗魯讀架爲駕，指
　　　　　　以羊駕車，架、枷皆借字〔註75〕，是也。其餘諸家說皆非，不備引。
　　　　　　任廣曰：「種牧爲業曰樹米架羊。」〔註76〕亦爲臆說。

（85）醜必託善以自爲解，邪必蒙正以自爲辟

　　　　按：王念孫謂「辟」爲「辭」形誤，劉文典謂「辟」叚爲譬。《記纂淵

〔註74〕《意林》據《叢書集成新編》第 10 冊影武英殿聚珍本，新文豐出版公司 1985
　　　　年印行，第 707 頁；《四庫》本臆改作「牧羊」，景印文淵閣《四庫全書》第
　　　　872 冊，臺灣商務印書館 1986 年初版，第 227 頁。
〔註75〕我舊作《說苑校證訂補》與向氏說闇合，當時未見向說，今於此特出之。參
　　　　見《古籍整理研究學刊》1999 年第 1 期，第 14 頁。我後來作《說苑校補》略
　　　　而《尸子校補》詳，皆失引向說。《尸子校補》、《說苑校補》，收入《群書校
　　　　補》，廣陵書社 2011 年版，第 74、543 頁。向說見何寧《淮南子集釋》所引，
　　　　中華書局 1998 年版，第 1409～1410 頁。
〔註76〕任廣《書敘指南》卷 17「營生諸業」條，收入《叢書集成新編》第 89 冊，新
　　　　文豐出版公司 1985 年印行，第 626 頁。

海》卷 62 引作「辭」，鄭良樹舉以爲王說佐證，然不改字爲善，劉
說得之。下文「行不辟汙」，《淵海》引亦誤作「辭」字。

（86）趨行蹐馳

按：《文子・上義》作「趨行殊方」。蹐，一本誤作「蹐」，王念孫已駁
正，《治要》卷 41 引亦誤作「蹐」。王念孫謂「蹐」或作「舛」、「僢」，
是而不盡。字亦作倢，《慧琳音義》卷 84：「蹐駁：許叔重注《淮南
子》云：『蹐，相背也。』亦差也。《莊子》〔注〕云：『蹐駁，不調
一也。』」又卷 96：「蹐淪：司馬彪注《莊子》云：『蹐雜，不同也。』
許叔重〔云〕：『相背也。』《古今正字》：『差也。』亦作舛、倢，《淮
南子》作僢，音義並同也。」字亦作踳、驠，《集韻》：「蹐，雜也，
或作舛、僢、踳。」又「驠，駁也。」

（87）故善言歸乎可行，善行歸乎仁義

按：二「歸」字，《治要》卷 41 引同，《文子・上義》作「貴」。歸，讀
爲貴。

（88）故君子之過也，猶日月之蝕，何害於明？小人之可也，猶
狗之晝吠，鴟之夜見，何益於善

按：《說苑・說叢》：「君子之過，猶日月之蝕也，何害於明？小人可也，
猶狗之吠盜，狸之夜見，何益於善？」

（89）夫知者不妄發

按：《治要》卷 41 引作「夫知者不妄爲，勇者不妄發」。《說苑・說叢》：
「夫智者不妄爲，勇者不妄殺。」《文子・上義》：「智者不妄爲，勇
者不妄殺。」王念孫、何寧據《治要》補「爲，勇者不妄」五字，
謂「殺」爲「發」之誤。《越絕書・外傳計倪》：「臣聞智者不妄言，
以成其勞。」

（90）故不高宮室者，非愛木也；不大鍾鼎者，非愛金也

按：《韓詩外傳》卷 3：「不高臺榭，非無土木也；不大鍾鼎，非無金錫
也。」爲此文所本。

（91）直行性命之情，而制度可以為萬民儀

按：《韓詩外傳》卷 3：「直行情性之所安，而制度可以爲天下法矣。」
《文子·九守》：「不縱身肆意，而制度可以爲天下儀。」

（92）目悅五色，口嚼滋味，耳淫五聲

按：嚼，《文子·下德》作「惟」，《纘義》本作「肥」。王叔岷曰：「『惟』
當作『噍』……『嚼』即『噍』之重文。一本『惟』作『肥』，《治
要》引『惟』作『欲』，皆不知『惟』是誤字而臆改耳。」〔註77〕李
定生、徐慧君說同〔註78〕。《治要》所引《文子》見卷 35。

（93）所謂有天下者，非謂其履勢位，受傳籍，稱尊號也，言〔其〕
運天下之力而得天下之心

按：《文子·下德》「有」作「得」，「力」、「心」互易。「運」與「力」
應，「得」與「心」應，此文爲長。

（94）紂之地，左東海，右流沙，前交趾，後幽都

按：《御覽》卷 83 引「地」誤作「城」。

（95）靈王作章華之臺，發乾谿之役，外內搔動，百姓罷弊，棄
疾乘民之怨，而立公子比，百姓放臂而去之，餓於乾谿，
食莽飲水，枕塊而死

按：乘，因便，利用。《御覽》卷 975、《記纂淵海》卷 92 引作「承」，借
字。放臂，《御覽》、《淵海》引作「避」。「避」乃「臂」字音誤，又
脫去「放」字。「放臂」與上文「奮臂」對文爲義也。莽，《御覽》、
《淵海》引作「菱」〔註79〕，劉文典謂許、高之異也。

（96）從冥冥〔見炤炤〕，猶尚肆然而喜，又況出室坐堂見日月光
乎

按：肆，讀爲夷、恞。《書·多士》：「予惟率肆矜爾。」《論衡·雷虛》

〔註77〕王叔岷《文子斠證》，收入《諸子斠證》，中華書局 2007 年版，第 527 頁。
〔註78〕李定生、徐慧君《文子校釋》，上海古籍出版社 2004 年版，第 348 頁。
〔註79〕《御覽》從《四庫》本，景宋本作「芰」。《御覽》所引在《果部》「菱」條，
菱即芰也。

引「肆」作「夷」。《爾雅》：「夷，悅也。」《釋文》本作「恞」，云：「恞，本又作夷，音同。」《玉篇》：「恞，悅也，忻也。」本字爲怡，《說文》：「怡，和也。」《廣雅》：「怡，喜也。」

（97）既瘖且聾，人道不通

按：瘖，《文子·符言》作「闇」，下文亦同。瘖、闇，正、假字。

（98）夫指之拘也，莫不事申也；心之塞也，莫知務通也

按：事亦務也，猶言勉力。莫知務通，《文子·符言》作「莫知事通」，而上有脫文，當據此文補足，治《文子》者皆未之及。

（99）達乎無上，至乎無下，運乎無極，翔乎無形

按：《管子·宙合》：「道也者，通乎無上，詳乎無窮，運乎諸生。」爲此文所本。丁士涵曰：「詳，翔之假字。」〔註80〕丁說是也，引此文爲證，尤爲堅確。

（100）無所繫戾

按：繫，讀爲槩，已詳《主術篇》「無所擊戾」條校補。

（101）故因（困）其患則造其備，犯其難則得其便

按：造讀爲操。已詳《氾論篇》「困其患則造其備」條校補。

（102）欲知遠近而不能，教之以金目則射快

許注：金目，深目，所以望遠近射準也。

按：方苞曰：「金當作晶，即今眼鏡，以水晶爲之也。」朱駿聲曰：「金，今時眼鏡之類。或曰借爲深，亦通。」〔註81〕姚範曰：「金目，疑即今之眼鏡。」〔註82〕陳直曰：「金目即後代稱爲望山也。」〔註83〕「金

〔註80〕轉引自郭沫若《管子集校》，收入《郭沫若全集·歷史編》卷5，人民出版社1984年版，第306頁。

〔註81〕朱駿聲《説文通訓定聲》，武漢市古籍書店1983年版，第93頁。

〔註82〕姚範《援鶉堂筆記》卷48，收入《續修四庫全書》第1149冊，上海古籍出版社2002年版，第147頁。

〔註83〕陳直《讀子日札·淮南子》，收入《摹廬叢著七種》，齊魯書社1981年版，第114頁。

目」即望遠之具，三氏謂即今之眼鏡，方氏謂以水晶爲之，近是。
居延漢簡中常見「金目」一詞，其制待考。金目所以望遠也，故許
注解爲深目，深猶遠也。許氏並非以深訓金，朱氏一說借爲深，非
是。教，指點。上文「人欲知高下而不能，教之用管準則說」，「教」
字義同。王海根曰：「金，通『鏡』，眼鏡。教，通『校』，校正。」
〔註84〕王氏二說並非。

（103）犯大難而不懾，見煩繆而不惑

按：繆，讀爲樛，絞結。《禮記·檀弓下》：「衣衰而繆絰。」鄭注：「繆，
讀爲不樛垂之樛。」孔疏：「讀從《喪服傳》『不樛垂』之樛，樛謂
兩股相交也。」《儀禮·喪服》：「故殤之絰不樛垂。」鄭注：「不樛
垂者，不絞其帶之垂者。」字或作摎，《玉篇》：「摎，絞也。」

（104）故食其口而百節肥，灌其本而枝葉美

按：《說苑·說叢》：「食其口而百節肥，灌其本而枝葉茂。」

（105）其《國語》曰：「不大其棟，不能任重，重莫若國，棟莫若德。」

按：《國語·魯語上》「大」作「厚」，二「若」作「如」。《御覽》卷 624
引「大」誤作「基」。《文子·上義》作「不大其棟，不能任重，任
重莫若棟，任國莫若德」，下二句臆改。

（106）國主之有民也，猶城之有基，木之有根，根深即本固，基美則上寧

按：本固，王念孫校作「木固」，俞樾校作「末固」。楊樹達謂王校是，
又謂下句有脫文，當作「基美則城堅，民安則上寧」。何寧謂《御
覽》卷 624 引亦作「木固」，三說並非，上句乃自釋之詞。何說是
也，《文子·上義》作「根深即本固，基厚即上安」〔註85〕，《類聚》
卷 88 引《呂令》：「人之有民，如木之有根，根深則本固。」是皆
「本」字不誤之證。「上」指城之上部而言，非謂民之上，楊氏補

〔註84〕王海根《古代漢語通假字大字典》，福建人民出版社 2006 年版，第 899 頁。
〔註85〕《意林》卷 1 引「上」誤作「土」。

字亦非也。

（107）**今夫《雅》、《頌》之聲，皆發於詞，本於情**

　　按：《漢書・董仲舒傳》《賢良對策》：「故聲發於和，而本於情。」「詞」
　　當作「和」，字之誤也。

（108）**趙王遷流於房陵，思故鄉，作為山水之謳，聞者莫不殞涕**

　　許注：秦滅趙，王遷之漢中房陵也。山水之謳，歌曲。

　　按：山水，《史記・趙世家》《集解》、《正義》引作「山木」，《文選・恨
　　賦》李善注引亦作「山木」，王念孫謂「水」為「木」形誤。《古文
　　苑》卷 7《枯樹賦》章樵註引亦作「山木」。《劉子・辯樂》：「趙王遷
　　於房陵，心懷故鄉，作《山木》之謳。」即本此文，字正作「木」。
　　《記纂淵海》卷 31 引《劉子》亦誤作「山水」〔註86〕。謳，楊樹達
　　讀為謳，《史記》《集解》、《正義》、《枯樹賦》章樵註引正作「謳」，
　　《劉子》亦作「謳」。

（109）**荊軻西刺秦王，高漸離、宋意為擊筑，而歌於易水之上，
　　　　聞者莫不瞋目裂眦、髮植穿冠**

　　按：眦，《玄應音義》卷 20 二引，一引同，一引作「眥」，又卷 4 引亦作
　　「眥」，字同。髮植穿冠，《文選・養生論》：「壯士之怒，赫然殊觀，
　　植髮衝冠。」李善注引此文作「髮植衝冠」，李氏改「穿」作「衝」，
　　以就正文，並非有異文也。《意林》卷 2 引《燕丹子》作「髮怒衝冠」，
　　《金樓子・雜記下》作「髮上穿冠」。《劉子・辯樂》：「荊軻入秦，
　　宋意擊筑，歌於易水之上，聞者瞋目髮直穿冠。」即本此文。直，
　　讀為植。《呂氏春秋・必己》：「孟賁瞋目而視船人，髮植目裂鬢指。」
　　高注：「植，豎。指，直。」《世說新語・言語》劉孝標注引《語林》：
　　「聞者莫不踴躍，植髮穿冠。」皆作本字「植」。《宋書・樂志四》
　　魏陳思王《鼙舞歌・孟冬篇》：「張目決眥，髮怒穿冠。」《戰國策・
　　燕策三》敘此事作「士皆瞋目，髮盡上衝冠」，《史記・刺客傳》「衝」

〔註86〕此據《北京圖書館古籍珍本叢刊》本，第 71 冊，書目文獻出版社 1998 年版，
　　　　第 145 頁。《四庫全書》本《記纂淵海》在卷 60，「山木」臆改作「山谷」，「劉
　　　　子」誤作「列子」，景印文淵閣《四庫全書》第 931 冊，臺灣商務印書館 1986
　　　　年初版，第 701 頁。

作「指」,「衝冠」亦即「指冠」也。《史記‧藺相如傳》:「(相如)
倚柱怒,髮上衝冠。」《御覽》卷 373、806 二引「衝」皆作「穿」,
亦其比也。

(110)大羹之和,可食而不可嗜也

按:和,調和。《後漢書‧邊讓傳》蔡邕《與何進薦邊讓書》:「大羹之和,
久在煎熬爨割之間。」劉家立謂「和」當作「味」,非也。

(111)朱絃漏越,一唱而三嘆,可聽而不可快也

許注:朱絃,練絲。漏,穿。越,琴瑟兩頭也。

按:《脩務篇》:「琴或撥刺枉橈,闊解漏越。」高注:「闊解,壞。漏越,
音聲散。」《禮記‧樂記》:「清廟之瑟,朱絃而疏越,壹倡而三歎,
有遺音者矣。」鄭注:「越,瑟底孔也。」許、鄭、高三說不同,
不知孰是。《呂氏春秋‧適音》:「清廟之瑟,朱絃而疏越,一唱而
三嘆,有進(遺)乎音者矣。」「漏越」即「疏越」,疏亦穿也。字
或作「通越」、「洞越」,《大戴禮記‧禮三本》:「清廟之歌,一倡而
三歎也,縣一磬,而尙拊搏,朱絃而通越也。」《荀子‧禮論》:「清
廟之歌,一倡而三歎也,縣一鍾,尙拊之膈,朱絃而通越也,一也。」
楊倞注引《史記》作「洞越」,又引鄭注作「越,瑟底孔,所以發
越其聲,故謂之越。疏通之,使聲遲也」。今《史記‧禮書》作「通
越」。字或作「達越」,《初學記》卷 15 引《尚書大傳》:「大琴,朱
絃而達越。」許匡一曰:「『闊解』乃『開』的分音形式。」〔註87〕
亦爲臆測,無有確證。

(112)吠聲清於耳,兼味快於口

按:王念孫謂「吠」爲「吙」形誤,引《玉篇》「吙,婬聲」以說之,誠
爲卓識。宋‧郭忠恕《佩觿》卷中特辨之云:「吙、吠:上於交翻,
惡聲;下符父翻,犬吠。」敦研 032《四分律》:「諸比丘乞食,諸狗
增(憎)逐**吙**之。」「**吙**」即「吠」。敦煌寫卷 S.1722《兔園策府》
卷第二:「《桃**夭**》,后妃之所致也。」「**夭**」即「夭」。S.2832《願文

〔註87〕許匡一《〈淮南子〉分音詞試釋》,《武漢教育學院學報》1996 年第 4 期,第
38 頁。

等範本・夫人》：「惟夫人烑（夭）桃與蛾眉同翠，紅粉與仙佳（桂）齊芳。」P.3566《二月八日逾城文》：「妖氛肅清，保寧宗社。」「烑」、「妖」即「妖」。顏元孫《干祿字書》：「烋、夭：上通，下正。」此皆「吠」、「呋」易誤之證。陳廣忠引《廣雅》「吠，鳴也」，謂亦通〔註88〕。《說文》：「吠，犬鳴也。」犬鳴豈能清於耳乎？陳氏疏於小學，每多此失。

（113）故事不本於道德者，不可以為儀

按：儀，《文子・上義》作「經」。

（114）儀狄為酒，禹飲而甘之，遂疏儀狄而絕嗜酒，所以遏流湎之行也

按：于大成指出語本《戰國策・魏策二》「昔者帝女令儀狄作酒而美，進之禹，禹飲而甘之，遂疏儀狄〔而〕絕旨酒」。嗜，當從一本作「旨」，「旨」誤為「耆」，復改為「嗜」也。《孟子・離婁下》：「禹惡旨酒而好善言。」趙注：「旨酒，美酒也。儀狄作酒，禹飲而甘之，遂疏儀狄而絕旨酒。」亦其證。

（115）故民知書而德衰，知數而厚衰，知券契而信衰，知械機而空衰也

許注：空，質也。

按：空，一本作「實」。蔣禮鴻讀空為矼、悾，是也。《文子・微明》亦作「實」，以同義改之也。于大成曰：「空字不得訓實，空當作實，字之誤也。」未達假借之指。

（116）巧詐藏於胸中，則純白不備，而神德不全矣

按：《原道篇》：「故機械之心藏於胷中，則純白不粹，神德不全。」可互參。《莊子・天地》：「機心存於胷中，則純白不備，純白不備，則神生不定。」〔註89〕為二文所本。生，讀為性。

〔註88〕陳廣忠《淮南子斠詮》，黃山書社 2008 年版，第 1159 頁。
〔註89〕《高士傳》卷中同。

（117）車有勞軼動靜，而後能致遠

　　按：軼，《文子・微明》作「佚」，並讀爲逸。

（118）故小快害義，小慧害道，小辯害治，苟削傷德，大政不險

　　按：苟，一本作「苛」。《治要》卷 41 引「慧」作「惠」，「苟削」作「苛
　　峭」。《文子・微明》：「小德害義，小善害道，小辯害治，苛悄傷德。」
　　《說苑・說叢》：「夫小快害義，小慧害道，小辨害治，苟心傷德。」
　　向宗魯曰：「辨與辯通。削、峭、悄古同聲通用。削有刻義。『苟』
　　當作『苛』，『心』當作『小』，『苛小』猶言小察也。」〔註90〕王叔
　　岷曰：「『悄』當作『陗』，字之誤也。《纘義》本作『峭』，『峭』即
　　俗『陗』字。削猶陗也。」〔註91〕王說「峭」義長，餘說皆是也。
　　陳廣忠曰：「『苟』字疑誤，當作『茍』，《說文》：『自急敕也。』《玉
　　篇》：『急也。』」〔註92〕「茍」訓急，用同「亟」。《慧琳音義》卷 100：
　　「亟開：俗字也，正體作茍，《考聲》云：『自急敕也。』」即「急速」、
　　「急忙」之義，非此文之誼，陳說非也。

（119）至治寬裕，故下不相賊

　　按：寬裕，《文子・微明》作「優游」。

（120）晉獻公之伐驪，得其女，非不善也，然而史蘇歎之

　　許注：晉獻公得驪姬，使史蘇占之，史蘇曰：「俠以銜骨，齒牙爲禍也。」
　　按：《國語・晉語一》：「遇兆，挾以銜骨，齒牙爲猾。」韋注：「遇，見
　　也。挾，猶會也。骨，所以鯁刺人也。猾，弄也。」下文「不跨其
　　國，可謂挾乎？不得其君，能銜骨乎？」「挾」字義同，猶言夾持，
　　故韋注「猶會也」。朱駿聲曰：「挾，叚借爲頰。按：猶口也。」〔註
　　93〕失之。猾，《史記・晉世家》作「禍」，與許氏引同。「猾」當作
　　「禍」，形之誤也。「禍」同「禍」。《改併四聲篇海》引《龍龕手鑒》：
　　「禍，音禍，義同。」今高麗本《龍龕》無此字。「禍」字出現極早，

〔註90〕向宗魯《說苑校證》，中華書局 1987 年版，第 385 頁。
〔註91〕王叔岷《文子斠證》，收入《諸子斠證》，中華書局 2007 年版，第 521 頁。
〔註92〕陳廣忠《淮南子斠詮》，黃山書社 2008 年版，第 1161～1162 頁。
〔註93〕朱駿聲《說文通訓定聲》，武漢市古籍書店 1983 年版，第 151 頁。

清華簡《金縢》：「周公石（宅）東三年，禍（禍）人乃斯旻（得）。」
〔註94〕戰國楚簡中「禍」字多作異體「禍」〔註95〕，敦煌寫卷中亦
然。甘博 003《佛說觀佛三昧海經》卷 5：「貪利欲得，不識殃禍。」
〔註96〕P.2313V《願男子》：「禍累爭消，嘉祥競集。」韋注「猾，弄
也」，是所見本已誤矣。張以仁謂史公變字以爲訓，我舊說從之〔註
97〕，非也。亟當訂正。字又或誤作「滑」，《詮言篇》：「有滑則詘，
有福則贏。」一本「滑」作「禍」，《御覽》卷 739 引亦作「禍」。《家
語・觀周》引《金人銘》：「口是何傷，禍之門也。」〔註 98〕即「齒
牙爲禍」之誼。「滑」當作「禍」。何寧謂此注「禍」乃「猾」之誤，
儌矣。

（121）聖人見禍福於重閉之內，而慮患於九拂之外者也

許注：九拂，九曲，是晉（折）投拂不見處也。

按：王念孫謂「禍」字衍，吳承仕謂注「投」字衍。王氏據《文子・微
明》「聖人見福於重關之內，慮患於冥冥之外」爲說，按《太白陰經・
將有智勇篇》：「見福於重關之內，慮患於杳冥之外者，將之智謀也。」
亦其證也。此文「閉」爲「關」之誤，當據《文子》訂正。《論衡・
雷虛》：「王者居重關之內。」拂，違戾也，違逆也，與「曲折」義
相會，故許注云「九拂，九曲」。《本經篇》：「曲拂邅回，以像潤涪。」
高注：「拂，戾也。邅回，轉流也。」拂亦曲也，同義連文。水流曲
折則不順，故爲違逆也。朱起鳳謂「九拂」叚爲「九域」〔註 99〕，
非也。

（122）螟蠶一歲再收（升），非不利也，然而王法禁之者，爲其殘桑也

許注：螟，再也。

〔註94〕《清華大學藏戰國竹簡（壹）》，中西書局 2010 年版，第 158 頁。
〔註95〕參見何琳儀《戰國古文字典》，中華書局 1998 年版，第 1194 頁。
〔註96〕此例轉錄自黃征《敦煌俗字典》，上海教育出版社 2005 年版，第 170 頁。
〔註97〕張以仁《國語斠證》，臺灣商務印書館 1969 年版，第 189 頁。蕭旭《國語校
補》，收入《群書校補》，廣陵書社 2011 年版，第 130 頁。
〔註98〕《說苑・敬愼》引同。
〔註99〕朱起鳳《辭通》，上海古籍出版社 1982 年版，第 2708 頁。

按：螵，一本作「原」，《齊民要術》卷 5、《治要》卷 41、《意林》卷 2、《御覽》卷 825、955、《事類賦注》卷 25、《埤雅》卷 11、《會稽志》卷 17、《通志》卷 76、《證類本草》卷 21《圖經》引並作「原」，《書鈔》卷 32 引《淮南王蠶經》亦作「原」〔註 100〕。《爾雅》：「原，再也。」「螵」即「原」之加旁專字。桑，諸書引同，《意林》卷 2 引誤作「葉」。

（123）跪而斟羹

按：斟，《治要》卷 41 引作「酌」。《說文》：「斟，勺也。」《廣雅》：「斟，酌也。」「勺」同「酌」。

（124）使民居處相司，有罪相覺，於以舉姦，非不掇也，然而〔不可行者，為其〕傷和睦之心，而搆仇讐之怨〔也〕

按：《鶡冠子・王鈇》：「居處相察，出入相司。」《韓詩外傳》卷 4：「今或不然，令民相伍，有罪相伺，有刑相舉，使搆造怨仇，而民相殘，傷和睦之心，賊仁恩，害士化，所和者寡，欲敗者多，於仁道泯焉。」為此文所本。覺，《治要》卷 41 引作「告」。《說文》：「覺，一曰發也。」《釋名》：「覺，告也。」舉，揭發，《治要》卷 41 引作「禁」，非也。掇，《治要》引作「輟」，並讀為綴，聯綴、連結也。《易・訟》《象傳》：「自下訟上，患至掇也。」于省吾曰：「至，猶大也。掇應讀為綴……患至掇也，謂患大結也。」〔註 101〕「民居處相司，有罪相覺，於以舉姦」者，皆其連坐之法，故云「非不綴也」。蔣禮鴻解「掇」為捷疾〔註 102〕，非是。且「掇」無捷疾之義，蔣氏所舉例證皆不確。

（125）故事有鑿一孔而生百隙，樹一物而生萬葉者，所鑿不足以為便，而所開足以為敗；所樹不足以為利，而所生足以為濊

〔註 100〕此據陳禹謨本，孔廣陶校注本無。

〔註 101〕于省吾《易經新證》卷 4，收入《雙劍誃群經新證》，上海書店 1999 年版，第 47 頁。

〔註 102〕蔣禮鴻《續〈淮南子校記〉》，收入《蔣禮鴻集》卷 3，浙江教育出版社 2001 年版，第 378 頁。

按：傅山曰：「㵞，此則因樹來義，當與穢同矣。又作薉。」〔註 103〕傅
說是也，《治要》卷 41、《喻林》卷 54 引正作「穢」。《記纂淵海》卷
55 引作「滅」，形之譌也。鄭良樹謂「敗與滅義同，滅與㵞，蓋形近
而譌」，非也。

（126）昌羊去蚤虱，而人弗庠者，為其來蛉窮也

按：庠，王念孫據《御覽》卷 951 引校作「席」，是也。《爾雅翼》卷 26
引作「集」，即「席」字音誤；《喻林》卷 22 引作「痒」，即「庠」
字形誤。

（127）齊王建有三過人之巧

許注：力能引強，走先馳馬，超能越高。

按：超，同「跳」、「越」。

〔註 103〕傅山《讀子二·淮南存雋》，收入《霜紅龕集》卷 33，《續修四庫全書》第 1395
冊，上海古籍出版社 2002 年版，第 673 頁。

《要略篇》校補　卷第二十一

（1）《原道》者，盧牟六合，混沌萬物

　　許注：盧牟，由（猶）規模也。

　　按：盧，讀爲廬。牟，讀爲冒。《釋名》：「露，廬也，覆廬物也。」又「廬，廬也，取自覆廬也。」又「牟，冒也。」《玉篇》：「冒，覆也。」盧牟猶言覆廬也、包裹也，《時則篇》「包裹覆露」是其誼也。「盧牟六合」即《原道篇》「包裹天地」之誼。方以智曰：「此牟與模通。」〔註1〕黃生曰：「盧牟，此依俙億度之辭。按：盧牟皆六博采名，博齒分黑白二色，黑曰盧，黑而刻犢于上曰牟。此假物爲辭，即混沌之意。」黃承吉曰：「盧牟正猶統言蒲盧，即猶言苞符也。」〔註2〕朱駿聲曰：「盧，叚借爲鑪。按：盧牟即鑪模。」〔註3〕朱起鳳《辭通》列三說，（a）通作「規模」；（b）與「彌牟」同，解爲規模；（c）「虎牢」之借、譌〔註4〕。馬宗霍讀爲「矑眸」，解爲明察。諸說皆非是。原，《文選・辯命論》李善注引作「源」。

〔註1〕方以智《通雅》卷 26，收入《方以智全書》第 1 冊，上海古籍出版社 1988 年版，第 834 頁。

〔註2〕黃生《義府》卷下，黃生、黃承吉《字詁義府合按》，中華書局 1954 年版，第 215 頁。

〔註3〕朱駿聲《說文通訓定聲》，武漢市古籍書店 1983 年版，第 395 頁。

〔註4〕朱起鳳《辭通》，上海古籍出版社 1982 年版，第 326、1046、2501 頁。

（2）象太一之容，測窈冥之深

按：窈，《文選・辯命論》李善注引作「窅」。李氏改字以就正文「則未
達窅冥之情」也。《精神篇》：「窈窈冥冥。」窈、窅，正、假字。

（3）以翔虛無之軫

許注：軫，道畛也。

按：軫，朱駿聲讀爲畛〔註5〕。

（4）託小以苞大，守約以治廣

按：《原道篇》：「託小以包大，在中以制外。」苞、包，正、假字。

（5）以內洽五藏，瀸濡肌膚

按：方以智曰：「瀸濡，即漸漬。」吳玉搢說同〔註6〕。二氏得其義，而
未得其字。稍後的陳昌齊、王念孫並謂「濡」爲「漬」誤。

（6）《俶真》者，窮逐終始之化，嬴垸有無之精

許注：嬴，繞帀也。垸，摩煩也。

按：垸，一本作「埒」，《永樂大典》卷10814引亦作「埒」。摩，一本作
「靡」。「摩」同「攠」，故省亦作「靡」。嬴訓繞帀者，朱駿聲謂讀
爲營〔註7〕。陳昌齊謂「垸當作埒」，是也。《集韻》：「塒，界垸也。」
「界垸」即「界埒」之誤。《本經篇》：「以成埒類。」《御覽》卷 77
引「埒」作「垸」。《御覽》卷 394 引《俗說》：「桓車騎以百疋佈置
埒頭。」下文作「垸頭」。《世說新語・汰侈》：「濟好馬射，買地作
埒，編錢匝地竟埒，時人號曰金埒。」《御覽》卷 472 引第一個「埒」
作「垸」，後二個仍作「埒」。皆其例也。陳昌齊又引王念孫說，謂
「埒」讀爲捋，訓摩，蔣禮鴻引《廣韻》「捋，摩也」以說，亦皆是
也。字或作将，《玉篇》：「将，亦作捋，摩也。」《廣韻》：「捋，摩
也，或作将。」傅山引《玉篇》「垸，埒垸也」〔註8〕，朱起鳳、于

〔註5〕 朱駿聲《說文通訓定聲》，武漢市古籍書店 1983 年版，第 822 頁。
〔註6〕 方以智《通雅》卷8，收入《方以智全書》第 1 冊，上海古籍出版社 1988 年
版，第 312 頁。吳玉搢《別雅》卷 2，收入景印文淵閣《四庫全書》第 222
冊，臺灣商務印書館 1986 年初版，第 676 頁。
〔註7〕 朱駿聲《說文通訓定聲》，武漢市古籍書店 1983 年版，第 859 頁。
〔註8〕 傅山《讀子二・淮南存雋》，收入《霜紅龕集》卷33，《續修四庫全書》第 1395

省吾謂「贏圩」當作「形圩」〔註9〕，馬宗霍曰：「贏蓋贏之借字。疑圩字即壞之古文，通作奧，藏也。贏圩者，猶言包藏也。」並失之。徐文靖曰：「贏圩，蓋即彌綸之義也。」〔註10〕亦臆猜之辭，無有依據。煩，蔣禮鴻解爲煩搰，謂「摩煩皆捼莏之意」，至確。字或作搑，《玉篇》：「搑，搑捼也。」《廣韻》：「搑，捼也。」《集韻》：「搑，搑搰，挼也，通作煩。」俗語「麻煩」，疑即「摩煩」之音轉。至《康熙字典》，解爲「言旋繞、煩瑣皆有無之精諦也」〔註11〕，則失之。

（7）《天文》者，所以和陰陽之氣，理日月之光，節開塞之時，列星辰之行

按：「光」字非其誼，疑當作「道」。《覽冥篇》：「以治日月之行律，治陰陽之氣。」《御覽》卷79引作「以理日月星辰之道，治陰陽之氣」。《書鈔》卷4：「理日月之行，治陰陽之氣。」《雲笈七籤》卷100引《軒轅本紀》：「理日月之行，調陰陽之氣。」行亦道也。

（8）使人通迵周備，不可動以物，不可驚以怪者也

按：物，指「利」而言，已詳《脩務篇》校補。

（9）《覽冥》者……浸想宵類

許注：浸，微視也。宵，物似也。類，眾也。

按：楊樹達、于省吾讀宵爲肖，是也。何寧校注爲「浸想，微視也。宵，物似也。類，象也」，謂「想」借爲「相」，視也。何氏改「眾」爲「象」亦是，而順許注讀想爲相，則未得。許注「浸，微視」，非也。浸，讀爲寢。「想」讀如字。《道應篇》：「尹需學御三年而無得焉，私自苦痛，常寢想之。」許注：「寢，堅思之。」「寢想」即發揮覽冥之指也。陳廣忠曰：「浸，漸也。想，叚借爲像，形象。」〔註12〕皆失之。

冊，上海古籍出版社2002年版，第673頁。

〔註9〕 朱起鳳《辭通》，上海古籍出版社1982年版，第2465頁。

〔註10〕 徐文靖《管城碩記》卷23，中華書局1998年版，第418頁。

〔註11〕 《康熙字典》，國際文化出版公司1996年版，第171～172頁。

〔註12〕 陳廣忠《淮南子斠詮》，黃山書社2008年版，第1176頁。

（10）物之可以喻意象形者，乃以穿通窘（若）滯，決瀆壅塞

> 按：「決瀆」與「穿通」對舉，皆同義連文，猶言疏通。《風俗通義‧山澤》：「瀆者，通也。」《董子‧求雨》：「決通道橋之壅塞，不行者決瀆之。」此例「決瀆」下有賓語「之」，則「瀆」為動詞甚明。瀆讀為讀、竇，《說文》：「竇，通溝也，讀若瀆。讀，古文竇，從谷。」《玉篇》：「讀，通溝也，與竇、瀆同。」又「竇，通溝也，亦作瀆、讀。」《史記‧太史公自序》：「決瀆通溝。」此「決瀆」與「通溝」對舉，「瀆」自是名詞，讀如字，瀆亦溝也，與此文不同也。字或作竇，《玉篇》：「竇，決也。」《國語‧周語下》：「不竇澤。」韋注：「竇，決也。」蔣禮鴻知其對文，而謂「瀆」當作「潰」，改字則非也。

（11）所以使人愛養其精神，撫靜其魂魄

> 按：《說文》：「撫，安也。」《廣雅》：「撫，定也。」字或作憮，《說文》：「憮，一曰不動。」《玉篇》：「憮，不動貌。」撫靜，猶言安靜。

（12）《本經》者，所以明大聖之德，通維初之道，埒略衰世古今之變，以褒先聖之隆盛，而貶末世之曲政也

> 按：《史記‧太史公自序》：「略協古今之變。」略，通達。《脩務篇》高注：「略，達也。」協，讀為洽〔註13〕。略協，猶言通洽，與上文「通」、「明」義相類。于省吾解「略」為「分界」，未允。

（13）所以使人黜耳目之聰明，〔靜〕精神之感動，樽流遁之觀，節養性之和，分帝王之操，列小大之差者也

> 按：分，明也。操，權柄。列，次也。向宗魯謂「操」當作「摻」，即「參」，與下句「差」為分別等差之意，非也。

（14）提名責實

> 許注：提，挈也。

> 按：《董子‧考功名》：「擥名責實。」一本「擥」作「挈」。《元經》卷1《傳》：「挈名索實。」《史記‧太史公自序》：「控名責實。」控，引

〔註13〕例證參見高亨《古字通假會典》，齊魯書社 1989 年版，第 693 頁。

也，義亦同。

（15）所以使人主秉數持要，不妄喜怒也

按：秉，讀爲柄、棅，亦持也。字或作抦、棅、炳，亦借「方」字爲之〔註14〕。

（16）《齊俗》者，所以一群生之短脩，同九夷之風氣，通古今之論，貫萬物之理

按：同九夷之風氣，《文選·魏都賦》李善註引作「明九夷之風采」，又引高誘曰：「風，俗也。采，事也。」今本《要略》爲許本，是許本作「風氣」，而高本作「風采」也。《原本玉篇殘卷》「譚」字條引《淮南子》：「通古今之風氣，以貫譚萬物之理。」《玉篇》所引即許本，「風氣」雖倒於下句，然可知許本確作「風氣」也。風氣，猶言風俗。《眞誥》卷3：「此則本鄉之風氣，首丘之內感也。」《魏書·李琰之傳》：「吾家世將種，自云猶有關西風氣。」陳昌齊、王念孫校「氣」爲「采」，失之。「明」則爲「同」字之譌。

（17）《氾論》者，所以箴縷緫紮之間，攍（攍）挈呧齲之郄也

許注：緫，綃煞也。攍（攍），薜（薜）也。挈，塞也。呧齲，錯梧（牾）也。

按：呧，讀爲齸。《玉篇》：「呧，乙佳切，亦作哇。」《廣韻》「呧」音於佳切。此其證一。《玉篇》：「說，女佳切，詀說，言不正。」《廣韻》「說」、「羺」、「挩」並音妳佳切，《集韻》「說」、「羺」、「挩」、「脕」並音居佳切。此其證二。《莊子·大宗師》：「不知端倪。」《釋文》：「端倪，本或作況，同，音崖。徐音詣。」又《齊物論》：「和之以天倪。」郭象注：「天倪者，自然之分也。」《釋文》：「倪，李音崖，徐音詣，郭音五底反，李云：『分也。』崔云：『或作霓，音同，際也。』班固曰『天研』。」章太炎曰：「倪當借爲崖，李音崔訓是也。」〔註15〕《集韻》：「倪，宜佳切，極際也。《莊子》：『不知端倪。』或

〔註14〕參見蕭旭《銀雀山漢簡〈六韜〉校補》「君方明德而誅之」條，《文津學志》第4輯，北京圖書館出版社2011年版，第41頁。
〔註15〕章太炎《莊子解故》，收入《章太炎全集（6）》，上海人民出版社1980年版，

作況。」「端倪」即「端崖（涯）」，「天倪」即「天涯」。《莊子・天下》：「荒唐之言，無端崖之辭。」漢・馬融《廣成頌》：「天地虹洞，固無端涯。」清華簡《芮良夫毖》第4簡：「此心目亡（無）亟（極），富而亡（無）況。」〔註16〕「無況」即「無崖際」。段玉裁曰：「借端爲耑，借倪爲題也。題者，物初生之題也。」〔註17〕朱駿聲曰：「倪，叚借爲兒。《莊子・大宗師》：『不知端倪。』按耑者，草之微始；兒者，人之微始也。」〔註18〕段、朱二氏讀倪爲題、兒，並失之。可知「倪」、「況」、「霓」並音崖，此其證三。《莊子・人間世》晉・郭象注：「但生疑疵以相對之。」《釋文》：「疑，疑賣反。疵，士賣反。」盧文弨曰：「疑疵，蓋讀與『睚眦』同。」〔註19〕朱起鳳曰：「疑讀疑賣反，疵讀士賣反，即爲『睚眦』之叚。」〔註20〕二氏說是也，《集韻》：「睚，或作睚、瞔、疑、厓。」又「眦，或作疵。」可知「疑疵」與「睚眦」同字，「疑」、「睚」同音。此其證四。「呢齫」即「齞齫」，齒不正，故許訓爲錯牾也。《說文》：「齫，齒不正也。」《玉篇》：「齞，齒不平。」《類篇》：「齞，齞齫，齒不正。」字或作「齞齫」〔註21〕，《集韻》：「齞，齞齫，齒不正。」倒言又音轉作「齫差」，《荀子・君道》：「天下之變，境內之事，有弛易齫差者矣。」倒言音轉又爲「聱牙」、「聱齖」、「聱岈」、「敖牙」〔註22〕，唐・韓愈《進學解》：「周《誥》殷《盤》，佶屈聱牙。」《五百家注昌黎文集》卷12引孫注：「佶屈聱牙，皆艱澁也。」〔註23〕柳宗元《晉問》：「其高壯

第130頁。

〔註16〕李學勤主編《清華大學藏戰國竹簡（參）》，中西書局2012年版，第145頁。

〔註17〕段玉裁《說文解字注》，上海古籍出版社1981年版，第376頁。

〔註18〕朱駿聲《說文通訓定聲》，武漢市古籍書店1983年版，第522頁。

〔註19〕盧文弨《經典釋文考證》，收入《叢書集成新編》第3冊，新文豐出版公司1985年版，第317頁。

〔註20〕朱起鳳《辭通》，上海古籍出版社1982年版，第1899頁。

〔註21〕《慧琳音義》卷58：「齫齒：謂高下不齊平也，律文作齬。」

〔註22〕黃生曰：「齫，齒參差也，今謂木器不平整曰齫，音敖，語之轉也。」黃生《義府》卷上，黃生、黃承吉《字詁義府合按》，中華書局1954年版，第162頁。齫，疑母侯部；敖，疑母宵部。二字雙聲，旁轉疊韻。

〔註23〕宋・魏仲舉《五百家注昌黎文集》卷12，收入景印文淵閣《四庫全書》第1074冊，臺灣商務印書館1986年初版，第237頁。

則騰突撐拒，聲岈鬱怒焉。」《集注》：「聲，語不入。岈，山深貌，與谺同，谷中大空。」〔註24〕所釋非也。《新唐書・元結傳》《自釋書》：「樊左右皆漁者，少長相戲，更曰聲叟。彼誚以聲者，為其不相從聽，不相鉤加，帶等箸而盡船，獨聲齗而揮車。」元結自釋為「不相從聽」，即與人意見不合，亦齗不平正之引申義也。宋・王十朋《舟中記所見》：「浪翁未免聲牙戲，漁父時為欸乃歌。」《兩宋名賢小集》卷166引作「敖牙」。宋・蘇轍《和子瞻題風水洞》：「土囊爵怒聲初散，石齒聲牙勢未前。」宋・洪邁《夷堅甲志・婦人三重齒》：「天明視之，已生齒三重，極聲牙可畏。」此二例皆用其本義。宋・朱熹《枯木次擇之韻》：「百年蟠木老聲牙，偃蹇春風不肯花。」此用其引申義，謂樹枝參差也。「牙」皆非「牙齒」之牙也。劉潔修曰：「聲牙，拗口。」〔註25〕未允。馬宗霍謂「呪」讀為齯，引《說文》「齯，老人齒」、《爾雅》郭注「齯齒，齒墮更生細者」以解之。馬說非是，「齯」、「齲」義不相類也。

（18）接徑直施，以推本樸

　　許注：施，邪。

　　按：已詳《本經》「接徑歷遠」條校補。

（19）兆見得失之變，利病之反

　　按：鄭良樹謂「病」當作「害」，舉上文「察禍福利害之反」，下文「所以觀禍福之變，察利害之反」以為證。鄭說是也，《氾論篇》：「故利害之反，禍福之接，不可不審也。」《人間篇》：「利害之反，禍福之門戶，不可不察也。」亦皆其證。下文又云「使人知禍之為福，亡之為得，成之為敗，利之為害也」，即可移以釋此句。

（20）不妄沒於勢利，不誘惑於事態

　　按：沒，貪也。

〔註24〕宋・童宗說等《柳河東集注》卷15，收入景印文淵閣《四庫全書》第1076冊，臺灣商務印書館1986年初版，第600頁。
〔註25〕劉潔修《漢語成語考釋詞典》，商務印書館1989年版，第496頁。

（21）《兵略》者，所以明戰勝攻取之數，形機之勢，詐譎之變，
　　　體因循之道，操持後之論也

　　　按：「戰勝」下疑脫「之器」二字。《管子·小問》：「夫誅暴禁非而赦無
　　　　　罪者，必有戰勝之器，攻取之數，而後能誅暴禁非而赦無罪。」

（22）進退左右無所擊危

　　　按：王念孫謂危讀爲詭，戾也。字或作佹，《詩·皇矣》鄭箋：「拂猶佹
　　　　　也，言無復佹戾文王者。」《玉篇》：「佹，戾也。」何寧曰：「擊假
　　　　　爲繫，危乃戾之譌。」非也。

（23）《說山》《說林》者，所以竅窕穿鑿百事之壅遏，而通行貫
　　　扃萬物之窒塞者也

　　　按：《俶眞篇》：「竅領天地。」高誘注：「竅，通也。」窕，讀爲挑。《文
　　　　　選·七發》：「目窕心與。」李善注：「窕，當爲挑。《史記》曰：『目
　　　　　挑心招。』」《類聚》卷 57 引正作「挑」。李注所引《史記》見《貨
　　　　　殖傳》。彼借爲挑弄之挑，此則借爲穿通之挑。《廣雅》：「挑，穿也。」
　　　　　「貫扃」不辭，扃當作洞，字之誤也。「貫洞」爲漢代成語，猶言貫
　　　　　通。《釋名》：「通，洞也，無所不貫洞也。」《孟子·公孫丑上》趙
　　　　　岐注：「然而貫洞纖微，洽於神明。」

（24）說捍搏（摶）困

　　　許注：搏（摶），圓也。困，芚也。

　　　傅山曰：四字合而讀之，不解。《詩》注：「芚，搴也。」捍格不入者謂
　　　之輪困，轇（轇）轕者搏之〔註26〕。

　　　王念孫曰：說與脫同。捍當爲擇，字之誤也。擇與釋同。脫、釋皆解也。
　　　搏困者，卷束之名。《考工記》：「卷而搏之。」注：「鄭司農云：『搏讀爲縛一
　　　如瑱之縛，謂卷縛韋革也。』」〔註27〕《說文》：「稇，絭束也。」稇與困聲近
　　　而義同。

〔註26〕傅山《讀子二·淮南存雋》，收入《霜紅龕集》卷 33，《續修四庫全書》第 1395
　　　　冊，上海古籍出版社 2002 年版，第 674 頁。「轇」當爲「轇」誤刻。
〔註27〕張雙棣、何寧引並誤點作「搏讀爲縛，一如瑱之縛」，何寧且誤「瑱」爲「瑱」，
　　　　徑正。孔疏指出「如瑱之縛者，按《昭二十六年左氏傳》云：『以幣錦二兩，
　　　　縛一如瑱。』」

吳承仕曰：王說是也。注當作「摶，團也。困，菩也」。

按：傳說全爲臆語，不知所謂。王說「捍當爲擇」未得。捍，當作㧙，字之誤也。《戰國策・秦策五》：「將軍爲壽於前而捍匕首。」姚宏注：「捍，劉一作㧙。」《文選・之郡初發都》李善註引作「㧙」。黃丕烈謂「㧙」字是〔註28〕。亦其例也。㧙音擺，字亦同，開也。《鬼谷子・捭闔》：「捭之者開也……闔之者閉也。」《廣雅》：「捭，開也。」《玄應音義》卷 10 引作「擺，開也」。說㧙，猶言脫開，唐人則倒言作「擺脫」也。下文「外天地，㧙山川」，許注：「㧙，屏去也。」亦此義。《釋名》：「困，綣也，藏物繾綣束縛之也。」以釋此文，正洽。

（25）《人間》者，所以觀禍福之變，察利害之反，鑽脈得失之跡，標舉終始之壇也

許注：標，末也。壇，場也。

按：鑽，鑽鑿。脈，當作𣂁。《方言》卷 2：「𣂁，裁也，梁益之閒裁木爲器曰𣂁。𣂁，又斲也，晉趙之閒謂之𣂁𣂁。」郭注：「皆折（析）破之名也。」字或作振，《廣雅》：「振、裁，裂也。」王念孫曰：「𣂁，義與振同。」〔註29〕鑽、𣂁，皆以木工喻言之也。鑽𣂁，猶言鑽研剖析也。傅山曰：「鑽即入其竅，脈即尋其理。」〔註30〕章太炎曰：「鑽借爲讚，《方言》：『讚，解也。』脈，理也。凡文理爲理，理之亦爲理。讚謂解之也，脈謂理之也。」〔註31〕二說未是，古書「脈」無動詞用法。俞樾讀壇爲嬗，訓傳，是也。上文云「窮逐終始之化」，「終始之嬗」即「終始之化」也。馬宗霍謂指祭之壇場，未得。

〔註28〕黃丕烈《戰國策札記》，收入《叢書集成新編》第 109 冊，新文豐出版公司 1985 年印行，第 772 頁。

〔註29〕王念孫《廣雅疏證》，收入徐復主編《廣雅詁林》，江蘇古籍出版社 1998 年版，第 124 頁。

〔註30〕傅山《讀子二・淮南存雋》，收入《霜紅龕集》卷 33，《續修四庫全書》第 1395 冊，上海古籍出版社 2002 年版，第 674 頁。

〔註31〕章太炎《膏蘭室札記》，收入《章太炎全集（1）》，上海人民出版社 1982 年版，第 82 頁。

（26）則懈墮分學，縱欲適情

按：墮，景宋本作「隨」，並讀爲惰。分，讀爲忿，怨恨也。忿學，猶
言厭學。《呂氏春秋・慎大》：「紛紛分分，其情難得。」高注：「分
分，恐恨也。」俞樾曰：「分分，當作『忿忿』。《老子》56 章：『解
其分。』王弼注曰：『除爭原也。』顧歡本分作忿，即其例矣。」
〔註32〕《墨子・非攻下》：「將不勇，士不分。」畢沅曰：「分，同
『忿』。」〔註 33〕皆其例也。陶鴻慶謂「分」當作「非」，無據。
陳廣忠曰：「分，離開。」〔註34〕亦未安。

（27）澄澈神明之精

許注：澄，清也。澈，澄，別清濁也〔註35〕。

按：澄訓清者，讀爲澂，已詳《泰族篇》「澄列金木水火土之性」條校補。
《玉篇》：「澈，水澄也。」澄、澈同義連文。一本「澈」作「徹」，
借字。

（28）以與天和相嬰薄

許注：嬰，繞抱也。

按：許注非也。嬰，讀爲膺，當也，觸也。《韓子・說難》：「若人有嬰
之者，則必殺人。」舊注：「嬰，觸。」《荀子・議兵》：「延則若莫
耶之長刃，嬰之者斷；兌則若莫耶之利鋒，當之者潰。」嬰、當對
舉同義。盧文弨曰：「嬰，今攖字。」〔註36〕《列女傳》卷 2：「夫
子能薄而官大，是謂嬰害。」王照圓曰：「嬰，猶觸也。」〔註37〕
字或作攖，《孟子・盡心下》：「虎負嵎，莫之敢攖。」趙岐注：「攖，
迫也。」朱子注：「嬰，觸也。」《俶眞篇》：「夫憂患之來攖人心也。」
《御覽》卷 945 引作「嬰」，高注：「攖，迫也。」《精神篇》：「薄

〔註32〕俞樾《諸子平議》，上海書店 1988 年版，第 472 頁。
〔註33〕畢沅《墨子校注》，收入《叢書集成新編》第 20 冊，新文豐出版公司 1985 年
版，第 379 頁。
〔註34〕陳廣忠《淮南子斠詮》，黃山書社 2008 年版，第 1185 頁。
〔註35〕張雙棣誤點作「澈澄，別清濁也」，徑正。
〔註36〕盧文弨《荀子》校本，收入《諸子百家叢書》，上海古籍出版社影印浙江書局
本 1989 年版，第 82 頁。
〔註37〕王照圓《列女傳補注》，收入《續修四庫全書》第 515 冊，上海古籍出版社 2002
年版，第 681 頁。

蝕無光。」高注：「薄，迫也。」嬰、薄同義連文。朱駿聲曰：「嬰，叚借爲鷹，注『繞抱也』，失之。嬰薄猶鷹搏也。」〔註38〕朱起鳳謂「嬰薄」即《漢紀》之「偃薄」〔註39〕。陳廣忠曰：「薄，依附。」〔註40〕三說皆非是。

（29）序四時，正流方

按：「正流方」無義，「流」當作「八」，字之誤也。蓋「正八」二字相合而誤作「充」，後人改作「流」，復著一「正」字也。

（30）外與物接而不眩，內有以處神養氣，宴煬至和

按：煬，讀爲養，已詳《俶眞篇》「抱德煬和」條校補。章太炎曰：「宴，安也。煬，借爲蕩，平易也。宴煬謂平易耳。」〔註41〕章氏宴訓安是，煬讀蕩非也。本字爲晏，《說文》：「晏，安也。宴，安也。」晏、宴，古今字。

（31）則天地之理究矣，人間之事接矣，帝王之道備矣

按：《小爾雅》：「徹、接、通，達也。」是「接」有「通達」、「通徹」之義也。治《小爾雅》諸家，皆未能舉出例證〔註42〕，據此可補。

（32）今學者無聖人之才而不爲詳說，則終身顛頓乎混溟之中，而不知覺寤乎昭明之術矣

按：《鄧子・轉辭》：「無堯舜之才，而慕堯舜之治，故終顛殞乎混冥之中，而事不覺於昭明之術。」爲此文所本。朱起鳳曰：「頓字作殞，形之訛也。」〔註43〕向宗魯曰：「頓當爲顀。《說文》『顀，面色顀顀貌。』『顀顀』連文，正本《淮南》。僞《鄧析》作『顚殞』，知《淮南》是『顀』非『頓』。『隕』與『顀』同。」二說皆非也。《說文》作「顀，面色顀顀貌」，而非「顀顀」，向氏失檢。殞，墜也。頓，

〔註38〕朱駿聲《說文通訓定聲》，武漢市古籍書店1983年版，第859頁。
〔註39〕朱起鳳《辭通》，上海古籍出版社1982年版，第2486頁。
〔註40〕陳廣忠《淮南子斠詮》，黃山書社2008年版，第1185頁。
〔註41〕章太炎《膏蘭室札記》，收入《章太炎全集（1）》，上海人民出版社1982年版，第82頁。
〔註42〕參見遲鐸《小爾雅集釋》，中華書局2008年版，第40頁。
〔註43〕朱起鳳《辭通》，上海古籍出版社1982年版，第1961頁。

仆也。「顛殞」義同「顛頓」，于大成謂「與此文近義殊」，非也。顛，讀爲趚。《說文》：「趚，走頓也。」《說文繫傳》：「臣鍇曰：頓，倒也。」字或作躓，《荀子·正論》：「躓跌碎折，不待頃矣。」楊注：「躓，與顛同，躓也。」《漢書·貢禹傳》：「誠恐一旦躓仆，氣竭不復自還。」顏師古注：「躓，音顛，蹙躓也。仆，音赴，仆頓也。」《道應篇》：「趚則頓，走則顛。」「顛」、「頓」同義對舉，此文則同義連文也。顛頓，猶言跌跌倒倒。《中文大辭典》：「顛頓，傾仆。」〔註44〕近之。《漢語大詞典》：「顛頓，顛沛、困頓。」又「顛殞，覆滅。」〔註45〕皆非也。王念孫曰：「頓爲昏亂。」〔註46〕趙宗乙曰：「顛當通癲，謂瘋癲、瘋狂。頓，謂昏亂、溷亂也。」〔註47〕亦並失之。《本經篇》：「而萬民莫相侵欺暴虐，猶在于混冥之中。」高誘注：「混，大也。大冥之中，謂道也。」「混溟」即「混冥」。顛頓乎混冥之中，謂傾仆於大道之中也。《鄧子》之「事」當作「視」，乙於「覺」字之下。《精神篇》：「甘暝太宵之宅，而覺視于昭昭之宇。」又《俶眞篇》：「而知乃始昧昧琳琳，皆欲離其童蒙之心，而覺視於天地之間，其德煩而不一。」皆「覺視」連文。

（33）所以原測淑清之道，而攄逐萬物之祖也窘

按：馬宗霍謂「攄」借爲「窘」，訓窮；朱起鳳引上文「窮逐終始之化」，謂「窮、攎（攄）一聲之轉」〔註48〕。二說雖殊，而皆歸一致。

（34）夫五音之數不過宮商角徵羽，然而五絃之琴不可鼓也，必有細大駕和，而後可以成曲

按：駕，讀爲嘉，善也。《易林·睽之豐》：「駕福盈門。」《震之剝》「駕」作「嘉」。和，讀去聲，聲相應和也。言須細大之聲善相應和，而後可以成曲也。馬宗霍引《詩·小東》鄭箋「襄，駕也，駕謂更其肆也」，謂「駕」有「更互」義。馬氏偷換概念，其說非也。「更其肆」

〔註44〕《中文大辭典》，華岡出版有限公司出版 1979 年版，第 16120 頁。
〔註45〕《漢語大詞典》（縮印本），漢語大詞典出版社 1997 年版，第 7264 頁。
〔註46〕王念孫《廣雅疏證》，收入徐復主編《廣雅詁林》，江蘇古籍出版社 1998 年版，第 207 頁。
〔註47〕趙宗乙《淮南子札記》，黑龍江人出版社 2009 年版，第 287 頁。
〔註48〕朱起鳳《辭通》，上海古籍出版社 1982 年版，第 2223 頁。

之「更」是更改義，而非更互義。更其肆猶言改其舍。襄，上也；駕亦上也，駕即取陵駕、超越爲義，斷非「更互」義也。

（35）辭雖壇卷連僈，絞紛遠援，所以洮汰滌蕩至意，使之無凝竭底滯，捲握而不散也

傅山曰：壇卷即蟺蜷。連拳漫衍〔註49〕。

李哲明曰：壇卷連漫，亦可云連卷、壇漫。《文選·思玄賦》注：「連卷，長回貌。」《莊子·馬蹄篇》注：「澶漫，縱逸也。」澶即壇字，單言之云連卷、壇漫，累言之則曰壇卷連漫，其義一也。

按：僈，景宋本作「漫」，同。李氏引「澶漫」說之，非也。「澶漫」參見《脩務篇》「我誕謾而悠忽」條校補，非此之誼。（a）「壇卷」爲古楚語，猶言牽引也。參見附錄二《〈淮南子〉古楚語舉證》。（b）僈（漫），讀爲蔓。連蔓，猶縣聯也。《吳越春秋·勾踐歸國外傳》：「葛不連蔓棻台台，我君心苦命更之。」《公羊傳·襄公十年》何休注：「中國之禍，連蔓日及。」《文選·西京賦》薛綜注：「縣聯，猶連蔓也。」字或作「連曼」，明·于愼行《雙林寺歌》：「法官（宮）梵宇何連曼，勝地名區看不斷。」陳廣忠曰：「連漫，散亂的樣子。」〔註50〕非也。（c）絞，讀爲交。交紛，猶言交錯也，此漢魏之成語。《楚辭·九懷》：「悲皇丘兮積葛，眾體錯兮交紛。」《文選·西京賦》：「上辮華以交紛，下刻陗其若削。」劉良注：「交紛，言文綵交錯也。」《類聚》卷81魏陳琳《迷迭賦》：「下扶踈以布濩，上綺錯而交紛。」（d）遠援，遠引。一本「援」誤作「緩」。陳廣忠曰：「遠援，遙遠，松緩。援，通『緩』。」〔註51〕非也。

（36）夫江河之腐胔不可勝數，然祭者汲焉，大也；一杯酒白，蠅潰其中，匹夫弗嘗者，小也

按：汲，《御覽》卷944引同，《類聚》卷73、《御覽》卷759引作「用」。白，《類聚》引作「甘」，《御覽》二引皆無「白」字。蠅潰，《類聚》

〔註49〕傅山《讀子二·淮南存雋》，收入《霜紅龕集》卷33，《續修四庫全書》第1395冊，上海古籍出版社2002年版，第674頁。

〔註50〕陳廣忠《淮南子斠詮》，黃山書社2008年版，第1192頁。

〔註51〕陳廣忠《淮南子斠詮》，黃山書社2008年版，第1192頁。

引作「蜀潰」，形近之譌。甞，《類聚》、《御覽》卷 759 引同，卷 944 引作「飲」。俞樾乙作「白酒」，蔣禮鴻謂「白亦爲酒。『酒白』連文，蓋漢人自有此語」〔註52〕。俞說是。「白」爲罰酒用的酒杯，而非指酒〔註53〕，故知蔣說非也。

（37）誠通乎二十篇之論，睹凡得要，以通九野，徑十門，外天地，捭山川，其於逍遙一世之間，宰匠萬物之形，亦優游矣

按：《鄧子‧轉辭》：「聖人逍遙一世，罕匹萬物之形。」《文選‧南州桓公九井詩》、《宣德皇后令》、《三國名臣序贊》李善注引《鄧子》並作「聖人逍遙一世之間，宰匠萬物之形」，《文選‧策秀才文》李善註引作「聖人逍遙一世之間，而家給人足，天下太平」。《鄧子》脫「之間」二字，「罕匹」爲「宰匠」之誤。

（38）挾日月而不姚，潤萬物而不耗

許注：挾，至也。姚，光也。

按：許注挾訓至是也，指接近，已詳《主術篇》「若欲規之」條校補。傅山謂「挾解至亦迂」，而未提出他自己的意見〔註54〕，實亦不曾理解文意也。《玉篇》：「姚，光也。」《廣韻》、《集韻》並同，皆本許注。然許注不安。姚，讀爲朓，謂日行遲而月行疾，亦即指日月亂行也。《類聚》卷 1 引《尚書大傳》：「晦而月見西方謂之朓，朔而月見東方謂之側匿。」有注：「朓，行疾貌。側匿，行遲貌。」《漢書‧五行志下》：「《京房易傳》曰：『晦而月見西方謂之朓，朔而月見東方謂之仄慝。仄慝則侯王其肅，朓則侯王其舒。』劉向以爲朓者疾也，君舒緩則臣驕慢，故日行遲而月行疾也；仄慝者不進之意，君肅急則臣恐懼，故日行疾而月行遲不敢迫近君也。」顏注引孟康曰：「朓

〔註52〕蔣禮鴻《續〈淮南子校記〉》，收入《蔣禮鴻集》卷 3，浙江教育出版社 2001 年版，第 379 頁。

〔註53〕此僅見於「舉白」、「浮一大白」之語，胡懷琛謂「浮一大白」之「白」爲「勺」誤。胡懷琛《讀書雜記》，收入《叢書集成續編》第 24 冊，新文豐出版公司 1991 年印行，第 642 頁。

〔註54〕傅山《讀子二‧淮南存雋》，收入《霜紅龕集》卷 33，《續修四庫全書》第 1395 冊，上海古籍出版社 2002 年版，第 674 頁。

者月行疾，在日前，故早見。仄慝者，行遲，在日後，當沒而更見。」
《宋書・天文志》亦引《傳》，自解云：「朓，疾也。側匿，遲不敢
進也。」《御覽》卷 4 引《大傳》，注作「朓，條也，條達，行疾貌。
側匿，猶行遲貌」〔註 55〕。《漢書・孔光傳》：「《傳》曰：『時則有日
月亂行。』謂朓、側慝，甚則薄蝕是也。」顏注引孟康曰：「朓，行
疾也。側慝，行遲也。」《說文》：「晦而月見西方謂之朓，朔而月見
東方謂之縮肭。」《說文》即本《大傳》爲說，「側（仄）匿」與「縮
肭」聲近義一也。其語源當爲「佻」，以月行疾，故改義符而作「朓」
字。《方言》卷 12：「佻，疾也。」郭注：「謂輕疾也。」挾日月而不
佻，言雖接近日月，而不亂日月之行次也。孫詒讓曰：「挾，當爲周
挾之義。《荀子・禮論篇》楊注：『挾，讀爲浹，帀也。』佻者，窕
之借字，不漫密也，緩也。」朱駿聲讀挾爲帀〔註 56〕。然窕訓緩，
指寬緩，「帀日月」與「不寬緩」義不相屬。

（39）曼兮洮兮，足以覽矣；藐兮浩浩曠曠兮，可以游矣

按：洮，讀爲朓，《集韻》：「朓，朓朓，長也。」許匡一曰：「『曼洮』乃
『渺』或『邈』、『藐』等的分音形式。」〔註 57〕臆說不足信。

（40）紂為天子，賦斂無度，戮殺無止，康梁沉湎，宮中成市

許注：康梁，耽樂也。沉湎，淫酒也。

按：《御覽》卷 84 引「沉湎」作「流湎」，脫「戮」字，引注作「康梁，
耽樂。流湎，〔淫〕酒也」。「耽」同「耽」。《史記・龜策傳》：「（紂）
賦斂無度，殺戮無方。」即本此文。「康梁」之語源當即「康㝗」，
指中空高大。《說文》：「康，屋康㝗也。」字或作「榱梁」，《文選・
長門賦》：『委參差以榱梁。」宋・李誡《營造法式》卷 1 引作「糠
梁」，《說文繫傳》「康」字條引作「康㝗」，徐鍇按語云：「㝗，屋虛

〔註 55〕此鄭玄說，《文選・月賦》李注引鄭玄曰：「朓，條達，行疾貌。」又《宋文
皇帝元皇后哀策文》李注引鄭玄曰：「朓，猶條達也。條達，疾行貌。側匿，
猶縮縮（肭），行遲貌。」《文選・舞賦》李注引鄭玄《尚書五行傳》注作「閻
跳，行疾貌」，改字以就正文「闇跳（五臣作條）獨絕」也。
〔註 56〕朱駿聲《說文通訓定聲》，武漢市古籍書店 1983 年版，第 151 頁。
〔註 57〕許匡一《〈淮南子〉分音詞試釋》，《武漢教育學院學報》1996 年第 4 期，第
38 頁。

大也。寡與梁義同。」李善註：「委積參差以承虛梁。《方言》曰：『寡，虛也。』寡與樑同，音康。」方以智曰：「注：『樑與康同。』則樑梁即是康寡。」〔註58〕王念孫曰：「樑梁，疊韻也。樑梁者，中空之貌。『康寡』與『樑梁』同。」〔註59〕桂馥曰：「康寡，高空之義，《賦》借『樑梁』字，不得解作屋梁。」其同源詞極多〔註60〕。此文引申爲貪欲義，故許注云「康梁，耽樂也」。倒言則作「欿欯」，《玉篇》：「欿，欿欯，貪貌。」〔註61〕許匡一謂「康梁」是「康」的分音形式〔註62〕，不可信。陳廣忠曰：「《史記‧諸侯王年表》索隱引蕭該云：『好樂怠政曰康。』梁，通『良』，甚也。」〔註63〕亦非是。

（41）天下二垂歸之，

按：垂，當從《御覽》卷84引作「分」，已詳《道應篇》「天下二垂歸之」條校補。

（42）文王業之而不卒，武王繼文王之業，用太公之謀，悉索薄賦，躬擐甲冑，以伐無道而討不義

許注：薄，少也。賦，兵也。擐，貫著也。

按：《左傳‧襄公八年》：「悉索敝賦，以討于蔡。」杜注：「索，盡也。」又《襄公三十一年》：「悉索敝賦，以來會時事。」悉、索同義連文，此複用者。《左傳‧文公十七年》：「將悉敝賦，以待於鯈，唯執事命之。」此單用一「悉」字者。《國語‧魯語下》：「使叔孫豹悉帥弊賦。」〔註64〕韋注：「賦，兵也。」《左傳‧昭公二十五年》：「寡人將帥敝賦，以從執事，唯命是聽。」古者以田賦出兵，故謂兵爲賦。敝賦，猶言敝國之軍隊。薄賦，言其兵之少也。《左傳‧昭公

〔註58〕 方以智《通雅》卷8，收入《方以智全書》第1冊，上海古籍出版社1988年版，第323頁。

〔註59〕 王念孫《讀書雜志‧餘編下》，中國書店1985年版，第88頁。

〔註60〕 另參見蕭旭《「狼抗」考》。

〔註61〕 桂馥《札樸》，中華書局1992年版，第292頁。

〔註62〕 許匡一《〈淮南子〉分音詞試釋》，《武漢教育學院學報》1996年第4期，第38頁。

〔註63〕 陳廣忠《淮南子斠詮》，黃山書社2008年版，第1194頁。

〔註64〕 此從公序本，明道本「悉」作「發」，「弊」作「敝」。「發」字誤，敝、弊通用。

十三年》：「天子之老，請帥王賦。」帥王賦，猶言率領王師。《白帖》卷 78：「悉索：悉，盡也。索，求也。」陸粲曰：「既云悉，則不得重言盡矣。《廣雅》：『索，取也。』悉索蓋言盡取以行也。或疑索當作率，據《國語》云：『悉帥敝賦。』率與帥通，譌爲索耳。」〔註 65〕訓索爲求、取，或改作率，皆非是〔註 66〕。

（43）以為其禮煩擾而不悅

許注：悅，易也。

按：《呂氏春秋・士容》：「乾乾乎取舍不悅，而心甚素樸。」一本「悅」作「倪」，陳奇猷讀悅爲倪〔註 67〕。此文亦然，即簡易、疏略之義。王念孫、陳昌齊謂「悅」爲「倪」之誤，則殊無必要。字或作脫，《廣韻》：「悅，脫也。」《左傳・僖公三十三年》：「輕則寡謀，無禮則脫。」杜注：「脫，易也。」《白帖》卷 52 引，有注：「脫，輕也。」《國語・周語中》：「輕則寡謀，驕則無禮，無禮則脫。」韋注：「脫，簡脫也。」字或作稅，《禮記・喪服小記》鄭注：「稅，讀如『無禮則稅』之稅。」

（44）剔河而道九岐，鑿江而通九路，辟五湖而定東海

許注：剔，洩去也。使水辟人而相從也。

按：剔，《御覽》卷 82、764 引作「疏」。于大成謂許、高之異，是也。《路史》卷 22、《玉海》卷 21、23、《記纂淵海》卷 7 引作「剔」，亦據許本也。道，《御覽》卷 82、764、《玉海》卷 23、《記纂淵海》卷 7 引作「導」。九岐，《御覽》卷 82、764 引作「九支」，卷 82 有注：「支，分。」蓋亦許、高之異也。九路，《御覽》卷 764 引作「九洛」。辟，《御覽》卷 764 引作「闢」。導、道，闢、辟，並正、借字也。闢，開也。許注「使水辟人」，非也。定，《御覽》764 引作「寧」，義同。《賈子・修政語上》：「故鬟河而導之九牧，鑿江而導之九路，澄五湖而定東海。」爲此文所本。《說苑・君道》：「禹……故疏河以導之，鑿江通於九派，灑五湖而定東海。」《金樓子・說

〔註 65〕陸粲《左傳附注》卷 2，收入景印文淵閣《四庫全書》第 167 冊，臺灣商務印書館 1986 年初版，第 702 頁。
〔註 66〕參見蕭旭《國語校補》，收入《群書校補》，廣陵書社 2011 年版，第 108 頁。
〔註 67〕陳奇猷《呂氏春秋新校釋》，上海古籍出版社 2002 年版，第 1710 頁。

蕃》：「禹鑿江通乎九谷，洒分五湖而注東海。」亦皆本之。向宗魯曰：「鬢當爲鬚，牧當爲岐，皆字形相似而誤。」〔註68〕蔣禮鴻亦謂「鬢」爲「鬚」之誤〔註69〕。《路史》卷 22：「鬢九河於緇閉，道五水於東北。」《吳越春秋‧越王無余外傳》「鬢」作「疏」，亦「鬚」之誤。《金樓子》「洒分」連文者，蓋「分」即「洒」旁注字而混入正文也。字或作釃，《困學紀聞》卷 10 引《說苑》作「釃」。《漢書‧溝洫志》：「（禹）乃釃二渠以引其河。」孟康曰：「釃，分也。」《史記‧河渠書》作「廝」，《索隱》：「廝，《漢書》作灑。」《廣韻》：「釃，分也。」楊慎曰：「鬢本髮名，義取環曲。剔本梳剔，義取疏通。釃本漉酒，義取澄清。」〔註70〕楊說惟「剔」字得之，餘則非也，明人周嬰已駁其誤〔註71〕。《金樓子》作「九谷」者，「谷」即「路」字脫誤。

（45）燒不暇攅，濡不給扢

許注：攅，排去也。扢，拭也。

按：暇、給對舉同義，猶及也〔註72〕。「攅」當爲「攢」字之誤，爲古楚語，字或省作拂，撲擊也。參見附錄二《〈淮南子〉古楚語舉證》。《書鈔》卷 8：「燒不暇拂，濡不給旋。」正作「拂」字。「旋」則爲「扢」字形譌。《玉篇》：「扢，摩也。」與許義同。《路史》卷 22 引已誤作「攅」。

（46）齊桓公之時，天子卑弱，諸侯力征，南夷北狄，交伐中國，中國之不絕如線

按：《公羊傳‧僖公四年》：「夷狄也，而亟病中國。南夷與北狄交，中國不絕若線。」《說苑‧尊賢》：「春秋之時，天子微弱，諸侯力政，皆

〔註68〕向宗魯《說苑校證》，中華書局 1987 年版，第 7 頁。
〔註69〕蔣禮鴻《義府續貂》，收入《蔣禮鴻集》卷 2，浙江教育出版社 2001 年版，第 79 頁。
〔註70〕楊慎《丹鉛餘錄》卷 16，收入景印文淵閣《四庫全書》第 855 冊，臺灣商務印書館 1986 年初版，第 111 頁。
〔註71〕周嬰《卮林》卷 5，收入景印文淵閣《四庫全書》第 858 冊，臺灣商務印書館 1986 年初版，第 95 頁。
〔註72〕參見蕭旭《古書虛詞旁釋》，廣陵書社 2007 年版，第 95～96 頁。

叛不朝，眾暴寡，彊劫弱，南夷與北狄交侵，中國之不絕若線。」《漢書·韋玄成傳》：「自是之後，南夷與北夷交侵，中國不絕如線。」《越絕書·吳內傳》：「當此之時……諸侯力政，彊者爲君，南夷與北狄交爭，中國不絕如線矣。」皆可互證。《公羊傳》「交」下脫一字。

（47）作爲路寢之臺，族鑄大鍾，撞之庭下，郊雉皆呴

許注：族，聚也。大鍾聲似雷震，雉應而呴鳴也。

按：族鑄，《初學記》卷 16、《御覽》卷 575、《爾雅翼》卷 13、《記纂淵海》卷 78、《錦繡萬花谷》後集卷 32、《古今合璧事類備要》外集卷 13 引並同，言聚材而鑄也。于省吾謂「族」爲「匋（陶）」之誤，未可信。呴，《爾雅翼》引同，《書鈔》卷 108、《白帖》卷 62、《初學記》、《御覽》、《記纂淵海》、《錦繡萬花谷》引作「雊」。《說文》：「雊，雄雌（雉）鳴也。雷始動，雉鳴而雊其頸。」《集韻》：「雊，雉鳴，或作鸲、呴、鶮。」

（48）梁丘據、子家噲導於左右，故晏子之諫生焉

許注：導，諫也。

按：導，于大成讀爲諂。于說是也，字或省作道。《史記·越王勾踐世家》：「導諛者眾。」王念孫曰：「導諛，即諂諛也。或作『道諛』，《莊子·天地篇》『道諛之人』是也……諂與導，聲之轉。」〔註73〕王說是矣，《史記·平津侯主父傳》：「諂諛者眾。」《漢書·嚴安傳》作「讇諛者眾」。「讇」爲古「諂」字。是其確證。朱起鳳曰：「於、諛音之清濁……《要略訓》之『導於』即《晏子春秋》之『諂諛』，兩兩比較，事理脗合，高氏訓導爲諫，果如所言，下文晏子句，文義便截成兩橛矣。」〔註74〕朱氏得失參半，駁高注（實爲許注），讀導爲諂，是也；而讀於爲諛，則未得。「於」當讀如字，介詞。《公羊傳·隱公四年》：「公子翬諂乎隱公。」何休注：「諂，猶佞也。」《後漢紀》卷 27：「尙書郎吳碩素諂於催。」皆其比。「乎」正介詞，可見「於」字不當改讀。「導於」即「諂乎」、「諂於」也。注「導，諫也」，于大成曰：「諫字《集證》本作諛，是。」蔣禮鴻謂「諫疑諂字之誤」

〔註73〕王念孫《史記雜志》，收入《讀書雜志》卷 2，中國書店 1985 年版，第 58 頁。
〔註74〕朱起鳳《辭通》，上海古籍出版社 1982 年版，第 313 頁。

〔註75〕，二說皆可。顧廣圻校「諫」作「誘」，何寧從之，斯未得之。景宋本「諫」作「謙」，亦誤。

（49）晚世之時，六國諸侯，谿異谷別，水絕山隔

按：「谿異谷別」爲漢人成語。《道德指歸論》卷 2：「天子失道，諸侯不朝，谿異谷別，法制舛殊。」

（50）秦國之俗，貪狼強力，寡義而趨利

許注：狼，荒也。

按：許注狼訓荒，以聲爲訓也，非此文之誼。朱起鳳曰：「狼、很形近而訛，『很戾』或爲『狼戾』，是其類也。」〔註76〕朱說是也，「狼」爲「狠」形訛，「狠」爲「很」俗字。《史記・項羽本紀》：「猛如虎，很如羊，貪如狼，彊不可使者，皆斬之。」「貪狼強力」即「很如羊，貪如狼，彊不可使」之誼也。很，戾也，不聽從之義。作「貪狼」，故與「強力」義相應。張雙棣曰：「《廣雅》：『狼、戾，很也。』此狼字亦當訓很（今作狠），凶狠之義。」張引《廣雅》是，但「很」應是很戾之義，而非凶狠之義。《廣雅》又云：「狼、很，盭也。」「狼」皆是「狠」形訛〔註77〕。王雲路曰：「貪狼皆表貪婪之義，爲漢代人習語，狼與婪雙聲。又可作『貪惏』……狼、婪、惏皆一聲之轉。」〔註78〕亦非也。

（51）以儲與扈冶

許注：儲與，猶攝業。扈冶，廣大也。

按：許注「攝業」，音轉爲「攝葉」，疑古楚語，後轉爲通語也。儲與、扈冶，疑亦皆古楚語也。參見附錄二《〈淮南子〉古楚語舉證》。

（52）玄眇之中，精搖靡覽

〔註75〕 蔣禮鴻《續〈淮南子校記〉》，收入《蔣禮鴻集》卷 3，浙江教育出版社 2001 年版，第 379 頁。

〔註76〕 朱起鳳《辭通》，上海古籍出版社 1982 年版，第 1374 頁。

〔註77〕 另參見蕭旭《〈廣雅〉「狼，很也、盭也」補正》。

〔註78〕 王雲路《望文生訓舉例與探源》，《古漢語研究》1990 年第 2 期，又收入《詞匯訓詁論稿》，北京語言文化大學出版社 2002 年版，第 158～159 頁。

許注：楚人謂精進爲精搖。靡小皆覽之。

按：精搖靡覽，爲古楚語，參見附錄二《〈淮南子〉古楚語舉證》。

（53）棄其畛挈，斟其淑靜

許注：楚人謂澤濁爲畛挈。

按：畛挈，當作「畛汋」，爲古楚語。許注「澤濁」當作「滓濁」，字之誤也。參見附錄二《〈淮南子〉古楚語舉證》。

（此篇刊於《文津學志》第 5 輯，北京圖書館出版社 2012 年 8 月出版，此有所增訂。）

附錄一：《淮南萬畢術》輯證

　　《漢書・淮南王傳》：「淮南王安爲人好書……招致賓客方術之士數千人，作爲《內書》二十一篇，《外書》甚眾，又有《中篇》八卷，言神仙、黃白之術，亦二十餘萬言。」《內書》即今傳世的《淮南子》21 卷。《太平廣記》卷8 引晉葛洪《神仙傳》：「漢淮南王劉安……養士數千人，皆天下俊士，作《內書》二十二篇，又《中篇》八章，言神仙黃白之事，名爲《鴻寶萬畢》，三卷，論變化之道，凡十萬言。」〔註1〕

　　「萬畢」的含義，明方以智曰：「萬畢，言萬法畢於此也。」〔註2〕清王仁俊曰：「俊則謂畢、變音近，猶言萬變術耳。似不煩曾（增）字以解矣。」〔註3〕疑皆未是。萬畢者，猶言大備，蓋謂一通而萬畢也。《文心雕龍・章句》：「振本而末從，知一而萬畢矣。」

　　《淮南萬畢術》今已失傳，現存只有輯本。據《隋書・經籍志三》記載，梁代有《淮南萬畢經》和《淮南變化術》各1 卷；《舊唐書・經籍志下》、《藝文志》皆載「《淮南王萬畢術》一卷」。自宋以後，完整的《淮南萬畢術》已散佚。唐代馬總《意林》卷6 收有《淮南萬畢術》1 卷，名爲1 卷，實僅 100餘字。元末陶宗儀《說郛》卷5 也收有《淮南萬畢術》，但只有 20 餘條。到

〔註 1〕 《類聚》卷 78 引《列仙傳》：「漢淮南王劉安，言神仙黃白之事，名爲《鴻寶萬畢》三卷，論變化之道。」此當爲葛洪《神仙傳》之文，參見王叔岷《列仙傳校箋》，中華書局 2007 年版，第 168〜169 頁。
〔註 2〕 方以智《通雅》卷 3，收入《方以智全書》第 1 冊，上海古籍出版社 1988 年版，第 169 頁。
〔註 3〕 王仁俊《玉函山房輯佚書續編・子編藝術類》，收入《續修四庫全書》第 1206冊，上海古籍出版社 2002 年版，第 238 頁。

了清代，孫馮翼、茆泮林、黃奭、王仁俊、丁晏、葉德輝、沈小垣、黃以周、馬釗等人各有《淮南萬畢術》輯本〔註4〕。茆泮林基本是在孫馮翼輯本的基礎上補訂而成，黃奭全襲茆本，唯將茆本所附之《補遺》、《再補遺》併入正文而已〔註5〕。至其注釋，清人吳廣霈著有《萬畢術注》，今人于大成著有《淮南萬畢術集證》〔註6〕，余皆未見。經過這些學問家的一番爬梳，《淮南萬畢術》散佈在各種書籍中的一些片言隻語，大致搜羅齊備。即使如此，現在的輯本也不過100餘條數千字而已，與原來三卷十萬言的篇幅，相去甚遠。

諸家輯文，錯謬頗多，且有遺漏，故重為校輯，並作箋證焉。

本輯文所用《玉燭寶典》據《古逸叢書》本，《類聚》據宋紹興本，《意林》據《叢書集成新編》本，《書鈔》據孔廣陶校本，《初學記》據中華書局點校本；《御覽》據《四部叢刊》影宋本，復取《四庫全書》本對勘〔註7〕。其餘各書除注明版次者外，皆用《四庫全書》本，以其易得也。

（1）千歲羊肝，化為地宰。蟾蜍得苽，卒時為鶉。（《搜神記》卷12引《淮南畢萬》）

按：「畢萬」為「萬畢」之倒。《法苑珠林》卷11、《廣博物志》卷47、《天中記》卷59引文同；《御覽》卷924引作「蝦蟇得瓜，平時為鶉」，

〔註4〕 孫馮翼輯《淮南萬畢術》，收入《叢書集成初編》第694冊，據《問經堂叢書》本排印，中華書局1985年影印，第1～8頁；又收入《叢書集成新編》第24冊，新文豐出版公司1985年版，第244～246頁。茆泮林輯《淮南萬畢術附補遺、再補遺》，收入《叢書集成初編》第694冊，據《十種古逸書》本排印，第1～16頁；又收入《叢書集成新編》第24冊，第247～252頁。王仁俊輯《淮南萬畢術附補遺》，收入《玉函山房輯佚書續編‧子編藝術類》，《續修四庫全書》第1206冊，上海古籍出版社2002年版，第238～249頁。丁晏輯《淮南萬畢術》，《南菁書院叢書》第三集第四種；又收入《續修四庫全書》第1121冊，影印北圖藏稿本，第405～410頁。黃奭輯《淮南萬畢術》，《漢學堂》本，收入《黃氏逸書考‧子史鉤沉》，《續修四庫全書》第1209冊，第447～455頁。葉德輝輯《淮南萬畢術》，長沙葉氏郎園藏板。沈小垣、黃以周、馬釗輯本皆未曾見。

〔註5〕 參見孫啟治、陳建華《古佚書輯本目錄》，中華書局1997年版，第239頁。

〔註6〕 于大成自謂作有「《淮南萬畢術集證》」，然余未尋獲。于大成《六十年年來之淮南子學》，收入《淮南鴻烈論文集》，里仁書局2005年版，第1593頁。

〔註7〕 《意林》，收入《叢書集成新編》第10冊，武英殿聚珍本，新文豐出版公司1985年印行。《初學記》，中華書局2004年版。《御覽》，收入《四部叢刊》（三編子部）影宋本，（上海）商務印書館1936年版；又收入《四庫全書》第893～901冊，臺灣商務印書館1986年初版。

又引注：「取瓜去辨（瓣），置生蝦蟇，其（填）中，教（殺）鶉，以血塗瓜，堅塞之，埋東垣北角，深三尺，其平日發出之，矣（化）爲鶉矣。」〔註8〕《說郛》卷5引作「蝦蟇得瓜，平時爲鶉」，《本草綱目》卷48引作「蝦蟇得瓜，化爲鶉」。《墨子·經說上》：「化，若鼃爲鶉。」《列子·天瑞》：「若蠅爲鶉……羊肝化爲地皋，馬血之爲轉鄰也。」《淮南子·齊俗篇》：「夫蝦蟇爲鶉，水蠆爲蟌蟌。」《論衡·無形》、《講瑞》亦云：「蝦蟇爲鶉，雀爲蜄蛤。」可以互證。葉德輝曰：「地宰，疑『地皋』之訛。」〔註9〕「地宰」、「地皋」，未知孰是，待考。《物理小識》卷11引作「千歲羊肝，〔化〕爲石宰。蟾蜍得茋，卒時爲鶉」，注：「宰，即滓。」《御定韻府拾遺》卷40引《尸子》：「地中有犬，名地狼。」注：「地宰，亦地狼之屬。」茆泮林曰：「宰疑宰之訛。」黃奭說同〔註10〕。楊汝霖曰：「『地皋』應作『地膏』，膏、血連文，故地膏即地血。」〔註11〕四說不同，蓋皆臆說。「茋」同「瓜」。「平」當作「卒」，字之誤也。注云「平日發出」，是所見本已誤矣。茆泮林曰：「據《御覽》注，茋、卒皆字形之訛。」黃奭說同〔註12〕，非是。

（2）從冬至日數至來年正月朔日，〔滿〕五十日者，民食足；不滿五十日者，日減一斗；有餘日，日益一斗。（《齊民要術·收種》引《淮南術》）

按：《淮南術》當即《淮南萬畢術》之省稱。此文見今本《淮南子·天文

〔註8〕 《四庫》本引注作「取瓜去穰，置生蝦蟇，填中，祭鶉，以血塗瓜，堅塞之，埋東垣北角，深三尺，其平日發出之，化爲鶉」。因校「其」爲「填」，「矣」爲「化」也。「教」、「祭」當作「殺」，字之誤也。

〔註9〕 葉德輝輯《淮南萬畢術》卷下，長沙葉氏郎園藏板。

〔註10〕 茆泮林輯《淮南萬畢術》，收入《叢書集成初編》第694冊，中華書局1985年影印，第12頁。黃奭輯《淮南萬畢術》，收入《黃氏逸書考·子史鉤沉》，《續修四庫全書》第1209冊，上海古籍出版社2002年版，第454頁。《莊子·達生》：「丘有峷。」《釋文》：「峷，本又作莘，司馬云：『狀如狗，有角，文身五采。』」

〔註11〕 楊汝霖說轉引自楊伯峻《列子集釋》，中華書局1979年版，第14頁。

〔註12〕 茆泮林輯《淮南萬畢術》，收入《叢書集成初編》第694冊，中華書局1985年影印，第12頁。黃奭輯《淮南萬畢術》，收入《黃氏逸書考·子史鉤沉》，《續修四庫全書》第1209冊，上海古籍出版社2002年版，第454頁。

篇》：「以日多至數〔至〕來歲正月朔日，五十日〔滿〕者，民食足；
不滿五十日，日減一斗（升）；有餘日，日益一升。」此蓋賈思勰誤
以內篇為外篇也。王仁俊輯本謂《萬畢術》文，非也。《書鈔》卷153、
156、《御覽》卷28、29引皆作《淮南子》文。

（3）**狐目狸腦，鼠去其穴。**取狐兩目，狸腦大如狐目三枚，擣之三千杵，
塗鼠穴，則鼠去矣。（《齊民要術‧種桑柘》引）

按：《御覽》卷911引作「孤（狐）目里腦，鼠〔去〕其穴」，注作「以
塗鼠穴即去」，有脫誤。《類聚》卷95引「去」下衍「於」字。《本
草綱目》卷51二引，並同此；一作《淮南萬畢術》，一作《淮南子》。
作《淮南子》者蓋誤以外篇為內篇也。

（4）**麻鹽肥豚豕。**取麻子三升，擣千餘杵，煮為羹，以鹽一升著中，和
以糠三斛，飼豕，則肥也。（《齊民要術‧養豬》引）

（5）**酒薄復厚，漬以莞蒲。**斷蒲漬酒中，有頃出之，酒則厚矣。（《齊
民要術‧祝麴文》引）

按：《御覽》卷999引「莞」作「宛」，注「酒則厚矣」作「即酒厚也」。
《初學記》卷26引《萬畢術》注：「斷蒲漬酒中即厚。」孫馮翼輯
本、丁晏輯本「宛」誤作「苑」。王仁俊輯并引「凡多月釀酒，中冷
不發者，以瓦瓶盛熱湯，堅塞口，又於釜湯中煮瓶令極熱，引出著
酒甕中，須臾即發」數十字，按此《齊民要術》文，非《萬畢術》
文也。王氏誤判。

（6）**結桂用葱。**（《齊民要術‧桂》引）

按：《抱朴子內篇‧僊藥》：「桂可以葱涕合蒸作水，可以竹瀝合餌之，亦
可以先知石腦。」

（7）**燒穰殺瓠，物自然也。**（《齊民要術‧種瓠》引）

按：《御覽》卷979引《風俗通》：「燒穰殺瓠，俗說家人燒黍穰，則使田
中瓠枯死也。」《埤雅》卷16引《風俗通》：「八月秋穰，可以殺瓠。」
又引《類從》：「瓠死燒穰，瓜亡煮漆。」《御覽》卷823引《氾勝之

書》：「其道自然，若燒黍穰則害瓠也。」〔註13〕

（8）井上宜種茱萸，茱萸葉落井中，飲此水者，無瘟病。（《齊民
要術・種茱萸》引「《術》曰」）

按：所引「《術》」，當即「《萬畢術》」之省稱，《本草綱目》卷32、《農政
全書》卷40正引作「《萬畢術》」。《本草》引作「井上宜種茱萸。葉
落井中，人飲其水，無瘟疫；懸其子於屋，辟鬼魅」，《農政全書》
引作「井上宜種茱萸。茱萸葉落井中，有化水者，無瘟病」。

（9）鵲令蝟反腹者，蝟憎其意而心惡之也。（《史記・龜策傳》「蝟
辱于鵲」裴駰《集解》引）

按：《淮南子・說山篇》：「膏之殺鱉，鵲矢中蝟。」注：「中亦殺也。」
裴駰《集解》又引郭璞曰：「蝟能制虎，見鵲仰地。」《埤雅》卷9
引《類從》：「鵲鳴在上，蝟反不行。」此皆鵲能制蝟之說。《爾雅
翼》卷21：「蝟見鵲，便自仰腹受啄。或曰：蝟極獰鈍，或惡鵲聲，
故反腹令啄，欲掩取之，猶蚌鷸耳，非有畏也。」《證類本草》卷
21引《唐本〔草〕》注：「蝟極獰鈍，大者如小狢，小者猶爪人，
或惡鵲聲，故反腹令啄，欲掩取之，猶蚌鷸。」「猶蚌鷸」云者與
《淮南》內篇之說不合。「意」當作「音」，字之誤也。「憎其音」
即「惡鵲聲」也。孫馮翼輯本「腹」誤作「復」〔註14〕。

（10）取守宮，食以丹，陰乾，傅女身，有陰陽事則脫，故曰守
宮。（《玉燭寶典》卷2引）

按：此爲注文。《御覽》卷946引作「守宮飾女臂，有文章。取守宮，新
合陰陽，已（以）牝牡各一藏之甕中，陰乾百日，以飾女臂，則生
文章，與男子合陰陽，輒滅去」〔註15〕，「取守宮」以下亦當爲注文。
《御覽》卷31引作「七月七日採守宮，陰乾之，合以井華水，和塗

〔註13〕《齊民要術・種穀》：「其自然者，燒黍穰則害瓠。」蓋亦引自《氾勝之書》。
〔註14〕孫馮翼輯《淮南萬畢術》，收入《叢書集成新編》第24冊，新文豐出版公司
1985年版，第244頁。
〔註15〕《太平廣記》卷473引《感應經》引《淮南萬畢術》「已」作「以」，脫「一」
字，「飾」作「點」，無下「陰陽」二字；《古今事文類聚》前集卷50引脫「新
合陰陽，以」五字。

女身，有文章，即以丹塗之，不去者不淫，去者有姦」，又卷 736 引作「取守宮蟲，餌以丹，陰乾，塗女人身，男合即滅」，又卷 946 引「取七月七日守宮，陰乾之，治合以井花水，和塗女人身，有文章，則以丹塗之，不去者不淫，去者有姦」，《古今事文類聚》後集卷 50引作「取守宮牝牡各一，藏之甕中，陰乾百日，以飾女臂，則生文章，與男子合陰陽，輒滅去」，亦皆當為注文。《說郛》卷 109 引吳僧贊寧《感應類從志》：「守宮塗臂，自有文章。」注：「五月五日取蝎虎虫，以刺血，用硃砂和牛羊脂食之，令其腹赤，乃取為末，少許塗人臂，即有文章，揩拭不去，男女合，歸即滅。此東方朔法，漢武帝以驗宮人，故曰守宮也。」

（11）二月上壬日，取道中土、井華水，和埿螫（螫一蠶）屋四屌（角），則宜螫神，名菀窳。（《玉燭寶典》卷 2 引）

按：《漢官舊儀》卷下：「蠶神曰菀窳。」《搜神記》卷 14：「蠶神曰菀窳。」「菀窳」與「苑窳」同。《齊民要術・種桑柘》引《雜五行書》：「二月上壬取土泥屋四角，宜蠶，吉。」〔註16〕《類聚》卷 95 引《雜五行書》：「取停部地土……塗屋四角，鼠不食蠶。」〔註 17〕屌，當為「角」之俗字，葉德輝輯本作「牖」，非是。凡養蠶者，欲其溫而早成，故為密室蓄火以置之，其無牖亦明矣。

（12）五月十五日，取蟾蜍剝之，以血塗布，廣員一尺，向東，半以布蒙頭，百鬼牛羊虎狼皆來，坐視之，勿動，須臾，皆云：「非止五日也。」（《玉燭寶典》卷 5 引）

按：葉德輝輯本「廣員」誤作「方圓」，脫「一」字，「云」誤作「去」。

（13）五月五日，取蝦蟆喉下有八字者，反縛，陰乾百日，競作屑，五綵囊盛著頭上，縛則自解。（《玉燭寶典》卷 5 引）

按：《玉燭寶典》卷 5 有注：「蟾諸、蟾蜍聲相近而通，即蝦蟆。」「競」係旁補寫字，疑誤書，依文意，當作「燒」或「炒」。

〔註16〕《御覽》卷 74、825 引同。
〔註17〕《酉陽雜俎》卷 5 引「停」作「亭」。

（14）有神龜在江南嘉林中。嘉林者，獸無虎狼，鳥無鴟梟，草無毒螫，野火不及，斧斤不至，是為嘉林。龜在其中，常巢於芳蓮之上。左脅書文曰：「甲子重光，得我者匹夫為人君，有土正，諸侯得我為帝王。」求之於白蛇蟠林中者，齋戒以待，巍然，狀如有人來告之，因以醮酒佗髮，求之三宿而得。（《史記·龜策傳》褚先生云「臣爲郎時，見《萬畢》石朱方，《傳》曰：『有神龜在江南嘉林中』司馬貞《索隱》：「按《萬畢術》中有石朱方，方中說嘉林中，故云《傳》曰。」）

按：《白帖》卷 98 引《萬畢傳》：「在江南嘉林中，無虎狼、鴟梟，草木無毒螫，火不及，龜常在，齋戒以待，如人來，因醮以酒，得名龜，置之家，富，因夢：『送我水中，殺之身死，家亦不利。』」《玉海》卷 199 引《畢石朱方傳》：「有神龜在江南嘉林中，巢於芳蓮之上。左脅書文曰：『甲子重光。』」

（15）取雞血雜磨鍼鐵，杵，和磁石，碁頭置局上，即自相抵擊也。（《史記·封禪書》「於是上使驗小方，鬥碁，碁自相觸擊」司馬貞《索隱》引）

按：《索隱》所引爲高誘注，且有脫文。《御覽》卷 736 引作「慈石提碁，取雞磨針鐵，以相和慈石，碁頭，置局上，自相投也」，亦有脫誤。其「取雞」後文字當爲高誘注。《御覽》卷 988 引作「磁石拒碁」，又引注：「取雞血與作針，磨鐵擣之，以和磁石，日塗碁頭，曝乾之，置局上，即相拒不休。」《說郛》卷 5 引作「磁石拒碁，取雞用作針，針磨鐵，擣之，以和磁石，日塗碁頭，曝乾之，置局上，即相拒不休。」其「取雞」後文字亦當爲高誘注。《史記·孝武本紀》：「於是上使先驗小方，鬥旗，旗自相觸擊。」張守節《正義》引高誘注《淮南子》：「取雞血與針磨，擣之，以和磁石，用（日）塗碁頭，曝乾之，置局上，即相拒不止也。」「磁」爲「慈」後出專字。投，擊也。提，讀爲抵。《說文》：「抵，擠也。」《廣雅》：「抵，推也。」《玄應音義》卷 12 引《考聲》：「抵，拒也，謂抵拒推也。」《御覽》卷 988 引作「磁石拒碁」，義同。王仁俊曰：「慈者磁同音叚字，提者誤字，

當以拒字爲正。」〔註18〕王氏二說未得通假之指。茆泮林曰：「提者
擲也。提有底音，擲與投合。」黃奭說同〔註19〕。亦皆未得。《物理
小識》卷12：「磁石拒碁者，取雞骨作針，磨鐵，擣之，以和磁石，
日塗其頭，曝乾之，置局上，即相擊不休。《漢書》所謂鬥棋，即此
術乎？」

（16）首澤浮針。取頭中垢塞針孔，置水中則浮。（《意林》卷6引）

按：《御覽》卷736、《說郛》卷5引作「首澤浮針，取頭中垢以塗塞其孔，
置水即浮」，其「取頭中垢塞針孔，置水中則浮」當爲注文。《御覽》
卷830引作「首澤浮針」，注：「取頭中垢涂針塞其孔，水中則浮針。」
「澤」謂人的汗液所成之污垢。「首澤」即「頭垢」、「頭油」。《證類
本草》卷15引陶隱居云：「《術》云：『頭垢浮針。』以肥膩故爾。
今當用悅澤人者，其垢可丸。」《本草綱目》卷52引〔陶〕弘景說
同。所引《術》，當即指《萬畢術》。《抱朴子內篇·登涉》：「頭垢猶
足以使金鐵浮水，況妙於茲乎？」《物理小識》卷12引中通曰：「人
垢、人汗、人油塗針上，不須塞孔，針皆能浮。」

（17）燒角入山，則虎豹自遠，惡其息也。（《意林》卷6引）

按：《御覽》卷736、891引「息」作「臭」。王仁俊曰：「息乃臭字形近
而譌。」〔註21〕《御覽》卷766、《說郛》卷5引無「惡其臭也」四
字。「角」指羊角。《本草綱目》卷51引《易卦通驗》：「虎聞羊角烟
則走，惡其臭也。」〔註21〕《物理小識》卷11：「虎豹畏角煙氣，入
山者燒角，則虎豹自遠。」

（18）取大鏡高懸，置水盆于其下，則見四鄰矣。（《意林》卷6引）

〔註18〕王仁俊輯《淮南子萬畢術》，收入《玉函山房輯佚書續編·子編藝術類》，《續
修四庫全書》第1206冊，上海古籍出版社2002年版，第241頁。

〔註19〕茆泮林輯《淮南萬畢術》，收入《叢書集成初編》第694冊，中華書局1985
年影印，第5頁。黃奭輯《淮南萬畢術》，收入《黃氏逸書考·子史鉤沉》，《續
修四庫全書》第1209冊，上海古籍出版社2002年版，第450頁。

〔註21〕王仁俊輯《淮南子萬畢術》，收入《玉函山房輯佚書續編·子編藝術類》，《續
修四庫全書》第1206冊，上海古籍出版社2002年版，第240頁。

〔註21〕《易卦通驗》，當作「《易通卦驗》」，乃《易緯》之一。

按：《書鈔》卷 136 引《淮南子》：「高懸大鏡，坐見四隣。」又引注：「取大鑑高懸之，兌水在下，兌中見四隣也。」《御覽》卷 717 引同，引注：「取大鏡高懸，盆中水晃，見四隣。」于大成曰：「兩兌字並當爲盆，字之誤也。」〔註22〕《記纂淵海》卷 57 引《淮南子》：「高垂大鏡，坐見四隣。」皆誤以外篇爲內篇也。《說郛》卷 109 引吳僧贊寧《感應類從志》：「高懸大鏡，坐見四隣。」注：「以大鏡長竿上懸之，向下便照耀四隣；當鏡下以盆水，坐見四隣出入也。」《類聚》卷 70 引周庾信《詠鏡詩》：「玉匣聊開鏡，輕灰暫拭塵。光如一片水，影照兩邊人。月生無有桂，花開不逐春。試挂淮南竹，堪能見四鄰。」〔註23〕即用此典。

（19）取沸湯置甕中，密以新縑，沈〔井〕中，三日成冰。（《意林》卷 6 引）

按：「沈」下脫「井」字。《列子・周穆王》、《莊子・徐無鬼》、《關尹子・七釜篇》、《淮南子・覽冥篇》並有「夏造冰」之記載。成玄英《莊子》疏：「盛夏，以瓦瓶盛水，湯中煮之，懸瓶井中，須臾成冰。」《漢書・五行志》：「釐公二十九年，秋大雨雹，劉向以爲盛陽雨水溫煖而湯熱，陰氣脅之不相入，則轉而爲雹；盛陰雨雪凝滯而冰寒，陽氣薄之不相入，則散而爲霰。故沸湯之在閉器，而湛於寒泉，則爲冰。」孟康曰：「投湯器中，以沈寒泉而成也。」顏師古曰：「湛，讀曰沈。」劉向說與《萬畢術》正同，是漢人固有此說也。南唐譚峭《化書》卷 2：「湯盎投井，所以化雹也。」《物理小識》卷 2：「煮水入井得冰。智按：其理不必凝水石與水晶也，凡瓶水煮之極沸，即墜入井底，則六月亦能成冰。」

（20）取鴻毛縑囊貯之，可以渡江不溺。（《意林》卷 6 引）

按：《御覽》卷 704 引作「鴻毛囊之，可以渡江」，注：「盛鴻毛滿囊，可渡江不溺也。」《御覽》卷 916 引作「鴻毛之囊，可以渡江」，注：「盛鴻毛於縑囊，可以渡江不弱（溺）也。」《本草綱目》卷 47 引

作「鴻毛作囊，可以渡江」。《埤雅》卷 6、《毛詩名物解》卷 8 引《博物志》：「鴻毛爲囊，可以渡江不漏。」

（21）**馬好嚙人，取殭蠶塗其上唇，即差。**（《意林》卷 6 引）

按：《御覽》卷 736 引作「馬齧人，取僵蠶塗上脣，即止，復不齧人」；又卷 825 引作「僵蠶使馬不食」，又引注：「欲愈之，以桑拭口鼻，即食矣。馬喜齧人，亦以僵蠶眉拭脣，即不齧也。」王仁俊曰：「『復不』二字誤倒。」〔註24〕《說郛》卷 109 引吳僧贊寧《感應類從志》：「僵蠶拭唇，馬不咬人。」注：「以僵蠶拭馬唇內外，即不咬人，亦不喫草；取桑作末塗口，即不喫草也。」《演繁露》卷 7：「今術家末僵蠶塗傅馬齒，馬輒不能亂草。」《物理小識》卷 10：「（馬）其嚙人者，以殭蠶塗其喙。」差，讀爲瘥。

（22）**取門冬、赤黍，漬以狐血，陰乾之。欲飲酒者，取一丸置舌下以含之，令人不醉。**（《意林》卷 6 引）

按：《御覽》卷 736、842 引「以含之」作「酒吞之」，《御覽》卷 842 引「門冬」上有「麥」字。《本草綱目》卷 23 引作「取赤黍，漬以狐血，陰乾。酒飲時，取一丸置舌下含之，令人不醉」；又卷 51 引作「狐血漬黍，令人不醉」，又引高誘註：「以狐血漬黍米、麥門冬，陰乾爲丸，飲時以一丸置舌下含之，令人不醉也」。

（23）**取蚖脂為燈，置水中，即見諸物。**（《初學記》卷 25 引）

按：《白帖》卷 14、《山堂肆考》卷 183 引同。《御覽》卷 870 引「蚖」作「蚖」，「水」作「火」，《說郛》卷 5 引「蚖」作「蚖」，《廣博物志》卷 39 引「蚖」作「黿」，並誤。周庾信《燈賦》：「秀華掩映，蚖膏照灼。」即用此典。

（24）**老血變為萍。**聚血之精至黃泉。（《初學記》卷 27 引）

按：《書敘指南》卷 9 引正文同，未引注文；《御覽》卷 1000 引無「變」字，引注同；《爾雅翼》卷 5「萍」條引作「老血變之，謂聚血之精

〔註24〕王仁俊輯《淮南子萬畢術》，收入《玉函山房輯佚書續編·子編藝術類》，《續修四庫全書》第 1206 冊，上海古籍出版社 2002 年版，第 240 頁。

至黃泉」；《本草綱目》卷 19 引作「老血化爲紫萍」。《類聚》卷 82 引《異術》：「萬年血爲萍。」葉德輝謂「異術」爲「萬畢術」脫譌，云：「異即畢之譌，上又脫萬字。」未是。

（25）橐駞之本出泉渠。（《初學記》卷 29 引）

按：《天中記》卷 55 引同，《御覽》卷 901 引作《淮南子》，亦同，蓋誤以外篇爲內篇也。

（26）螢火卻馬。取螢火，裹以羊皮，置土中，馬見之鳴，卻不敢行。（《初學記》卷 30 引）

按：《御覽》卷 945、宋陳耆卿《赤城志》卷 36、《錦繡萬花谷》後集卷 40、《說郛》卷 5、《山堂肆考》卷 226 引同；《爾雅翼》卷 27 引正文亦同。

（27）理髮竈前，婦安夫家。（《類聚》卷 17 引）

按：《御覽》卷 373 引同。「理」當作「埋」，字之誤也，葉德輝輯本徑改作「埋」字。《說郛》卷 109 引吳僧贊寧《感應類從志》：「草髮在竈，婦安夫。」注：「埋婦人髮於竈前，令婦人安夫家。又取他人髮埋竈前，令人不怒恒喜。」

（28）用麻子中人、桐葉、米汁煮之，沐二十日，髮長。（《類聚》卷 17 引）

按：人，指核，俗作「仁」字。孫馮翼輯本「沐」誤作「得」。

（29）孤桃枝之券，令雞夜鳴。取孤桃南北行枝，長三尺，折以爲券，塗以三歲雄雞血，夜居棲下則鳴。（《類聚》卷 86 引）

按：宋陳景沂《全芳備祖》前集卷 8 引「居」作「安」。《御覽》卷 918 引「券」誤作「象」，「雄雞血」脫作「雄血」，又脫末「則鳴」二字。丁晏輯本從《御覽》誤作「象」字。王仁俊輯本脫正文「枝」字，「居」誤作「告」。《說郛》卷 109 引吳僧贊寧《感應類從志》：「胡桃之券，令雞夜鳴。」注：「以胡桃樹東南枝劈之，書券字訖，遠之於雞栖下，則夜鳴不止。」《廣博物志》卷 45 引張華《感應類從志》：「胡桃之券，令雞夜鳴。」蓋誤以贊寧爲張華也。

（30）八月榆穤，令人不飢。（《類聚》卷 88 引）

按：《御覽》卷 956、《爾雅翼》卷 11 引同，《御覽》又引注：「穤，音而。以美酒漬榆穤，曝乾，以清（青）粱米、紫莧實蒸令相合，欲不食者，三指撮酒以服之，即不飢耳。」宋王楙《野客叢書》卷 24 引「榆穤」作「剝榆」。《本草綱目》卷 28 引作「八月榆穤，以美酒漬、曝，同青粱米、紫莧實蒸熟爲末，每服，三指撮酒下，令人辟穀不飢」，「以美酒」以下當爲注文。

（31）桐木成雲。（《類聚》卷 88 引）

按：《御覽》卷 956 引同，又引注：「取十石瓦甖，滿以水，置桐甖中，蓋之，三四日〔間〕，氣如雲作。」又卷 736 引作「梧木成雲，取梧木置十碩瓦甖中，氣盡則出雲」。下二句當爲注文。《天中記》卷 51 引注「三四日」下有「間」字，《事類賦注》卷 25 引《淮南子》亦有「間」字。《埤雅》卷 14、《說郛》卷 105 引《淮南子》同，蓋皆誤以外篇爲內篇也。「石」同「碩」。

（32）乾睪一名鸚䳇，斷舌可使言語。（《類聚》卷 91 引）

按：《北戶錄》卷 1 龜圖注引作「寒臯斷舌可使語」，又云：「寒臯，一曰鴝鵒。」《御覽》卷 923 引作「寒臯斷舌使語」，注：「取寒臯，斷其舌，即語。寒臯，一名鸚䳇。」《古今事文類聚》後集卷 43 二引，其一同《類聚》，其一爲「寒臯，鴝鵒也，斷舌可使言語」。《天中記》卷 59 引作「鴝鵒一名寒臯，斷舌可使言語」，又云：「一作乾睪。」《本草綱目》卷 49「鸚䳇」條《釋名》引《萬畢術》一名「寒臯」。《慧琳音義》卷 14：「鸚䳇：上具俱反，亦從句作鴝。《淮南子》云：『鴝鵒一名寒臯。』」又卷 37 引《淮南子》：「鸚䳇一名寒臯。」《希麟音義》卷 6 引《淮南子》：「鴝鵒一名寒臯。」並誤以外篇爲內篇也。《異苑》卷 3：「五月五日剪鴝鵒舌，教令學人語，聲尤清越，雖鸚䳇不能過也。」唐張鷟《龍筋鳳髓判》卷 2：「剪鸚䳇之舌，必是能言選。」乾、寒一聲之轉。「睪」當作「睪」，字之誤也。「睪」同「臯」。「鴝鵒」同「鸚䳇」，與「鸚䳇」爲二鳥名。《本草綱目》卷 49 釋其名云：「此鳥好浴水，其睛瞿瞿然，故名。王氏《字說》以爲其行欲也，尾而足勾，故曰鴝鵒。從勾從欲省，亦通。天寒欲雪，

則群飛如告，故曰寒皋。皋者，告也。」又云：「師曠謂之乾皋，李
昉呼爲隴客，梵書謂之臊佗。」

（33）**馬毛大尾，親友自絕**。取馬毛大尾置朋友衣中，若夫婦衣中，夫
婦自相憎也。（《類聚》卷93引）

按：《御覽》卷736引作「取馬尾犬尾置朋友夫妻衣中，自相憎矣」，又
卷905引作「取馬毛犬尾置朋友夫妻衣中，自相憎矣」，皆當爲注
文；又896引作「馬毛犬尾，親友自絕」，注作「取馬毛犬尾置朋
友若夫婦衣中，自相憎也」。「大尾」當作「犬尾」，字之誤也。《說
郛》卷5引亦作「犬尾」。丁晏輯本、王仁俊輯本引《御覽》卷736
「犬尾」誤作「火之」。

（34）**歸終知來，猩猩知往**。歸終，神獸。（《類聚》卷95引）

按：《御覽》卷908、《爾雅翼》卷19、宋董逌《廣川畫跋》卷2《再書猩
猩圖後》引同，《御覽》引注作「歸終、猩猩，並神獸」。《海錄碎事》
卷22引作《淮南子》，同，蓋誤以外篇爲內篇也。《通典》卷187、《太
平寰宇記》卷179引「歸」誤作「婦」。《淮南子・氾論篇》：「猩猩
知往而不知來，乾鵠知來而不知往。」《論衡・龍虛》、《是應》：「狌
狌知往，乾鵲知來。」《說文》：「鷽，䳺鷽，山鵲，知來事鳥也。」
《抱朴子外篇・譏惑》：「于玃識往，歸終知來。」說各不同。

（35）**被髮向北，呪殺巫鼠**。（《類聚》卷95引）

按：《御覽》卷911引同，有注：「夜有〔鼠〕，巫被髮北向，禹步況曰〔呪
曰〕：『老鼠不祥，過〔者〕自受其殃。』」注有脫誤。呪殺巫鼠，當
作「巫呪殺鼠」。《抱朴子內篇・僊藥》：「禹步法：前舉左，右過左，
左就右；次舉右，右就左，次舉右；右過左，左就右，右就左。」

（36）**青塗殺鼈，得莧復生**。（《類聚》卷96引）

按：《御覽》卷932引「塗」作「泥」。《埤雅》卷17、《會稽志》卷17
亦引《傳》曰：「青泥殺鼈，得莧復生。」《干祿字書》：「塗、泥：
上俗下正。」《淮南子・說山篇》：「膏之殺鼈，鵲矢中蝟。」「膏」
字不誤，「塗」、「泥」、「之」爲「鼁」字音誤。「膏之」、「青泥」當

作「膏鼅」，「膏鼅」又爲「鼅膏」誤倒。《廣韻》：「鼅，鼅鼊，似龜，堪啖，多膏。」《御覽》卷 943 引《臨海水土物志》：「鼅鼊、鼀鼊相似，形大如蕨，生渤海邊沙中，肉極好，噉一枚，有三斛膏。」〔註25〕蓋鼅之膏能殺鼈，與「鶡矢中蝟」文正相對。《博物志》卷 4：「取鼈，挫令如碁子大，搗赤莧汁和合，厚以茅苞，五六月中作，投地（池）中，經旬，欒欒盡成鼈也。」〔註26〕

（37）**燒䖉致鼈**。取䖉夜燒之，則鼈至也。（《類聚》卷 96 引）

按：《御覽》卷 932、《天中記》卷 57 引同，《御覽》又引注：「取䖉燒之，鼈自至。」《本草綱目》卷 45 二引，一引《淮南萬畢術》作「燒䖉脂可以致鼈也」；一引《淮南子》作「燒䖉脂以致鼈」。《埤雅》卷 2、《山堂肆考》卷 225 引亦作《淮南子》。作「《淮南子》」者蓋誤以外篇爲內篇也。

（38）**取沸湯著銅甕中，堅塞之，內於井中，作雷鳴，聞數十里。**（《白帖》卷 13 引）

按：《御覽》卷 736 引作「銅甕雷鳴。取沸湯置甕中，沉之井裏，則鳴數十里」，又卷 758 引作「銅甕雷鳴。取沸湯著銅甕中，堅密塞〔之〕，內之井中，則雷鳴，聞數十里」。「銅甕雷鳴」爲正文，「取沸湯」以下當爲注文。

（39）**君失春政，則倉虵見於邑，即歲多禍；君失夏政，則赤虵見；君失秋政，則白虵見；君失冬政，則黑蛇見。**（《唐開元占經》卷 120 引）

按：《唐開元占經》卷 116 引《京房易候占》：「君失春政則蒼狼入於邑，君失秋政則白狼入於邑，君失多政則黑狼見於邑。」《御覽》卷 17 引《京房易妖占》：「君失春政則蒼鸒見於邑，民多流亡；失夏政則赤鸒見於邑，失秋政則白鸒見於邑，失多政則黑鸒見於邑。」

〔註25〕《文選·江賦》李善注引作「鼀鼊與鼀辟（鼊）相似，形大如蕨，生乳海邊沙中，肉極好，中啖」。
〔註26〕《北戶錄》卷 1、《御覽》卷 932 引作「投於池澤中」。

（40）君室無故見蚰，君且去；蚰無故在牀上，君非其子。（《唐開
　　　元占經》卷 120 引）

（41）為死事，則蚰鳴君室。（《唐開元占經》卷 120 引）
　　按：《唐開元占經》卷 120 又引京房曰：「蚰鳴君室，凶。」

（42）蚰無故鬪於君室，後必爭立。小死小不勝，大死大不勝，
　　　小大皆死，皆不立也。（《唐開元占經》卷 120 引）

（43）甄瓦止梟鳴。取破甄〔瓦〕向梟抵之，輒自止也。（《北戶錄》
　　　卷 1 引）
　　按：「取破甄」以下當爲注文。《御覽》卷 927 引同，又引注：「取破甄
　　　瓦向〔梟〕抵之，輒自止，物相勝其性耳。」《御覽》卷 736 引作
　　　「甄瓦止鳥鳴。取甄底〔瓦〕抵之，則止」。「鳥」當作「梟」，「取
　　　甄底抵之，則止」亦當爲注文。《類說》卷 13 引作「見瓦上梟鳴，
　　　取破甄向梟抵之，自止」，亦當爲注文。《慧琳音義》卷 42 引《淮
　　　南子術》：「甄瓦止梟鳴，惡聲之鳥也。」《淮南子術》即《淮南萬
　　　畢術》之省稱。《御覽》卷 927 引趙一《解檳賦》：「甄瓦可以令梟
　　　寂。」〔註27〕《說郛》卷 109 引吳僧贊寧《感應類從志》：「甄瓦之
　　　契，投梟自止。」注：「以故瓦書契字，置於墙上，忽聞梟鳴，取
　　　以投之，即不敢更鳴也。」《本草綱目》卷 49 引《淮南子》：「甄瓦
　　　投之，能止梟鳴，性相勝也。」蓋誤以外書注語爲內篇也。考《周
　　　禮·秋官·司寇》：「硩蔟氏掌覆夭鳥之巢，以方書十日之號，十有
　　　二辰之號，十有二月之號，十有二歲之號，二十有八星之號，縣其
　　　巢上，則去之。」鄭注：「覆，猶毀也。夭鳥，惡鳴之鳥，若鴞鵩。
　　　方，版也。」是此術古者已有，特簡易方版爲甄瓦，日月星辰之號
　　　爲書契字耳。《山堂肆考》卷 24「米芾投蛙」條云：「無爲州西北有
　　　墨池，宋米芾爲守時所穿，初厭池中蛙聲，取瓦書字投之，自是無
　　　蛙鳴。」米芾投蛙，即用《萬畢》之方也。

〔註27〕《埤雅》卷 9、《六書故》卷 19「梟」字條引《傳》同。

（44）鴟鵂致鳥。取鴟鵂，折其大羽，絆其兩足，以爲媒，張羅其旁，眾鳥聚矣。（《北戶錄》卷 1 引）

　　按：《御覽》卷 927 引「鴟」作「鵂」，「眾鳥聚」作「鳥自聚」。《玉篇》：「鵂，同『鴟』。」《爾雅翼》卷 16：「梟，今人養以致鳥。」梟、鴟鵂，俗謂之貓頭鷹。

（45）鵲腦令人相思。（《北戶錄》卷 1 龜圖註引）

　　按：《御覽》卷 921、《天中記》卷 59 引同，注作「取鵲一雄一雌頭中腦，燒之於道中，以與人酒中，飲則相思」；《御覽》卷 736 引作「鵲腦令人相思。取雌雄鵲各一，燔之四通道，丙寅日與人共飲酒，置腦酒中，則相思也。」《說郛》卷 5 引略同，皆誤以注文入正文也。《本草綱目》卷 49 引作「丙寅鵲腦，令人相思」，又引高誘註：「取鵲腦雌雄各一，道中燒之，丙寅日入酒中，飲令人相思。」唐張鷟《龍筋鳳髓判》卷 2：「收烏鵲之腦，自然懷戀。」《類說》卷 13 引《樹萱錄》：「鵲腦，令人相思，抄挼一雙，納置枕中，令夫妻相好。」

（46）蟾蜍五月中殺，塗五兵，入軍陣而不傷。（《文子·上德》「蟾蜍辟兵，壽在五月之望」宋杜道堅《纘義》引舊註引）

　　按：《抱朴子內篇·僊藥》：「肉芝者，謂萬歲蟾蜍，頭上有角，頷下有丹書八字體（再）重，以五月五日中時取之，陰乾百日，以其左足畫地，即爲流水，帶其左手於身，辟五兵，若敵人射己者，弓弩矢皆反還自向也。」〔註 28〕又《雜應》：「或問辟五兵之道……或以月蝕時刻，三千歲蟾蜍喉下有八字者，血以書所持之刃劍，或帶武威符熒火丸，或交鋒刃之際，乘魁履罡，呼四方之長，亦有明效。」

（47）欲致疾風，焚雞羽。（《御覽》卷 9 引）

　　按：《事類賦注》卷 2 引《淮南畢萬術》同，「畢萬」爲「萬畢」之倒。《本草綱目》卷 48「雞」條云：「《萬畢術》言其羽焚之，可以致風。」

〔註28〕《類聚》卷 4、98、《御覽》卷 31、949、《事類賦注》卷 4、《太平廣記》卷 473 引「體」作「再」。「帶其左手於身，辟五兵」句不通，《意林》卷 4 引作「帶之左手，則辟兵」。

《埤雅》卷 16：「舊云：『雞羽焚而清飈（飈）起，蘆灰缺而月暈移。』」

（48）七月七日午時，取生瓜葉七枚，直入北堂中，向南立，以拭面靨，即當滅矣。（《御覽》卷 31 引《淮南子》）

按：此不類內篇文，茆泮林、葉德輝疑作《萬畢術》文，是也；但二氏出處皆誤作「《御覽》卷 37」〔註29〕。《本草綱目》卷 33 正引作「《淮南萬畢術》」，作「七月七日午時，取〔生〕瓜葉七枚，直持入北堂中，向南立，逐枚拭靨，即滅去也」。是《御覽》引脫「持」、「逐枚」三字也。于大成曰：「『七月七日』一條是注文，正文無可考。」

〔註30〕

（49）歲暮臘，埋圓石於宅隅，雜以桃弧七枚，則無鬼疫。（《御覽》卷 33 引）

按：此當為注文。弧，《四庫》本作「核」。《御覽》卷 51 引作「埋石四隅，家無鬼」，《說郛》卷 5 引同；《御覽》又引注：「取蒼石四枚及桃七枚，以桃弧射之，乃取併埋弓矢四隅，故無鬼殃。」《證類本草》卷 3、《本草綱目》卷 11 引作「埋丸石於宅四隅，槌桃核七枚，則鬼無能殃也」。此即後世埋石鎮宅之說也。《證類本草》卷 3 又引《荊楚歲時記》：「十二月暮日，掘宅四角，各埋一大石為鎮宅。」明高濂《遵生八牋》卷 6：「是日，取圓石一塊，雜以桃核七枚，埋宅隅，絕疫鬼。」周庾信《小園賦》：「鎮宅神以薤石，厭山精而照鏡。」即用此典。

（50）東行馬蹄中土，含人臥不起。取東行白馬蹄下土，三家井中泥，合土和之，置臥人臍上，即不能起。（《御覽》卷 37 引）

按：「含」當作「令」，《四庫》本不誤。《本草綱目》卷 50 引作「東行白馬蹄下土，合三家井中泥，置人臍下，即臥不能起也」。

〔註29〕 茆泮林輯《淮南萬畢術補遺》，收入《叢書集成初編》第 694 冊，中華書局 1985 年影印，第 15 頁。

〔註30〕 于大成《淮南子遺文考》，收入《淮南鴻烈論文集》，里仁書局 2005 年版，第 1305 頁。

（51）**竈之土，不思故鄉。**取竈前三寸，方半寸，取中土，持之遠出，
令人不思故鄉。（《御覽》卷37引）

　按：《四庫》本注作「取竈前土三寸，方半寸，厚一寸，將之遠出，令人
不思故鄉也」，蓋臆改。

（52）**方諸取水。**方諸，形若杯，無耳，以五石合冶，以十二月壬子夜半
作之，以承〔月〕，水即來。（《御覽》卷58引）

　按：《事類賦注》卷7引正文同，引注「治」下有「之」字，「承」下有
「月」字。《淮南子・覽冥篇》：「夫陽燧取火於日，方諸取露於月。」
又《天文篇》：「方諸見月則津而爲水。」《論衡・亂龍》：「今伎道之
家，鑄陽燧取飛火於日，作方諸取水於月。」《御覽》卷526引《漢
舊儀》：「以方諸取水於月，以陽燧取火於日。」

（53）**竈神晦日歸天，白人罪。**（《御覽》卷186引）

　按：《天中記》卷15引同。《抱朴子內篇・微旨》：「月晦之夜，竈神亦
上天白人罪狀。」與此文合。竈神之主，說各不同。《風俗通義・
祀典》引《周禮說》：「顓頊氏有子曰黎，爲祝融，祀以爲竈神。」
《荊楚歲時記》隋杜公瞻注引許愼《五經異義》：「顓頊有子曰黎，
爲祝融火正也。祀以爲竈神，姓蘇，名吉利。婦姓王，名搏頰。」
此以顓頊子黎爲竈神也。《淮南子・氾論篇》：「炎帝於（作）火，
而死爲竈。」〔註31〕此以炎帝爲竈神也。皆漢人舊說。漢以後，又
有異說。《莊子・達生》《釋文》引司馬彪注：「竈神著赤衣，狀如
美女。」《後漢書・陰興傳》李賢注引《雜五行書》：「竈神名禪，
字子郭，衣黃衣，夜被髮，從竈中出，知其名呼之，可除凶惡。」
《酉陽雜俎》卷14：「竈神名隗，狀如美女，又姓張，名單，字子
郭；夫人字卿忌……常以月晦日上天白人罪狀……一曰：竈神名壤
子也。」「單」爲「禪」省借。

〔註31〕「於」爲「作」字之誤，「而死」當乙爲「死而」。《史記・孝武紀》《索隱》
引作「炎帝作火官，死爲今之竈神」，《廣韻》「竈」字引作「炎帝作火，死而
爲竈」，《類聚》卷80引作「炎帝作火，死而爲竈神」，《御覽》卷186引作「黃
（炎）帝作竈，死爲竈神」，《論衡・祭意》亦引《傳》曰：「炎帝作火，死而
爲竈」。

（54）拔劍倚戶，兒不夜驚。（《御覽》卷 344 引）

　　按：《說郛》卷 5、《山堂肆考》卷 179 引同，《御覽》卷 736 引作「拔劍
　　　　倚門，兒不驚」，《事類賦注》卷 13「拔劍倚戶，兒夜不驚」。

（55）夫淳劍魚腸之始下，夫擊則不能斷，刺則不能入。高誘注
　　　　曰：「魚腸，文繞屈譬（辟），若魚腸。」（《御覽》卷 344 引）

　　按：《淮南子・修務篇》：「夫純鉤、魚腸劍之始下型，擊則不能斷，刺則
　　　　不能入。」高注：「純鉤，利劍名。魚腸，文理屈辟，若魚腸者，良
　　　　劍也。」此所引蓋誤以內篇爲外篇也。《初學記》卷 22 引高注作「魚
　　　　腸，文繞屈〔辟〕，若魚腸」。

（56）劍工或劍之似莫耶者，唯歐治（冶）能名其種；玉工眩玉
　　　　之似碧盧者，唯猗頓不失其情。歐治，良工也。碧盧，或作
　　　　武夫。猗頓，魯之富人，能知玉理，不失其情也。（《御覽》卷 344
　　　　引）

　　按：「或」爲「惑」古字。治，當從《四庫》本作「冶」。《淮南子・氾論
　　　　篇》：「故劍工或劍之似莫邪者，唯歐冶能名其種；玉工眩玉之似碧
　　　　盧者，唯猗頓不失其情。」此所引蓋誤以內篇爲外篇也。

（57）牛翁十四，可以強弩。取牛翁十四杖（枚），曲蟮白頸者二七，以
　　　　三尺新布裹之，活塗布着之，無令人見，用之拭弩，令溫，引之校〔得〕
　　　　半力也。（《御覽》卷 348 引）

　　按：「得」字據鮑刻本補。《四庫》本「杖」作「枚」，「七」作「十」，
　　　　當從之。《物理小識》卷 12 引張舍曰：「牛翁，謂牛蜱。」《本草綱
　　　　目》卷 40：「牛蜱，音卑。蜱亦作蜱。按呂忱《字林》云：『蜱，
　　　　嚙牛蟲也。』」葉德輝曰：「《說文》：『蝓，蟲在牛馬皮者。』牛翁
　　　　者，蓋即此蟲。曲蟮即蚯蚓。」〔註 32〕葉說皆是也。唐陸龜蒙《幽
　　　　居賦》：「書抽虎僕，射用牛蝓。」虎僕謂以虎僕毛所製之筆，牛蝓
　　　　即用此典。

〔註 32〕葉德輝輯《淮南萬畢術》卷上，長沙葉氏郋園藏板。

（58）馬枊生腐芽者，取馬枊生芽，可以爲藥，食煞悉矣。（《御覽》
卷 359 引）

按：《四庫》本「芽」作「茅」，蓋誤。茆泮林曰：「案《說文》：『枊，繫
馬柱。』孫本作『柳』誤。」黃奭說同，葉德輝亦引《說文》以證
之〔註33〕。《說文》原作「枊，馬柱」，張文虎亦謂當補「繫」字〔註
34〕，是也。《玉篇》：「枊，五浪、五郎二切，繫馬柱也。」「馬枊」
爲二漢人常用詞。

（59）老槐生火，膠撓水則清，弊箕止鹹。取箕以內醬中，鹹著
箕矣。（《御覽》卷 736 引）

按：《說郛》卷 5 引同。「取箕」以下當爲注文。《莊子‧外物》：「於是乎
有雷有霆，水中有火，乃焚大槐。」《事類賦注》卷 8 引《莊子》：「老
槐生火，久血爲燐，人弗怪也。」《淮南子‧氾論篇》：「老槐生火，
久血爲燐，人弗怪也。」《物理小識》卷 9 引《雜記》：「老槐生火，
膠撓水則清。」《本草綱目》卷 35 引《天玄主物簿》：「老槐生丹。」
撓，讀爲撓。「箕」當作「箅」，字之誤也。諸家皆未能訂正。箅謂
甑箅。《說文》：「箅，蔽也，所以蔽甑底。」周庾信《哀江南賦》：「敝
箅不能救鹽池之鹹，阿膠不能止黃河之濁。」《金樓子‧立言篇下》：
「阿膠五尺，不能止黃河之濁；弊車（箅）徑尺，不足救鹽池之泄
（鹹）。」〔註35〕《御覽》卷 757 引孔融《同歲論》：「弊箅徑尺，不
足以救鹽池之鹹。」又卷 766 引孔融《同歲論》：「阿膠徑寸，不能
止黃河之濁。」《記纂淵海》卷 61 引《傅子》：「阿膠三寸，不足止
黃河之濁；毀箅三尺，不足救鹽池之鹹。」《抱朴子外篇‧嘉遯》：
「寸膠不能治黃河之濁，尺水不能卻蕭丘之熱。」皆用此典。宋施
宿《會稽志》卷 17 引《練化術》：「飲食過鹹，以飯箅竹數條炙之，

〔註33〕茆泮林輯《淮南萬畢術》，收入《叢書集成初編》第 694 冊，中華書局 1985
年影印，第 10 頁。黃奭輯《淮南萬畢術》，收入《黃氏逸書考‧子史鈎沉》，
《續修四庫全書》第 1209 冊，上海古籍出版社 2002 年版，第 453 頁。葉德
輝輯《淮南萬畢術》卷上，長沙葉氏郎園藏板。

〔註34〕張文虎《舒藝室隨筆》卷 2，收入《續修四庫全書》第 1164 冊，上海古籍出
版社 2002 年版，第 329 頁。

〔註35〕許逸民校「車」爲「箅」，「泄」爲「濁」，皆是也。許逸民《金樓子校箋》，
中華書局 2011 年版，第 918～919 頁。

着其中，則汁便淡。」《物理小識》卷 6 引《雷氏炮炙論》：「敝籌
淡鹵。」注云：「常使舊甑中籌，能淡鹽味。」「籌」皆爲「算」誤，
形聲俱近。《集韻》：「算，甑蔽。」方成珪曰：「算譌算，據《說文》
正。」〔註36〕弊（敝）算，猶言破算，與「毀算」同義。正字爲㡵，
《說文》：「敝，一曰敗衣。㡵，敗衣也。」

（60）赤布在戶，婦人留連。取婦人月事布，七月七日燒為灰，置楣上，即不復去。勿令婦人知。（《御覽》卷 736 引）

按：「取婦人」以下當爲注文。《說郛》卷 109 引吳僧贊寧《感應類從志》：
「月布在戶，婦人留連」，注：「取婦人月水布，燒作灰，婦人來即
取少許置門閫門限，婦人即留連不能去。」《物理小識》卷 12 引《博
物志》：「尸布在戶，婦人留連。」又引注：「月布也。」葉德輝輯本
「留」誤作「流」。

（61）取芩皮置甖中，自沸如雨也。（《御覽》卷 736 引）

按：孫馮翼輯本「皮」誤作「反」，云「芩字未審」。

（62）取家祠黍以啗兒，兒不思母。（《御覽》卷 736 引）

按：《御覽》卷 850 引作「取冢墓黍啗兒，不思母」，注作「取新冢前祠
黍，用啗兒，則不思母也」。《本草綱目》卷 23 引作「祠冢之黍啗兒，
令不思母」。茆泮林曰：「家字抑或是冢字之訛。」黃奭、葉德輝說
同〔註37〕，得之。

（63）門冬、赤黍、薏苡為丸，令婦人不妬。（《御覽》卷 736 引）

按：《御覽》卷 842 引「門冬」上有「麥」字。

（64）取雞子去汁，然艾火，內空〔卵〕中，疾風高舉，自飛去。
（《御覽》卷 736 引）

〔註36〕 方成珪《集韻考正》，收入《續修四庫全書》第 253 冊，上海古籍出版社 2002
年版，第 284 頁。
〔註37〕 茆泮林輯《淮南萬畢術》，收入《叢書集成初編》第 694 冊，中華書局 1985
年影印，第 3 頁。黃奭輯《淮南萬畢術》，收入《黃氏逸書考·子史鈎沉》，《續
修四庫全書》第 1209 冊，上海古籍出版社 2002 年版，第 448 頁。葉德輝輯
《淮南萬畢術》卷上，長沙葉氏郋園藏板。

按：《四庫》本「汁」誤作「殼」。此數語當爲注文，且脫「卵」字。《御覽》卷 928 引作「艾火令鷄子飛」，又引注：「取鷄子，去其汁，燃艾火，內空卵中，疾風，因舉之飛。」《說郛》卷 22 引蘇軾《物類相感志》：「鷄子開小竅，去黃白了，入露水，又以油紙糊了，日中晒之，可以自升起，離地三四尺。」

（65）取亡人衣裏磁石，懸井中，亡者自歸矣。（《御覽》卷 736 引）

按：《四庫》本「井」誤作「家」。此數語當爲注文。《御覽》卷 988 引作「磁石懸入井，亡人自歸」，又引註：「取亡人衣帶，裏碰（磁）石，懸井中，亡人自歸。」《本草綱目》卷 10、《物理小識》卷 7 引作「慈石懸井，亡人自歸」，《本草》又引註：「以亡人衣裏慈石，懸于井中，逃人自反也。」《說郛》卷 109 引吳僧贊寧《感應類從志》：「井衣獨運，逃亡自歸。」注：「取逃人衣服，井中垂運之，則逃人自思歸也。」孫馮翼輯本引《御覽》卷 988 注作「取亡人衣帶，聚磁石，懸磁石，亡人自歸」，蓋皆臆改。茆泮林輯本引《御覽》卷 736「井」誤作「室」。

（66）取蜘蛛塗布，天雨不能濡之。（《御覽》卷 736 引）

按：此二語當爲注文。《御覽》卷 948 引作「蜘蛛塗布，而雨自晞。取蜘蛛置甕中，食以膏，百日，煞以塗布，而雨不能濡也」，《說郛》卷 5 引「煞」誤作「然」，「而雨不能濡也」作「不濡也」。「取蜘蛛」以下當爲注文。《本草綱目》卷 40 引作「赤斑蜘蛛食猪肪百日，殺以塗布雨，不能濡；殺以塗足，可履水上」，亦當爲注文。《抱朴子內篇・登涉》：「或以赤斑蜘蛛及七重（種）水馬以合馮夷水仙丸，服之，則亦可以居水中。又以塗蹠下，則可以步行水上也。」〔註 38〕亦蜘蛛可以避水之說。

（67）削冰令圓，舉以向日，以艾承其影，則火生。（《御覽》卷 736 引）

按：《博物志》卷 4：「削冰令圓，舉以向日，以艾於後承其影，則得火。」《類聚》卷 82 引脫「舉」、「則」二字。下二句，《類聚》卷 9、《白帖》

―――――――――――

〔註 38〕《御覽》卷 948 引作「重」作「種」。

卷 3、《海錄碎事》卷 3、《說郛》卷 69 引韓鄂《歲華紀麗》卷 4 引作「以艾承其影，則有火出」，《埤雅》卷 17、《本草綱目》卷 15 引作「以艾承其影，則得火」，《御覽》卷 68、《事類賦注》卷 8 引作「艾承其影，則有火」（《御覽》引「員」作「圓」）。《類說》卷 23 引《博物志》「冰」誤作「木」。《御覽》卷 997 引《漢武帝內傳》：「削冰令正圓，舉以向月（日），以艾於後承其影，得火。」〔註 39〕孫馮翼輯本「削冰」誤作「削木」，「艾」誤作「枝」。

（68）**取牛膽塗熱釜，即鳴矣。**（《御覽》卷 736 引）

按：《本草綱目》卷 50 引同。此二語當為注文，正文當作「牛膽鳴釜」。《御覽》卷 757 引作「牛膽鳴〔釜〕」，又引注：「取牛膽以塗熱釜，即自鳴矣。」《御覽》卷 899 引作《淮南子》，「塗」上無「以」字，蓋誤以外篇注語為內篇文也。《物理小識》卷 12：「物理所云：『牛膽塗釜，釜鳴；婦穢衣蒙釜，釜飛。』」《路史》卷 38：「獺膽分盃，十膽鳴釜。」「十」為「牛」脫誤。

（69）**取伯勞血塗金，令人不取，化為石也。**（《御覽》卷 736 引）

按：此數語當為注文。《御覽》卷 923 引作「伯勞守金，人不敢取」，又引注：「取伯勞血以塗金，人不敢取。」《廣博物志》卷 44 引正文脫「敢」字，注文上「取」字作「收」。《本草綱目》卷 49 引《淮南子》：「伯勞之血塗金，人不敢取。」蓋誤以外篇注語為內篇文也。《埤雅》卷 7：「金得伯勞之血則昏，鐵得鸊鷉之膏則瑩，石得鵲髓則化，銀得雉糞則枯。」《物理小識》卷 7「枯」誤作「枯」。

（70）**狼皮在戶，羊不出牢。羊畏狼故也。**（《御覽》卷 736 引）

按：「羊畏狼故也」當為注文。《御覽》卷 909 引作「取狼皮以當空戶，則羊畏不敢出矣」，亦當為注文。《本草綱目》卷 51 引作「狼皮當戶，羊不敢出」。《說郛》卷 109 引吳僧贊寧《感應類從志》：「狼皮在槽，馬不食穀。」注：「以鼠狼〔皮〕挂馬槽上，或云置穀上，馬不咬穀也。」

（71）**燒木賣酒，人民自聚。取失火家木刻作人形，朝朝祭之，**

人聚也。(《御覽》卷 736 引)

按：「取失火家木」以下當為注文。孫馮翼輯本「燒木賣酒」作「燒木賣木賣酒」，據明刻誤本也。

（72）蝟膏塗鐵，柔不折。(《御覽》卷 736 引)

按：《御覽》卷 912 引同。孫馮翼輯本「折」字下誤連另一條「甀瓦」之「甀」字。丁晏輯本引《御覽》卷 736 作「蝟鳥塗鐵，柔不折」，引卷 912 作「蝟膏塗鐵，柔可折」，並誤。

（73）鵁脛血塗雞頭，不能起。(《御覽》卷 736 引)

按：此二語當為注文。《御覽》卷 923 引作「鶍腦令雞自伏」，又引注：「取鶍腦以塗雞，自即伏，不能起也。」「自即」當乙作「即自」。「鵁」當從「玄」，「鵁」為「鶍」俗字。《四庫》本「鵁」誤作「鳩」。

（74）馬蹄破罌。取馬蹄，燒如炭，置罌中，有頃破矣。(《御覽》卷 758 引)

（75）雲母入地，千歲不朽；雲母在足，無踐棘。取大雲母塗足下，踐棘不能刺。(《御覽》卷 808 引)

按：《四庫》本引注「刺」作「㔼」，丁晏輯本從之，誤。《抱朴子內篇·僊藥》：「雲母有五種，而人多不能分別也……服之一年，則百病愈；三年，老翁反成童子；五年，則役使鬼神，入火不燒，入水不濡，踐棘不傷，與僊人相見。」孫馮翼輯本「踐棘不能㔼」臆改作「跨棘不勾」。

（76）白芳七結浴蠶。(《御覽》卷 825 引)

按：未詳其義。孫馮翼曰：「芳字疑譌。」〔註40〕

（77）鹽能累卵。取戎監（鹽）塗卵，取他卵置其上，即累也。(《御覽》卷 865 引)

按：《北戶錄》卷 2 龜圖註：「戎鹽，即《萬畢術》『累卵』是也。」《御

〔註40〕孫馮翼輯《淮南萬畢術》，收入《叢書集成新編》第 24 冊，新文豐出版公司 1985 年版，第 245 頁。

覽》卷 928 引「能」作「之」，注脫「戎」字，「他」誤作「也」。《埤
雅》卷 15 引《本草經》：「尋萬物之性，皆有離合……戎鹽累卵，獺
膽分盃。」《證類本草》卷 5 引陳藏器云：「戎鹽累卵。」《物理小識》
卷 7：「戎鹽累卵法：即青鹽、紫鹽之類，以水化之，塗雞子，則累
之而不墮。」《水經注》卷 3 引《魏土地記》：「縣有大鹽池，其鹽大
而青白名曰青鹽，又名戎鹽。」

（78）**犀角駭狐**。犀角置狐穴，狐去，不敢復居也。（《御覽》卷 890
引）

按：《記纂淵海》卷 98、《廣博物志》卷 46 引正文同。《御覽》卷 736、
909 引作「犀角置狐穴中，狐不歸」，皆當爲注文。《天中記》卷 60
引作《淮南》，蓋誤以外篇爲內篇也。孫馮翼輯本引《御覽》卷 890
作「犀角駭雞。注曰：取眞犀角一刻懸之，雞啄米至，輒驚卻，故
南人名爲駭雞也」，大誤。「雞啄米至，輒驚卻，故南人名爲駭雞也」
爲《御覽》下條引《抱朴子》文，「取眞犀角一刻懸之」未詳所出，
蓋孫氏臆補。明本《御覽》無「抱朴子」三字，葉德輝輯本亦據以
輯入，非也。

（79）**昔者牛哀病，七日化而爲虎，其兄啟戶而入，虎搏而殺之。**
方其爲虎，不知其嘗爲人也；方其爲人，不知其且爲虎也。
且，猶將也。（《御覽》卷 891 引）

按：《淮南子・俶眞》：「昔公牛哀轉病也，七日化爲虎，其兄掩戶而入覘
之，則虎搏而殺之。是故文章成獸，爪牙移易，志與心變，神與形
化。方其爲虎也，不知其嘗爲人也；方其爲人，不知其且爲虎也。」
此所引蓋誤以內篇爲外篇也。《搜神記》卷 12：「魯牛哀得疾，七日
化而爲虎，形體變易，爪牙施張，其兄啓戶而入，搏而食之。方其
爲人，不知其將爲虎也；方其爲虎，不知其嘗爲人也。」《法苑珠林》
卷 43 略同。「摶」當作「搏」，字之誤也。

（80）**虎嘯則谷風生。**（《御覽》卷 891 引）

按：《事類賦》卷 20 引同。《易・乾》：「雲從龍，風從虎。」《埤雅》卷
15 引《本草經》：「尋萬物之性，皆有離合，虎嘯風生，龍吟雲起。」

《淮南子·天文篇》:「虎嘯而谷風至，龍舉而景雲屬。」《御覽》卷9引亦作「至」，《文選·歸田賦》李善注、《白帖》卷2、《御覽》卷929、《記纂淵海》卷2、《古今合璧事類備要》前集卷2引「至」作「生」字。作「至」爲高本，作「生」爲許本。《楚辭·七諫》:「虎嘯而谷風至兮，龍舉而景雲往。」《論衡·龍虛》、《寒溫》:「虎嘯谷風至，龍興景雲起。」又《亂龍》:「虎嘯而谷風至。」皆據高本。

（81）**牛膽塗目，莫知其誰**。取八歲黃牛膽，桂二寸，著膽中，百日以成，因使巧工刻象人，丈夫著目下，爲女子著頭上，爲小兒著頤下，盛以五采囊，先宿齋，無令人知也。（《御覽》卷899引《淮南子》）

按:「塗目」當作「塗桂」。「牛膽塗桂，莫知其誰」當爲《萬畢術》文，此誤以外篇爲內篇也。《本草綱目》卷50引正作《淮南子萬畢術》，文作「牛膽塗桂，莫知其誰」，又引註:「能變亂人形。」王仁俊輯本誤「目」爲「耳」。

（82）**阿羊九頭更食，國亂乃出**。（《御覽》卷902引）

按:《廣博物志》卷48引同。《唐開元占經》卷119引《災異圖》:「王侯二千石，不祗上命，剋暴，百姓吁嗟，則一羊六頭。」

（83）**投鼠者機動，釣魚者浮抗**。動，發也。發則得鼠。浮，釣浮也。抗，動也。動則得魚也。（《御覽》卷911引）

按:《淮南子·說林篇》:「設鼠者機動，釣魚者泛杭，任動者車鳴也。」此所引蓋誤以內篇爲外篇也。「設」爲「投」字之誤。

（84）**虞氏者，梁富人也。登高樓，臨大路，設樂陳酒，蒱搏其上，遊俠相隨行於樓下。博者射明張中友雨榆而失戴，墮腐鼠而中遊俠。俠相與語曰:「虞氏，富人矣，常有輕人之志，乃辱我以腐鼠，請滅其家其夜。」乃攻於虞氏，大滅其家。此謂類而非也**。榆，音楬。（《御覽》卷911引）

按:此《淮南子·人間》文，所引蓋誤以內篇爲外篇也。「搏」當作「博」。

（85）**人面擊地，飛鳥自下**。取藥木爲人形，似鳥，而血塗人面，以擊

地，飛鳥自下。（《御覽》卷 914 引）

按：《廣博物志》卷 44 引注「飛鳥自下」作「鳥自飛下」。茆泮林曰：「《博
物志》周日用注云：『物類皆有所忌，以霹靂木擊鳥影，其鳥應時落
地。』則霹靂木可下鳥，《萬畢術》云『蘗木』，黃木也，恐字形訛
脫。」黃奭說同〔註41〕。周日用注見《博物志》卷 3，《本草綱目》
卷 37 引周注作「用〔霹靂木〕擊鳥影，其鳥必自墮也」。「霹靂木」
即「震燒木」，見《證類本草》卷 12；爲霹靂所震之木，見《通鑑》
卷 212 胡三省注。

（86）**伯勞使蚍蜿蟬**。乃天使然也。（《御覽》卷 923 引）

按：《天中記》卷 59 引同。茆泮林曰：「蜿蟬，盤曲貌。」黃奭說同〔註
42〕，是也。同源詞有「婉蟬」、「婉僤」、「宛僤」、「窸嬗」、「蜿蟬」、
「蜿蠤」、「宛潬」、「婉嬋」等形，皆取曲轉爲義〔註43〕。

（87）**天雄鸛胎，日行千里**。取鸛鳥胎於月中暴，一日一增天雄，一月
用三十天雄，而井治爲丸，大如梧子，欲行，吞一丸，得騰，蚍膽和
大良，去天雄，乃膳，獨即行千里。（《御覽》卷 925 引）

按：《說郛》卷 5 引正文同。注「獨即」當乙作「即獨」。

（88）**鼈暗得火，可以燃鐵**。取鼈殺之，燒鐵如炭狀，以卒（淬）其脂
中，鐵自燃。（《御覽》卷 932 引）

按：「暗」當作「脂」，字之誤也。《續博物志》卷 2、《天中記》卷 57 引
正作「脂」字。《埤雅》卷 2：「舊說鼈亦思化，其脂得火，可以然鐵。」
《海錄碎事》卷 22：「舊說鼈脂得火，可以燃鐵。」

（89）**烏喙蚍肝，病病作不苦**。取烏喙蚍肝各等治，和丸如梧桐實，欲

〔註41〕茆泮林輯《淮南萬畢術》，收入《叢書集成初編》第 694 冊，中華書局 1985
年影印，第 8 頁。黃奭輯《淮南萬畢術》，收入《黃氏逸書考·子史鈎沉》，
《續修四庫全書》第 1209 冊，上海古籍出版社 2002 年版，第 451 頁。
〔註42〕茆泮林輯《淮南萬畢術》，收入《叢書集成初編》第 694 冊，中華書局 1985
年影印，第 7 頁。黃奭輯《淮南萬畢術》，收入《黃氏逸書考·子史鈎沉》，
《續修四庫全書》第 1209 冊，上海古籍出版社 2002 年版，第 451 頁。
〔註43〕參見蕭旭《「蜿蜒」考》。

作，吞一丸，人不倦矣。（《御覽》卷 933 引）

> 按：衍一「病」字，《說郛》卷 5 引作「烏喙蛇肝，病不苦」。《武編》前
> 集卷 6：「蛇肝健足，鳥頭延步。」蓋亦取其不倦也。「鳥」為「烏」
> 形誤。

（90）**燒蟹致鼠**。（《御覽》卷 942 引）

> 按：宋高似孫《蟹略》卷 2 引同。《淮南子・原道篇》：「夫釋大道而任小
> 數，無以異於使蟹捕鼠，蟾蜍捕蚤。」高注：「以艾灼蟹匡上，內置
> 穴中，迺熱走窮穴，適能禽一鼠也。」此即「燒蟹致鼠」之說也。
> 古人認為蟹能化鼠。《搜神記》卷 7：「晉太康四年，會稽郡蟛蜞及蟹
> 皆化為鼠。」《宋書・五行志五》、《晉書・五行志下》、《法苑珠林》
> 卷 43 同。宋朱震《漢上易傳》卷 9：「蟹或化鼠，焚蟹致鼠。」

（91）**守宮塗齊，婦人無子**。取守宮一枚，置甕中，及蛇衣，以新布密
裹之，懸於陰處百日，治守宮、蛇衣分等，以唾和之，塗婦人齊，磨
令溫，即無子矣。（《御覽》卷 946 引）

> 按：齊，讀為臍。《說郛》卷 5 引正作「臍」。「取守宮」以下當為注文。

（92）**得螳蜋伺蟬自鄣葉，可以隱形**。（《御覽》卷 946 引《邯鄲氏
笑林》引《淮南方》）

> 按：《淮南方》即指《淮南萬畢術》也。《爾雅翼》卷 25「螳蜋」條：「或
> 曰：得其翳者可以隱形。」

（93）**苓皮、蟆脂，魚鼈自聚**。取苓皮之漬水斗半，燒石如炭狀，以淬
蟆脂中，已（以）置苓皮水中七日，已（以）置沼，則魚鼈自聚矣。
（《御覽》卷 947 引）

> 按：《說郛》卷 5 引注「淬」作「碎」，「自」作「日」，並誤。《物理小識》
> 卷 12 亦誤作「碎」。孫馮翼輯本「水斗」誤作「水中」，又誤以「半」
> 屬下句。

（94）**竹蠹飲人，自言其誠**。竹蠹三枚，竹黃十枚，治之，欲得人情，
取藥如大豆，燒酒中飲之，不令醉，以問其事，必得其實也。（《御覽》
卷 948 引）

按：《說郛》卷 5、《本草綱目》卷 41 引正文同。《本草》卷 41、《玉芝堂談薈》卷 32 並引高誘註：「以竹蟲三枚，竹黃十枚，和勻，每用，一大豆許，燒入酒中，令人飲之，勿至大醉，叩問其事，必得其誠也。」《四庫》本「枚」作「移」，「燒」作「撓」，並誤。「竹蟲」即「竹蠹蟲」。

（95）**黍成蠐螬**。以秋冬穫黍，置溝中，即生蠐螬也。（《御覽》卷 948 引）

按：《爾雅翼》卷 24、《陸氏詩疏》毛晉《廣要》卷下引同。《本草綱目》卷 23 引作「穫黍置溝，即生蠐螬」，又卷 41 引作「置黍溝中，即生蠐螬」，皆當爲注文。《莊子・至樂》：「烏足之根爲蠐螬，其葉爲蝴蝶。」〔註44〕《釋文》引司馬彪曰：「烏足，草名，生水邊也。」《埤雅》卷 10 引《三教珠英》：「蒿成蠐螬。」《四庫》本「穫」誤作「襖」。孫馮翼輯本「穫」誤作「雜」，「溝」誤作「鹽」。

（96）取蜘蛛與水狗及猪肪置甕中，密以新縑，仍懸室後，百日視之，蜘蛛肥，殺之以塗足，涉水不沒矣。又一法：取蜘蛛二七枚，內甕中，合肪，百日以塗足，得行水上，故曰：「蜘蛛塗足，不用橋梁。」（《御覽》卷 948 引）

按：《說郛》卷 5 引同。「蜘蛛塗足，不用橋梁」爲正文，《御覽》未引，注語著「故曰」二字，復舉之也。《物理小識》卷 12「泅汙法」條：「取蜘蛛與水狗猪膏合置甖中，密以新縑蓋之，縣後屋，百日視蜘蛛肥，迺以塗足。」

（97）青蚨還錢。青蚨一名魚，或曰蒲，以其子母各等置瓮中，埋東行陰垣下，三日後開之，即相從。以母血塗八十一錢，亦以子血塗八十一錢，以其錢更乇市。置子用母，置母用子，錢皆自還。（《御覽》卷 950 引）

按：「乇」即「互」俗字，《說郛》卷 5 引正作「互」，《四庫》本「乇」作「易」。《本草綱目》卷 40 引正文作「青蚨還錢」，又引高誘註：

〔註44〕《列子・天瑞》同。

「青蚨一名魚父、魚伯，以其子母各等置甕中，埋東行垣下，三日
開之，即相從。以母血塗入十一錢，子血塗八十一錢，留子用母，
留母用子，皆自還也。」「青蚨一名……午市」亦當是注文。黃奭
謂校宋本《御覽》有脫字，「魚」下補「父」字，「蒲」下補「螶」
字〔註45〕，是也。「魚」下亦可補「伯」字，鮑刻本正作「魚伯」、
「蒲螶」。《證類本草》卷 22 引作「青蚨一名魚伯，以母血塗八十
一錢，以子血塗八十一錢，置子用母，置母用子，皆自還也。」《廣
雅》：「蟱蝸、魚伯，青蚨也。」《本草綱目》卷 40《釋名》：「青蚨：
蚨蟬，蟱蝸，蠊蝸，蒲螶，魚父，魚伯。」《說文》：「蚨，青蚨，
水蟲，可還錢。」《廣韻》「蝸」字條引《異物志》：「蠊蝸子如蠶子，
著草葉，得其子，母自飛來就之。」《搜神記》卷 11：「南方有蟲名
蠊蝸，一名蜖蠋，又名青蚨……取其子，母即飛來，不以遠近。雖
潛取其子，母必知處。以母血塗錢八十一文，以子血塗錢八十一文，
每市物，或先用母錢，或先用子錢，皆復飛歸，輪轉無已。故《淮
南子術》以之還錢，名曰青蚨。」《初學記》卷 27、《御覽》卷 836、
《事類賦注》卷 10 引《搜神記》「青蚨」作「青鳧」。《海錄碎事》
卷 15：「青鳧，一名錢精。」「蚨」之語源即爲「鳧」，取飛之迅速
爲義，以爲蟲名，故從虫作專字「蚨」。

（98）沙虱，一名蓬活，一名地脾。（《御覽》卷 950 引）

按：《說郛》卷 5 引同。《玉芝堂談薈》卷 32 引作「沙虱，一名地肺（脾）」。
《本草綱目》卷 42《釋名》亦引《萬畢術》，謂「沙蝨」一名「蓬活」。
《廣雅》：「沙虱，蜱蟖也。」王念孫曰：「蓬活即蜱蟖之轉聲也。」
〔註46〕葉德輝謂「蓬活」猶言「蓬顆」，駁王念孫說〔註47〕。

（99）南山牡荊，指病自愈；節不相當，有月暈時剋之。（《御覽》
卷 959 引）

〔註45〕黃奭輯《淮南萬畢術》，收入《黃氏逸書考·子史鈎沉》，《續修四庫全書》第
1209 冊，上海古籍出版社 2002 年版，第 455 頁。
〔註46〕王念孫《廣雅疏證》，收入徐復主編《廣雅詁林》，江蘇古籍出版社 1998 年版，
第 953 頁。
〔註47〕葉德輝輯《淮南萬畢術》卷下，長沙葉氏郎園藏板。

按：《類聚》卷 89 引《萬南》：「萬南杜荊，指病自愈；節不相當者，月暈時尅之，養病。」晉嵇含《南方草木狀》卷中：「荊，寧浦有三種……又彼境有杜荊，指病自愈；節不相當者，月暈時刻之，與病人身齊等，置牀下，雖危困，亦愈。」「萬南」即「萬畢」之誤，「杜」為「牡」之誤。《類聚》卷 89 又引《廣志》：「楚荊也，牡荊，蔓荊也。」《說郛》卷 104、《天中記》卷 51 引《草木狀》正作「牡」。《本草綱目》卷 36 引裴淵《廣州記》亦作「牡荊」，又引恭曰：「牡荊作樹，不為蔓生，故稱為牡，非無實之謂也。」《古今合璧事類備要》別集卷 53 引《郡志》亦誤作「杜荊」。

（100）**糵令面悅。**取糵葉三寸，土苽三枚，大棗七枚，膏和塗面，不得四五日立悅矣。先以湯洗面，乃傅藥。（《御覽》卷 959 引）

　　按：《證類本草》卷 12 引作「糵令面悅。取糵三寸上瓜三枚，大棗七枚，和膏湯洗面，乃塗藥，四五日光澤矣」，正文、注文不別。王仁俊輯本、葉德輝輯本「糵」誤作「孽」。

（101）**夜燒雄黃，水蟲成列。**水蟲聞燒雄黃臰氣，皆趣火。（《御覽》卷 988 引）

　　按：《說郛》卷 5 引作「夜燒雄黃，水虫成對來。水虫聞燒雄黃晃（臰）氣，皆趨火」，正文、注文不別。

（102）**取曾青十斤燒之，以水灌其地，雲起如山雲矣。曾青為藥，令人不老。**（《御覽》卷 988 引）

　　按：《說郛》卷 5 引同。

（103）**白青得鐵，即化為銅。**取石白、青分等治台（合）鐵，即成銅矣。（《御覽》卷 988 引）

　　按：《玉芝堂談薈》卷 29、《本草綱目》卷 10 引正文同。《抱朴子內篇·黃白》：「曾青塗鐵，鐵赤色如銅。」「台」當作「合」，字之誤也。《周禮·天官·冢宰》鄭注：「其治合之齊（劑），則存乎神農子儀之術云。」

（104）**朱沙为瀆**。（《御覽》卷 988 引）

　按：朱沙，即「丹沙」。瀆，爲「澒」省文。《說文》：「澒，丹沙所化爲
　　水銀也。」《廣雅》：「水銀謂之澒。」《御覽》卷 988 引《廣雅》作
　　「瀆」。字或作汞，《集韻》：「澒，或作汞。」《淮南子・墜形篇》：「赤
　　丹七百歲生赤澒。」《御覽》卷 70 引，有注：「赤丹，沙也。」孫馮
　　翼輯本「瀆」誤作「頂」。

（105）**天雄，雄雞，志氣益〔勇〕**。取天雄三枚，納雄雞腹中，搗生食
　　之，令人勇。（《御覽》卷 990 引《淮南子》）

　按：此不類內篇文，茆泮林、王仁俊、黃奭、于大成並謂《萬畢術》佚
　　文〔註48〕，是也。《本草綱目》卷 17 引脫「生」字。《御覽》卷 990
　　又引《本草》：「天雄……主大風，破積聚邪氣，強筋骨，輕身健行，
　　長陰氣，強志，令人武勇，力作不倦。」據注，「志氣益」下脫「勇」
　　字。二枚，《證類本草》卷 10 引作「三枚」，《本草綱目》卷 17 引作
　　「一枚」，亦並誤作《淮南子》。

（106）**岑皮致水**。（《御覽》卷 992 引）

　按：《本草綱目》卷 35 引作「梣皮止水」，又云：「謂其能收淚也，高誘
　　解作致水，言能使水沸者，謬也。」《齊民要術・筆墨》引韋仲將《合
　　墨法》：「梣，江南樊雞木皮也。」〔註49〕《文房四譜》卷 5：「梣皮，
　　即江南石檀木皮也。」又名「秦皮」。「致」當作「止」，字之誤也。
　　梣皮能治眼疾，故云「止水」、「收淚」。《淮南子・俶眞篇》：「夫梣
　　木色青，翳而嬴瘉蝸睆，此皆治目之藥也。」高注：「梣木，苦歷，
　　木名也，生於山，剝取其皮，以水浸之，正青，用洗眼，瘉人目中
　　膚翳。故曰色青。翳，青色象也。」孫馮翼輯本「岑」誤作「苓」。
　　葉德輝輯本以《御覽》卷 736 所引「取苓皮置甖中，自沸如雨也」
　　爲此條注文，大誤。葉氏未辨「岑皮」、「苓皮」之異也。

（107）**莽草浮魚**。取莽草葉，并陳粟米合擣之，以內水，魚皆死。

〔註48〕于大成《淮南子遺文考》，收入《淮南鴻烈論文集》，里仁書局 2005 年版，第
　　　1305 頁。
〔註49〕《御覽》卷 605 引韋仲將《筆墨方》同。

（《御覽》卷 993 引）

按：《四庫》本「濤」作「擣」，是也。《山海經・中山經》：「朝歌之山……
有草焉，名曰莽草，可以毒魚。」郭注：「今用之殺魚。」又「葌山……
有木焉，其狀如棠而赤葉，名曰芒草，可以毒魚。」「芒草」即「莽
草」，一聲之轉也。惠士奇曰：「莽轉為芒，語有輕重耳。」〔註50〕
吳任臣曰：「芒草，案即莽草，俗名蔄草。」〔註51〕宋吳仁傑《離騷
草木疏》卷 3 引陶隱居云：「（莽草）今東間處處皆有，葉青辛烈者良，
人用擣以和米，內水中，魚吞即浮出，人取食之無妨。」〔註52〕《玄
應音義》卷 7：「茴藥：正言莽草，有毒，出幽州。人或擣和，食置
水中，魚〔食〕皆死，浮出，取食之無妨。」《慧琳音義》卷 26「莽」
作「莾」，「鱼」下有「食」字。莽、莾，正、俗字也。孫馮翼輯本「葉」
誤作「野」。葉德輝引《說文》「芫，魚毒也」以說之〔註53〕，非是。

（108）**迴風之草見八方。**取迴風草三寸三枚，五寸五枚，以城西面士，
三家不汲井中青泥，南鷄欲上栖不上者，并治，合為丸，磨其面目，
出戶視八方矣。（《御覽》卷 994 引）

按：《四庫》本「枚」作「枝」，「士」作「土」。「土」字是。《說郛》卷
109 引吳僧贊寧《感應類從志》：「迴風之草，目覩四戶。」注：「取
迴風草，插頭上，令人顧見四戶之事。迴風，即旋風也。」孫馮翼
輯本「三家不汲井中青泥」作「三家石，及井中青泥」，蓋為臆改。
丁晏輯本、葉德輝輯本「汲」誤作「及」。

（109）**以壯菊灰散池中，蛙盡死。**（《御覽》卷 996 引）

按：《四庫》本「壯」作「牡」，是也。葉德輝引《周禮・秋官・司寇》：
「蟈氏掌去蠅黽，焚牡蘜，以灰灑之則死。以其煙被之，則凡水蟲
無聲」（葉氏所引不全，茲補之），謂《淮南術》出此。「蘜」同「菊」。
孫馮翼輯本「池」誤作「地」。

〔註50〕惠士奇《禮說》卷 13，收入景印文淵閣《四庫全書》第 101 冊，臺灣商務印
　　　書館 1986 年初版，第 640 頁。
〔註51〕吳任臣《山海經廣注》，收入景印文淵閣《四庫全書》第 1042 冊，臺灣商務
　　　印書館 1986 年初版，第 147 頁。
〔註52〕《證類本草》卷 14 引同。
〔註53〕葉德輝輯《淮南萬畢術》卷上，長沙葉氏郋園藏板。

（110）五月五日取蠅虎，杵碎拌荳，荳自踴躍，可以擊蠅。（《古
今事文類聚》前集卷9引）

按：宋蔡正孫《詩林廣記》後集卷6引「五月五日」上有「以」字，「碎」
作「汁」，「荳」作「豆」。《古今合璧事類備要》前集卷16、《山堂肆
考》卷11引「荳」作「豆」。《韻府群玉》卷7「豆擊蠅」條引「五
月五日」作「午日」，「荳」作「豆」。「午」為「五」音誤。《說郛》
卷69引崔寔《四民月令》引《淮南子》：「五月五日取蠅虎，杵碎拌
豆，豆自踴躍，可以擊蠅。」誤以外篇為內篇也。《古今注》卷中：
「蠅虎，蠅狐也。形似蜘蛛而色灰白，善捕蠅。一名蠅蝗，一名蠅
豹。」

（111）取桐燭與栢木及蠟俱內箭中，百日以為筆，畫酒自分矣。
（宋蘇易簡《文房四譜》卷1引）

按：《文房四譜》卷1：「桐燭筆分酒。」

（112）服玉，如玉化水法。（《證類本草》卷3「海藥」條引《仙經》，
云在《淮南三十六水法》中）

按：葉德輝輯本謂即《萬畢術》文，茲從之。《證類本草》卷3「玉泉」
條引《仙經三十六水法》：「化玉為玉漿，稱為玉泉，服之長年不老。」
《本草綱目》卷8引同。葉德輝輯本引誤作「化玉如玉漿」。

（113）〔羊蹄〕療蠱毒。（《證類本草》卷11「羊蹄」條引《萬畢方》）

按：「萬畢方」當即「淮南萬畢術」之異稱。

（114）欲髮不脫，梳頭滿千遍。（《證類本草》卷15「服氣精義方」
條引劉安曰）

按：葉德輝輯本謂即《萬畢術》文，茲從之。

（115）燒巳（己）髮合頭垢等分合服，如大豆許三丸，名曰還精，
令頭不白。（《證類本草》卷15「服氣精義」條引劉安曰）

按：《本草綱目》卷52引作「以巳（己）髮合頭垢等分，燒，存性，每
服豆許三丸，名曰還精丹，令頭不白」。「巳」當作「己」，字之誤也。

（116）**狸頭治鼠瘻。鼠齧人瘡，狸愈之。**（《證類本草》卷 17「狸骨」條引《淮南方》）

> 按：「淮南方」當即「淮南方萬畢」之異稱。「齧」字字書未見，當即「齧」之俗字。「挲」或作「挐」，「絮」或作「絮」，「痴」或作「癡」，皆其比也。《廣雅》：「齧，齧也。」字或作齧，《龍龕手鑑》：「齧，或作。齧，正。陟加反，嚙聲。」「鼠齧人瘡，狸愈之」當爲注文。所引正文脫三字，當作「狸頭治鼠，〔雞頭治〕瘻」。《淮南子·說山篇》：「狸頭愈鼠，雞頭已瘻。」高注：「鼠齧人創，狸愈之。瘻，頸腫疾。雞頭，水中芡，幽州謂之鴈頭，亦愈之也。」《御覽》卷 742 引「愈」作「已」，又卷 912 引作「狸頭止瘋，雞頭止瘻」，注「瘋，寒熱病也。」《本草綱目》卷 51：「《淮南子》所謂『狸頭治瘋及鼠齧人瘡』，又云『狐目狸腦，鼠去其穴』皆取其相制之義耳。」「狐目狸腦，鼠去其穴」即《萬畢術》之文，是上條亦當然也。或內外篇並有其文耳。

（117）**〔黿〕脂塗鐵，燒之便明。**（《證類本草》卷 21「鮀魚」條引《淮南王方術》）

（118）**〔菫汁〕除蛇蝎毒及癰腫。**（《證類本草》卷 29「菫汁」條引《萬畢方》）

> 按：《本草綱目》卷 17「蛇咬傷瘡」條引《萬畢術》云：「生菫杵汁塗之。」

（119）**木瓜燒灰，散池中，可以毒魚。**（《本草綱目》卷 30 引）

> 按：《說郛》卷 109 引吳僧贊寧《感應類從志》：「木瓜翻魚。」注：「以木瓜灰和麥飯糠及米投水中，魚乃食之，魚皆翻目矣。」

（120）**黑犬皮毛燒灰，揚之，止天風。**（《本草綱目》卷 50 引）

> 按：黃奭輯本脫「灰揚」二字。《說郛》卷 109 引吳僧贊寧《感應類從志》：「群毛止風。」注：「取黑犬皮毛并白鷄左翼剪燒之，揚鷄，即風生；揚犬，即風止也。」《本草綱目》卷 48 引《感應志》：「五兩日，以白鷄左翅燒灰，揚之，風立至；以黑犬皮毛燒灰，揚之，風立止也。」《玉芝堂談薈》卷 32：「群毛止風。」注引張華《感應志》：「取黑犬

皮并烏鷄左翼剪燒之，搖鷄，即風生；揚犬，即風止也。」蓋誤以
贊寧爲張華也。元李翀《日聞錄》引《江行錄》：「酉毛招風：乙酉
丁酉日，燒三歲雄雉鷄羽，扬灰，風立至。」〔註54〕

（121）用雄黃末之，混沌白和之，服如大豆三丸，目見千里。（《正
統道藏·正乙部·三洞道士居山修煉科》引《淮南祕方》）

附 考

（1）术草者，山之精也，結陰陽之精氣，服之令人長生絕穀致神
仙。（《類聚》卷 81 引《異術》）

按：葉德輝輯本謂「異術」爲「萬畢術」脫譌，云「異即畢之譌，上又
脫萬字」。考《本草綱目》卷 1「引據古今醫家書目」列有「段成式
《酉陽雜俎》、《異術》、王建平《典術》、杜祐《通典》」，是「《異術》」
一書，明人李時珍猶見之，葉說非也。

（2）桑木者，箕星之精，神木〔也〕，蟲食葉為文章，人食之，
老翁為小童。（《類聚》卷 88 引《典術》）

按：葉德輝輯本謂「典術」爲「萬畢術」脫譌，云「因畢而誤異，因異
而誤典，輾轉沿譌。皆《萬畢術》文也」。《事類賦注》卷 25、《記纂
淵海》卷 95 亦引《典術》：「桑木者，箕星之精。」《說郛》卷 5 則
引作闕名《尚書考靈耀》之文，《本草綱目》卷 6 引作《抱朴子》之
文，又卷 36 引作《典術》之文。所引雖不同，要之不可遽斷爲《萬
畢術》佚文也。考《御覽》卷首「經史圖書綱目」，共 1690 種，其
中列有「王建平《典術》」；又卷 808 明引王建平《典術》：「雲母有
五名，其色青黑五色亂文者名曰雲母，白而微者名曰雲英……」。《本
草綱目》卷 1「引據古今醫家書目」亦列有「王建平《典術》」，又卷
10 明引王建平《典術》：「黃白而赤重厚者佳，雲母之根也。」是「《典
術》」一書，王建平所著，明人李時珍猶見之，葉說非也。

〔註54〕「《江行錄》」爲宋人張氏著作。明凌迪知《萬姓統譜》卷 63：「勾穎，不知
何許人，紹聖初爲眞州教授，作《江行錄》序，云『太守張公所修』，張不
著名。」

（3）桃者，五木之精也。故壓伏邪氣，制百鬼，故今人作桃符著門上，壓邪氣，此仙木也。（《類聚》卷 86 引《典術》）

按：《初學記》卷 26、《事類賦注》卷 26、《爾雅翼》卷 10、《埤雅》卷 13、《證類本草》卷 23、《古今事文類聚》後集卷 25、《農書》卷 9 引皆作《典術》之文，《書鈔》卷 155、《初學記》卷 4、《御覽》卷 29、《海錄碎事》卷 22、《古今事文類聚》前集卷 6、《鼠璞》卷下《類說》卷 6、《紺珠集》卷 5、《說郛》卷 14、69 並引作宗懍《荊楚歲時記》之文。所引雖詳略不同，要之不可遽斷爲《萬畢術》佚文也。

（4）杏者，東方歲星之精也。（《類聚》卷 87 引《典術》）

按：宋陳景沂《全芳備祖前集》卷 10、《天中記》卷 52 引同。《御覽》卷 968、《事類賦注》卷 26、《記纂淵海》卷 95 亦引作《典術》，「杏」下有「木」字。

（5）女貞木者，少陰之精，冬葉不落。（《類聚》卷 89 引《典術》）

按：《天中記》卷 51、《本草綱目》卷 36 引亦作《典術》之文。《文選·上林賦》：「欀檀木蘭，豫章女貞。」李善注引張揖曰：「女貞木，葉冬不落。」

（6）餌桃膠，十五日後，夜半時視北斗魁內，當有神人見，可飲玉漿。（《書鈔》卷 144、《御覽》卷 861 引《典術》）

按：《書鈔》卷 144 引《典術》：「餌桃膠，五十日後得玉漿。」《御覽》卷 861 引《典術》：「餌桃膠，五十日後飲玉漿。」

（7）《御覽》卷 808 引《淮南子》：「雲母來水。」注：「雲母石可致水。」

按：今本見《淮南子·墜形篇》，無注。王仁俊輯本謂《萬畢術》文，非也。

（8）《本草綱目》卷 5：「《淮南萬畢術》有凝水石作冰法，非真也。」未引正文。

附錄二：《淮南子》古楚語舉證

一、引　言

　　《淮南子》21 卷，是西漢初年由淮南王劉安（前 179～前 121 年）招集門客，於漢景帝、武帝之交時撰寫的一部論文集。於武帝劉徹即位之初的建元二年（前 139 年）進獻於朝廷。

　　《淮南子》有東漢許慎、高誘二家注（今本許注、高注相雜）。顧炎武曰：「《公羊》多齊言，《淮南》多楚語。」〔註1〕羅常培、周祖謨先生亦曰：「《淮南子》所代表的語音可能就是當時江淮一帶的楚音。」〔註2〕許慎、高誘二家注指明的古楚語共有 25 條。嚴學宭先生《論楚族和楚語》一文考察了《淮南子》許慎注提到的 13 條古楚語〔註3〕。

　　本稿鉤抉《淮南子》古楚語語料 60 餘條，供治古楚語者參考。我們所確定的古楚語，以許慎、高誘二家注所指明的為準；二家未確指者，則以《方言》、《說文》、《玉篇》、《玄應音義》、《慧琳音義》、《廣韻》、《集韻》、《龍龕手鑑》以及《楚辭》王逸注、《方言》郭璞注、《史記》三家注等指明為楚語的為準。當然，古楚語中亦有來自全民語言或其他方言中的詞彙。我們確定某個詞為古楚語，並不排除其他方言中亦有此詞彙。古吳越方言、古江淮方

〔註 1〕顧炎武《日知錄》卷 29《方音》，黃汝成《〈日知錄〉集釋》，嶽麓書社 1994
　　　　年版，第 1035 頁。
〔註 2〕羅常培、周祖謨《漢魏晉南北朝韻部演變研究》，科學出版社 1958，第 77 頁。
〔註 3〕嚴學宭《論楚族和楚語》，收入《嚴學宭民族研究文集》，民族出版社 1997 年
　　　　版，第 390～391 頁。

言與古南楚方言存在著極爲密切的關係，《方言》常常「吳楚」、「江淮南楚」連言，我們指的古楚語有時包含著古吳越方言、古江淮方言〔註4〕。

　　所謂的「楚地」，主要在今長江中游，以及淮、漢、湘、贛諸水流域，往東曾擴至吳、越、揚州，往西則擴至漢中，這個概念至少保留到西漢時期。林語堂將西漢楚語分爲西楚、淮楚、南楚三系，據陳麗桂考察，《淮南子》中用得最多的楚語是淮楚，寫作時多雜用各系楚語〔註5〕。前人作過專書的方言研究，如黃家岱《〈論語〉多齊魯方言述》、淳于鴻恩《〈公羊〉方言疏議》、李翹《屈宋方言考》、駱鴻凱《〈楚辭章句〉徵引楚語考》、林語堂《〈周禮〉方音考》、徐仁甫《〈孟子〉方言考》、馬宗霍《〈說文解字〉引方言考》、姜書閣《屈賦楚語義疏》、丌宏昌《〈論語〉方言辨證》、李水海《老子〈道德經〉楚語考論》〔註6〕。關於《淮南子》古楚語的專題研究，有陳麗桂《淮南多楚語——論〈淮南子〉的文字》、何志華《〈楚辭〉、〈淮南〉、〈文子〉三書楚語探究》、陳廣忠《〈淮南子〉楚語考》三文〔註7〕，楊蓉蓉《高誘注所存古方音疏證》一文亦考查了《淮南子》六條古楚語〔註8〕。陳麗桂文有以通語誤判爲楚語的情況，如「搖消」、「嬈」、「壯」等〔註9〕。何志華文比勘《楚辭》、《淮

〔註4〕參見陳立中《論漢代南楚方言與吳越方言的關聯性》，《中南大學學報》2004年第2期。

〔註5〕參見陳麗桂《淮南多楚語——論〈淮南子〉的文字》，《漢學研究》第2卷第1期，總第3期，1984年6月。下引陳說並見此文。

〔註6〕黃家岱《〈論語〉多齊魯方言述》，收入《嬄藝軒雜著》；淳于鴻恩《〈公羊〉方言疏箋》，民國東方文化事業總委員會研究所鈔本，收入《四庫未收書輯刊》2輯10冊，北京出版社2000年出版；李翹《屈宋方言考》，芬重館1925年刻本；駱鴻凱《〈楚辭章句〉徵引楚語考》，（北平）《師大國學叢刊》第1卷第2期，1931年5月；林語堂《〈周禮〉方音考》，收入《語言學論叢》，開明書店1933年版；徐仁甫《〈孟子〉方言考》，《志學》第5期，成都1942年；馬宗霍《〈說文解字〉引方言考》，科學出版社1959年版；姜書閣《屈賦楚語義疏》，《求索》1981年第1、2期，收入《先秦辭賦原論》，齊魯書社1983年版；丌宏昌《〈論語〉方言辨證》，《齊魯學刊》1988年第6期；李水海《老子〈道德經〉楚語考論》，陝西人民教育出版社1990年版。

〔註7〕何志華《〈楚辭〉、〈淮南〉、〈文子〉三書楚語探究》，《人文中國學報》第8期（2001），收入《〈文子〉著作年代新證》，香港中文大學2004年版。陳廣忠《〈淮南子〉楚語考》，收入《儒道國際學術研討會：兩漢論文集（第二屆）》，「國立」臺灣師範大學出版社2005年版。

〔註8〕楊蓉蓉《高誘注所存古方音疏證》，《古漢語研究》1992年第1期。

〔註9〕「搖消」同「搖捎」，或倒作「捎搖」，《廣韻》：「捎，搖捎，動也。」《原本廣韻》作「捎搖」。亦作「消搖」、「逍遙」，《莊子・逍遙遊》《釋文》：「逍一

南子》兩書用詞，以類同者即視爲楚語；此類詞語如果王逸、許愼、高誘三家未指明是楚語，又無其他旁證，則未可必也，猶當存疑。陳廣忠文考查了許愼、高誘二家注所指明的 25 條古楚語。本稿踵武前賢，其誤者正之，未及者補之，是而不盡者申證之。

　　本稿以《道藏》本爲底本，徵引諸家說未列出處者，並轉引自張雙棣《淮南子校釋》、何寧《淮南子集釋》〔註10〕，爲簡省篇幅，不一一注明。

二、舉　證

（1）忽兮怳兮，不可爲象兮；怳兮忽兮，用不屈兮（《原道篇》）

　　按：「兮」爲古楚語，用爲語辭，《楚辭》例證極多。嚴學宭指出：「兮，音同侯字。」〔註11〕「兮」古讀「阿」音。《老子》第 4 章：「淵兮似萬物之宗。」又「湛兮似若存。」兩「兮」字馬王堆帛本甲乙本並作「呵」。《書‧秦誓》：「斷斷猗無他伎。」《禮記‧大學》引「猗」作「兮」。《詩‧伐檀》：「河水清且漣猗。」漢石經「猗」作「兮」。「猗」《集韻》音倚可切。可證「兮」字古音爲「阿」。吳秋輝曰：「讀『兮』稍延長，即可得『些』字之本音（瀉耶切）。」〔註12〕則未得。字或省作「可」，上博八《李頌》：「索府宮李，木異類可。」全篇句尾皆用「可」爲「呵」，又《有皇將起》同。

（2）童子不孤，婦人不孀（《原道篇》）

　　高注：無父曰孤，寡婦曰孀也。

　　按：《修務篇》：「弔死問疾，以養孤孀。」高註：「幼無父曰孤，雛家謂

　　作消，遙一作搖。」《禮記‧檀弓上》：「負手曳杖，消搖於門。」《釋文》：「消搖，本又作『逍遙』。」《俶眞篇》：「形苑而神壯。」陶鴻慶、吳承仕、金其源並謂壯當從本義釋爲壯健，是也；陳麗桂從高注壯訓傷，並引《方言》卷 3 郭注「今淮南人亦呼壯。壯，傷也」爲證，未確。

〔註10〕張雙棣《淮南子校釋》，北京大學出版社 1997 年版。何寧《淮南子集釋》，中華書局 1998 年版。

〔註11〕嚴學宭《論楚族和楚語》，收入《嚴學宭民族研究文集》，民族出版社 1997 年版，第 392 頁。

〔註12〕吳秋輝《楚詞古文考正》，收入《侘傺軒文存》，齊魯書社 1997 年版，第 290 頁。

寡婦曰孀婦。」《玉篇》：「孀，孤孀，寡婦也。」「孀」亦爲古楚語，《慧琳音義》卷61：「孀居：《考聲》云：『孀居，寡婦也，楚人謂寡爲孀居。』」又卷98：「孀孩：《古今正字》云：『楚人謂寡婦曰孀。』」字或作霜，《御覽》卷82、83引《修務篇》並作「孤霜」。《詩·桃夭》孔疏：「許愼曰：『楚人謂寡婦爲霜。』」考《說文》：「霜，喪也，成物者。」《釋名》：「霜，喪也，其氣慘毒，物皆喪也。」是「孀」之語源爲「霜」，指喪夫者。黃侃曰：「今謂女人無夫曰霜婦，霜即與喪字通。」又「孀，孤孀、寡婦也。即喪之後出。」〔註13〕

（3）排閶闔，淪天門（《原道篇》）

高注：閶闔，始升天之門也。

按：《地形篇》：「在崑崙閶闔之中。」高注：「閶闔，崑崙虛門名。」「閶闔」爲古楚語，《說文》：「閶，天門也。楚人名門曰閶闔。」《玉篇》：「閶，閶闔，天門也。《說文》云：『楚人名門曰閶闔。』」《慧琳音義》卷85：「閶闔：王逸注《楚辭》云：『天門也。』《說文》云：『楚人名官門曰閶闔門，楚官也。』」字或作「闔闔」，《漢書·揚雄傳·校獵賦》：「西馳闔闔。」顏師古注：「闔讀與閶同。」《隸釋》卷1《帝堯碑》：「排啓闔闔。」洪适曰：「碑以闔爲閶。」

（4）昔舜耕於歷山，朞年而田者爭處境埍，以封壤肥饒相讓；釣於河濱，朞年而漁者爭處湍瀨，以曲隈深潭相予（《原道篇》）

高注：湍瀨，水淺流急少魚之處也。曲隈，崖岸委曲。深潭，回流饒魚之處。

按：釣於河濱，疑本書當作「陶於河濱」，下脫「河器不苦窳；漁於雷澤」九字，參見《原道篇校補》。《俶眞篇》：「湍瀨旋淵。」高注：「湍瀨，急流也。」《本經篇》：「抑減怒瀨，以揚激波。」高注：「瀨，急流也。」《淮南》「瀨」字共5見，爲古楚語。《漢書·武帝紀》顏師古注引臣瓚曰：「瀨，湍也。吳越謂之瀨，中國謂之磧。《伍子胥書》有下瀨船。」《慧琳音義》卷72：「槎瀨：王逸注《楚辭》云：『瀨，

〔註13〕黃侃《說文解字斠詮箋識》，又《說文外編箋識》，並收入《說文箋識》，中華書局2006年版，第334、486頁。另參見劉盼遂《淮南許注漢語疏》，《國學論叢》第1卷第1號，1927年；又收入《劉盼遂文集》，北京師範大學出版社2002年版，第545頁。

亦湍瀨也。』《漢書》云：『吳楚謂之瀨也。』《古今正字》云：『瀨，水流沙上也。』」又卷85：「河湍：《字書》云：『湍，急瀨也。』許叔重注《淮南子》云：『湍，疾水也。瀨，淺水也。』《說文》：『湍亦瀨也。』」《史記・東越列傳》：「下瀨將軍出若邪、白沙。」《正義》：「越州有若耶山、若耶溪，若如一預州有白沙山，蓋從如此邪？白沙東，故閩州。」「若邪」、「白沙」蓋吳楚之地，「下瀨」當爲古楚語。瀨字或聲轉作厲，《史記・南越尉佗列傳》：「爲戈船下厲將軍。」《集解》：「徐廣曰：『厲一作瀨。』應劭曰：『瀨，水流沙上也。』」《六書故》：「水流石上亦爲厲，漢有下厲將軍是也。別作瀨。」潭，《御覽》卷81引作「潤」，《原本玉篇殘卷》「潤」字條云：「《淮南》：『以曲隈深潤相與。』許叔重曰：『潤，入之處也。』野王案：謂潤利也。」陶方琦、易順鼎並謂潤爲澗字之誤；蔣禮鴻、馬宗霍謂澗當作潭，高本作「深潭」爲長。按「深潭」、「深澗」並通，潤爲澗字之誤，野王說非也。攷《楚辭・抽思》王逸注：「潭，淵也。楚人名淵曰潭。」《玄應音義》卷5：「潭然：潭，深也。楚人名深曰潭也。」又卷18：「潭水，亭水也。楚人名深爲潭。」《慧琳音義》卷16：「潭然：潭，淵也。楚人名淵爲潭。」又卷36：「潭潭：王逸注《楚辭》云：『潭，閑也。南楚之人謂深水曰潭。』」駱鴻凱謂「潭」爲「尋」之音轉〔註14〕。《淮南》多楚語，疑作「深潭」爲《淮南》之舊，《御覽》、《原本玉篇殘卷》所引爲別本。《說文繫傳》：「澳，隈崖也。其內曰澳，其外曰隈，從水奧聲。臣鍇按：《淮南子》：『漁者以其隈隩曲崖相讓。』澳謂岸內曲；隈，外曲也。」所引《淮南》，又爲別本。《論衡・率性篇》：「潭魚出聽，六馬仰秣。」又《感虛篇》：「傳書言：『瓠芭鼓瑟，淵魚出聽；師曠皷琴，六馬仰秣。』」「潭」爲古楚語，淵也。「潭魚」即「淵魚」，所以名魚，言此魚常居深淵也；正以其所居深，故云「出聽」。專字作鱏，俗作鱘〔註15〕，《說文》：「鱏，鱏魚也。《傳》曰：『伯牙鼓琴，鱏魚出聽。』」《演繁露》卷13：「鱏、鱘同。」又音轉爲「潛魚」、「沈魚」，《愼子・外篇》：「昔者匏巴鼓

〔註14〕 駱鴻凱《〈楚辭章句〉徵引楚語考》，（北平）《師大國學叢刊》第1卷第2期，1931年。

〔註15〕 李時珍《本草綱目》卷44：「鱘魚，鱏魚。此魚延長，故從尋從覃，皆延長之義。」未得其命名之由。

瑟，而潛魚出聽；伯牙鼓琴，而六馬仰秣。」《韓詩外傳》卷 6 同，《大戴禮記・勸學》作「沈魚」。《文選・別賦》、《雜體詩》李善註引《外傳》並作「淵魚」，《文選・長笛賦》李善註引《外傳》作「潛魚」。「沈」、「潛」與「鱏」古音同在侵部，故相通借。「潛」非沉隱之義也，專字作鱏，《說文》：「鱏，鱏魚也。」《說文》「鱏」、「鱏」兩收之，實為音轉字。趙宧光曰：「（鱏）海虞方言讀若鱏。」〔註16〕又音轉為「淫魚」，「淫」亦侵部之字。桂馥、王筠並謂「鱏」通作「淫」〔註17〕。《後漢書・馬融傳・廣成頌》李賢注引《外傳》作「淫」。《說山篇》：「瓠巴鼓瑟，而淫魚出聽；伯牙鼓琴，馳馬仰秣。」高注：「瓠巴，楚人也，善鼓瑟。」《三國志・郤正傳》裴松之注、《文選・蜀都賦》、《吳都賦》劉淵林註、《白帖》卷 98 引並作「鱏魚」，《文選・長笛賦》李善註引此文亦作「潛魚」。考《廣韻》：「鱏，徐林切，魚名，口在腹下。又音淫。」《爾雅》《釋文》：「鱏，音尋，又音淫。」《史記・司馬相如傳・上林賦》：「浸潭促節。」《漢書》、《文選》潭作淫。朱季海曰：「楚音潭讀若淫。」〔註18〕是「淫魚」即「鱏魚」、「潭魚」也。又音轉為「流魚」、「游魚」，《荀子・勸學》：「昔者瓠巴鼓瑟，而流魚出聽；伯牙鼓琴，而六馬仰秣。」《文選・七命》李善註引作「鱏魚」，《文選・長笛賦》李善註引此文亦作「潛魚」，《書鈔》卷 109、《古今事文類聚》續集卷 22、《記纂淵海》卷 78、《朱子語類》卷 87 引並作「游魚」。朱駿聲曰：「流，叚借為游。」〔註19〕游、淫一聲之轉。《爾雅》：「流，覃也。」此為聲訓，是流可讀為潭也。《文選・七命》李善註引《荀子》作「鱏」，益可知「流魚」、「游魚」即「淫魚」，亦即「鱏魚」、「潭魚」也，不是游動的魚。楊注：「流魚，中流之魚也。」楊氏失之。段玉裁曰：「諸書或作『鱏魚』，或作『淫魚』，或作『潛魚』，皆由聲近。傳意謂大魚耳。淫者，大也。」〔註20〕朱珔曰：「淫者，大也。」〔註21〕盧文弨曰：「流魚，

〔註16〕轉引自桂馥《說文解字義證》，齊魯書社 1987 年版，第 1012 頁。

〔註17〕桂馥《說文解字義證》，齊魯書社 1987 年版，第 1012 頁。王筠《說文解字句讀》，中華書局 1988 年版，第 458 頁。

〔註18〕朱季海《楚辭解故》，上海古籍出版社 1980 年版，第 303 頁。

〔註19〕朱駿聲《說文通訓定聲》，武漢市古籍書店 1983 年版，第 258 頁。馬王堆漢墓帛書《經法・道原》：「鳥得而蜚，魚得而流，獸得而走。」是其例。

〔註20〕段玉裁《說文解字注》，上海古籍出版社 1981 年版，第 578 頁。

《大戴禮》作『沈魚』，《論衡》作『鱘魚』，亦與『沈魚』音近。恐『流』字誤。《韓詩外傳》作『潛魚』。或說『流魚』即『游魚』，古流、游通用。」王先謙曰：「流魚，《大戴禮》作『沈魚』，是也。《外傳》作『潛魚』，潛亦沈也。作『流』者，借字耳。《淮南》作『淫魚』，《論衡》作『鱘魚』，此二書別爲一義。」屈守元曰：「潛、沈、淫諸字皆音之轉。至於作『流』，當是字誤。『游』則作『流』，而又誤者也。」駱瑞鶴曰：「古流、游通用。游魚，謂游于水中之魚。」王天海說同駱氏〔註22〕。黃暉曰：「淵當作淫，流爲沈字之譌。沈即淫也，聲近字通。鱘、淫聲近字通。《文選·別賦》註引《外傳》作『淵魚』，與此文誤同。淫、淵形譌也。鱘爲本字，沈、淫、潭並以聲叚借也。段玉裁謂淫爲大，失之。」〔註23〕蔣超伯曰：「淫魚即謂大魚也，高注非是。」張雙棣謂「流」字誤。按上引諸說，惟段氏謂「皆由聲近」、黃氏謂「鱘爲本字，沈、淫、潭並以聲叚借。段玉裁失之」、屈氏謂「潛、沈、淫諸字皆音之轉」是也，餘說並誤。袁慶述謂《說山篇》「淫」同「媱」，引《方言》卷 10「媱，遊也。江沅之閒謂戲爲媱」，以牽合於《荀子》之「游魚」〔註24〕，亦未得。趙宗乙謂「淫魚」、「鱘魚」、「鱏魚」爲一類，得名於形貌長大；「沈魚」、「潛魚」、「流魚」爲一類，得名於生存方式，潛指潛行，沈指沈沒，流指游動〔註25〕，未達古楚語與其他方言相轉之理，因亦未得其得名之誼。

（5）足蹪趃墢，頭抵植木（《原道篇》）

高注：蹪，躓也，楚人讀躓爲蹪。

按：《本經篇》：「終日馳騖，而無蹪蹈之患。」王念孫曰：「『蹪蹈』當爲『蹪隤』，字之誤也。蹪與隤同。高注《原道》、《說山》、《脩務》並云：『蹪，躓也，楚人謂躓爲蹪。』《玉篇》：『隤，隤也。』《原道篇》曰：『先者隤陷，則後者以謀。』又曰：『蹪陷（今本陷字亦誤作蹈）

〔註21〕 朱珔《說文假借義證》，黃山書社 1997 年版，第 653 頁。
〔註22〕 以上諸說並轉引自王天海《荀子校釋》，上海古籍出版社 2005 年版，第 23 頁。
〔註23〕 黃暉《論衡校釋》，中華書局 1990 年版，第 243 頁。
〔註24〕 袁慶述《〈楚辭〉楚語札釋十例》，《求索》1983 年第 1 期。
〔註25〕 趙宗乙《淮南子札記》，黑龍江人出版社 2009 年版，第 225～226 頁。

於污壑窊陷之中。』皆其證也。」王說至確，而猶未盡。「蹟」爲古楚語，《集韻》：「蹟，楚人謂蹎仆爲蹟。」《列子‧說符》：「其行足蹟株陷，頭抵植木而不自知也。」張湛注：「蹟，礙也。」則易作通語矣。《說山篇》：「萬人之蹟，愈於一人之隧。」高注：「隧，陷也。」「蹟陷」即「蹟隧」也，隧讀爲墜、隊。隤，字或作隨，隨之言墜也。《原道篇》：「先者隤陷，則後者以謀。」高注：「楚人讀蹟爲隤。隤者車承，或言兼蹟之蹟也。」〔註 26〕《廣韻》：「隤，下墜也。」「蹟陷」或作「隤陷」，《資治通鑑》卷 248：「後古牆因雨隤陷。」胡三省註：「隤，下墜也。」字或作「潰陷」〔註27〕，《六韜‧戰車》：「日夜霖雨，旬日不止，道路潰陷，前不能進，後不能解者，車之陷地也。」或倒作「陷潰」，《後漢書‧南匈奴傳》：「更相馳突，至於陷潰創傷者。」朱起鳳《辭通》卷 20 從王氏說，是也；而卷 19 謂「蹟蹈」爲「潰淖」之訛，解爲「泥濘」〔註 28〕，則失之。《人間篇》：「人莫蹟於山，而蹟於垤。」許注：「蹟，蹎也。垤，蟻封。」考《韓子‧六反》：「不蹶於山，而蹶於垤。」《古文苑》卷 14 漢‧揚雄《揚州牧箴》：「人咸蹶於垤，莫蹶於山。」《呂氏春秋‧慎小》：「人之情不蹷於山，而蹷於垤。」高注：「蹷，蹶，顛頓也。」「蹷」同「蹶」，《說文》：「蹶，僵也。」《廣韻》：「蹶，失腳也。」諸書所引蓋古諺語，此正《淮南》用楚語「蹟」，而《韓子》、《呂氏》、揚雄等用通語「蹶」、「蹷（蹶）」之證也。《玉海》卷 31 引《淮南‧人間篇》作「蹶」字，則亦易作通語矣。《脩務篇》：「則是以一飽（餤）之故，絕穀不食；以一蹟之難，輟足不行，惑也。」《說苑‧說叢》：「一噎之故，絕穀不食；一蹶之故，卻足不行。」則亦易作通語「蹶」矣。《人間篇》「垤」亦古楚語，《方言》卷 10：「垤、封，場也。楚郢以南，蟻土謂之垤。垤，中齊語也。」〔註 29〕《玄應音義》卷 19：「蟻垤：《方言》：『楚鄭已南，

〔註 26〕 兼讀爲佯，《戰國策‧燕策一》：「與殺吾父逐吾主母者，寧佯蹟而覆之。」或兼爲差形誤，差讀爲蹉，《易林‧乾之謙》：「擔負差蹟，踠跌右足。」又《履之坎》：「擔負差蹟，跌蹉右足。」明王溥本「兼」作「顚」，清莊逵吉本「兼」作「跋」，恐皆臆改。

〔註 27〕 參見朱起鳳《辭通》，上海古籍出版社 1982 年版，第 2197 頁。

〔註 28〕 朱起鳳《辭通》，上海古籍出版社 1982 年版，第 2197、2042 頁。

〔註 29〕 《御覽》卷 947、《事類賦注》卷 30 引《方言》並作「蟻土謂之封」，戴震《方言疏證》據以改「垤」爲「封」，然《玄應音義》、《慧琳音義》共 5 引，並作

蟻土謂之垤。』」〔註30〕

（6）鳥排虛而飛，獸蹍實而走（《原道篇》）

高注：蹍，足也。實，地也。

按：「蹍」爲古楚語，《方言》卷1：「蹃，跳也。陳鄭之閒曰蹃，楚曰蹍。」
《說文》：「楚人謂跳躍曰蹍。」《玉篇》：「蹍，楚人謂跳曰蹍。」徐
鍇《繫傳》正引《淮南子》「獸蹍實而走」爲證。高注蹍訓足，則是
讀蹍爲跊，《說文》：「跊，足下也。」高注失之。《原道篇》：「自無蹍
有，自有蹍無。」高注：「蹍，適也。」《精神篇》亦有此語，彼文高
注：「自無跡有從無形至有形也，自有跡無從有形至無形也。」訓蹍
爲至，適亦至也。《齊俗篇》：「各樂其所安，致其所蹍。」《說山篇》：
「方車而蹍越，乘桴而入胡。」《說林篇》：「蹍越者或以舟，或以車，
雖異路，所極一也。」高注並訓蹍爲至，蹍訓跳與訓至義相會。《繆
稱篇》：「各從其蹍而亂生焉。」高注：「蹍，願也。」蹍言志所至也，
故高注訓願。《主術篇》：「明分以示之，則蹍、蹻之奸止矣。」高注：
「盜跊，孔子時人。蹻，莊蹻，楚威王之將軍，能大爲盜也。」考《說
文》：「蹻，舉足高行也。」是蹍、蹻二盜皆以跳躍善行而得名也。字
或作跊，《漢書・揚雄傳》：「秦神下讋，跊魂負沴。」王先謙曰：「跊
與蹍同字。《說文》：『楚人謂跳躍曰蹍。』言秦神讋懼其靈魂跳躍遠
避而負倚坻岸也。」〔註31〕

（7）葉累而無根（《原道篇》）

按：「葉」爲古楚語。《方言》卷3：「攗、翕、葉，聚也。楚謂之攗，或
謂之翕。葉，楚通語也。」此文正用楚語。字或作牒，《本經篇》：「積

「垤」，故不當改。周祖謨《方言校箋》、華學誠《揚雄方言校釋匯證》並未
改，慎矣。戴震《方言疏證》，收入《戴震全集（5）》，清華大學出版社1997
年版，第2423頁。周祖謨《方言校箋》，科學出版社1956年版，第64頁。
華學誠《揚雄方言校釋匯證》，中華書局2006年版，第673頁。《方言》所釋
之「場」，同「塲」，指浮壤，即螞蟻、田鼠等翻起的鬆散泥土或堆在穴口的
小土堆。《文選・藉田賦》「坻場」李善注：「場，浮壤之名也，音傷。」《集
韻》：「塲，《方言》：『蚍蜉犁鼠之塲謂之坻塲，一曰浮壤。』或作場、𤲬、蝪。」
〔註30〕《慧琳音義》卷24、56、95引《方言》並作「蟻土謂之垤」，又卷98引作「蟻
穴謂之垤」。《說文》：「垤，螘封也。」「螘」、「蟻」同。
〔註31〕王先謙《漢書補注》，書目文獻出版社1995年版，第1497頁。

牒旋石。」高注：「牒，累。」《文選・吳都賦》劉淵林註引作「積
疊琔玉」，朱駿聲、張雙棣並謂牒借爲疊〔註32〕，《廣韻》：「疊，重
也，累也，積也。」字或作揲，《廣雅》：「揲，積也。」《俶眞篇》：
「揲貫萬物。」《廣雅》：「葉、積，聚也。」王念孫《疏證》引此
文，云：「葉與揲通……牒與揲聲亦相近。」〔註33〕又音轉作「業」
字，《主術篇》：「業貫萬世而不壅。」王念孫曰：「業，當爲葉，聲
之誤也。」〔註34〕「業貫」即「揲貫」。今吳語猶謂折疊爲葉，比
如云「把被子葉葉緊」。李恕豪曰：「『葉』有『聚』義，於文獻無
徵，當是揚雄親自調查所得。從聲音來講，『葉』與『集』相近……
可見，楚通語作『聚』講的『葉』，其實也是出自全民族語言。」〔註
35〕李氏失考。

（8）終身運枯形於連嵝列埒之門，而蹟蹈於污壑阱陷之中（《原道篇》）

高注：連嵝，猶離嵝也，委曲之貌。列埒，不平均也。污壑，大壑。

按：連嵝，或作「連讍」、「謰讍」、「連縷」、「連邌」、「嚂嘜」〔註36〕，《說
文》：「邌，連邌也。」徐鍇《繫傳》：「臣鍇按：《淮南子》有『連邌』
之言，猶參差零瓏、若連若絕之意也。」《說文》：「謰，謰讍也。」
《繫傳》：「臣鍇曰：義如前『連邌』注。」《方言》卷10：「嚂嘜、
謰讍，拏也。東齊、周晉之鄙曰嚂嘜，嚂嘜，亦通語也。南楚曰謰
讍。」郭璞注：「言諸拏也。」錢繹《箋疏》申高注云：「『離嵝』即
『謰讍』之聲轉耳。」〔註37〕則「連嵝」正古楚語，高注「離嵝」
者，猶言「離縷」，今吳方言尚有「離離縷縷」語，狀連續不絕，「離」
字讀平聲。《字林》：「連縷，不解也。」《玉篇》：「邌，連邌也。」

〔註32〕朱駿聲《說文通訓定聲》，武漢市古籍書店1983年版，第142頁。
〔註33〕王念孫《廣雅疏證》，收入徐復主編《廣雅詁林》，江蘇古籍出版社1998年版，第38頁。
〔註34〕王念孫《淮南子雜志》，收入《讀書雜志》卷13，中國書店1985年版，第57頁。
〔註35〕李恕豪《揚雄〈方言〉中僅見於楚地的方言詞語研究》，收入《語言歷史論叢》第2輯，巴蜀書社2008年版。
〔註36〕酌採王念孫、楊樹達說。
〔註37〕錢繹《方言箋疏》，上海古籍出版社1984年版，第565頁。

又「嗹嘍，多言也。」又「謰謱，繁挐也。」《類篇》：「遱，《說文》：
『連遱也。』謂不絕貌。」《廣韻》：「謱，《說文》云：『謰謱也。』」
字或作「縺縷」，《慧琳音義》卷 34：「縺縷：《字書》：『縺縷，不解
也。』」埒，卑垣、矮牆。句謂運枯形於連連續續的一列列矮牆的門
中。高注「列埒」未確。劉文典曰：「嶁，即嵁嶁。連嶁列埒，謂嵁
嶁連緜、卑垣橫列。」蔣禮鴻曰：「連嶁謂連延之嶁，列埒謂成列之
埒。」二氏皆得失各半。洪頤煊引《廣雅》「埒，隄也」。蔣超伯引
《列子》張湛注：「山上水流曰埒。」並失之。

（9）漠昭於勢利，誘慕於名位（《原道篇》）

高注：漠昭，猶鈍昭，不知足貌。

按：昭，一本作「瞷」。王念孫曰：「『漠昭』皆當爲『滇眠』，字之誤也。
『滇眠』或作『顚冥』，《文子·九守篇》作『顚冥』，是其證也。《莊
子·則陽篇》：『顚冥乎富貴之地。』《釋文》：『冥音眠。司馬云：「顚
冥，猶迷惑也。」』高以『滇眠』爲『不知足』，司馬以『顚冥』爲
『迷惑』，義相因也。」王叔岷曰：「竊以爲昭與眠同，似非誤字。」
〔註38〕合二王之說，斯爲善矣。蔣禮鴻亦曰：「昭不必改眠。」〔註
39〕《玉篇》：「眠，同『瞑』。」本書《要略》：「所以使人不妄沒於
勢利，不誘惑於事態。」沒，貪也。「妄沒」亦與「滇眠（顚冥）」
義相因，可發明此文之義。此二王所未及，因爲補之。劉殿爵曰：
「『漠昭』與『妄沒』並明母雙聲聯緜字，則『漠昭』似非『滇眠』
之誤。」〔註40〕謂義近則是，謂雙聲通轉則非也。顚，讀爲趚。《說
文》：「趚，走頓也。」《說文繫傳》：「臣鍇曰：頓，倒也。」字或
作蹎，《荀子·正論》：「蹎跌碎折，不待頃矣。」楊注：「蹎，與顚
同，躓也。」《漢書·貢禹傳》：「誠恐一旦蹎仆，氣竭不復自還。」
顏師古注：「蹎，音顚，蹙躓也。仆，音赴，仆頓也。」《覽冥篇》：

〔註38〕王叔岷《莊子校詮》，中華書局 2007 年版，第 998 頁。
〔註39〕蔣禮鴻《義府續貂》，收入《蔣禮鴻集》卷 2，浙江教育出版社 2001 年版，第
54 頁。
〔註40〕劉殿爵《讀淮南鴻烈札記》，香港《聯合書院學報》第 6 期，1967 年出版，第
146 頁。

「其行蹎蹎，其視瞑瞑。」〔註41〕「顚冥」即「蹎瞑」之誼。「顚」以行喻，「冥（瞑）」以視喻也。字或作「顚瞑」，唐・韓愈《和李相公攝事南郊覽物興懷呈一二知舊》：「顧瞻想巖谷，興歎倦塵囂。惟彼顚瞑者，去公豈不遼！」宋・方崧卿《韓集舉正》卷3：「瞑，從目，古眠字也……《莊子》司馬彪云：『顚冥，猶迷惑也。』」宋・魏仲舉《五百家注昌黎文集》卷7：「孫曰：『顚瞑，眩惑也。』」朱起鳳《辭通》卷7採王念孫說，謂「漠暋」當爲「滇眠（顚冥）」，釋爲「歆羨」；而卷19謂「漠暋」同「漠漫」、「漠憫」，釋爲「煩懣」〔註42〕。朱駿聲謂漠叚借爲慕，高注非〔註43〕。並未確。「滇眠」、「顚冥」與「鈍暋」音轉，或作「頓愍」、「頓悶」，爲古楚語。《方言》卷10：「悃、愸、頓湣，惽也。楚揚謂之悃，或謂之愸，江湘之閒謂之頓愍。」郭注：「惽，謂迷昏也。頓愍，猶頓悶也。」《玉篇》：「悃，惽也、亂也。」又作「鈍惛」、「鈍聞」、「屯閔」，《俶眞篇》：「狡猾鈍惛，是非無端。」《修務篇》：「鈍聞條達。」高注：「鈍聞，猶鈍惛也。」《文子・精誠篇》作「屯閔條達」。王念孫曰：「聞當作閔，閔與惛聲相近。『頓湣』、『屯閔』並與『鈍閔』同。」于省吾曰：「王說非是。金文聞字通作𦕽，與惛字通。」王說改「聞」字未確，餘說是也。《說文》：「聞，知聞也。𦕽，古文從昏。」是「聞」古文作𦕽，故可讀爲惛也。《辭通》卷6謂「閔」爲「聞」形誤，又卷18謂「聞」爲「悶」形誤，並誤；而卷6謂「聞、惛音相近」〔註44〕，則是也。蔣禮鴻謂「鈍聞」即「童蒙」之轉，亦未得。

（10）毀譽之於己，猶蚊虻之一過也（《俶眞篇》）

按：「蚊」爲古楚語。《說文》：「蜹，秦晉謂之蜹，楚謂之蚊。」《慧琳音義》卷9：「蚊蜹：小蚊曰蜹。《說文》：『秦人謂之蜹，楚人謂之蚊。』」或作螡，古字。《俶眞篇》：「雲臺之高墮者，折脊碎腦，而蚊螡適足

〔註41〕《文子・道原》同。

〔註42〕 朱起鳳《辭通》，上海古籍出版社1982年版，第607、1089頁。

〔註43〕 朱駿聲《說文通訓定聲》，武漢市古籍書店1983年版，第417頁。

〔註44〕 朱起鳳《辭通》，上海古籍出版社1982年版，第551、1965頁。

以**鷗**翔。」《天文篇》：「半夏生**蟁蝱**。」《汜論篇》：「夏日則不勝暑
熱**蟁蝱**。」字或作蚉，《慧琳音義》卷 66：「蠓蚋：《論文》作蚋，
俗字也。《古今正字》云：『秦謂之蚋，楚謂之蚉也。』」

（11）**擢**德**捲**性（《俶眞篇》）

高注：擢，取也。捲，縮也。

按：《莊子·駢拇》：「擢德塞性。」爲此文所本。《釋文》：「擢德，音濯，
司馬云：『拔也。』」林希逸曰：「擢，抽也。塞，猶言茅塞也。」
擢當訓拔取、抽取，塞爲誤字。王念孫曰：「塞當爲搴。」王叔岷
申證之〔註45〕；王利器說同王念孫〔註46〕，于省吾曰：「塞亦搴之
譌，應讀爲捲。」捲訓縮者，字或作攐，《文子·上禮》正作「攐」，
《玉篇》：「攐，縮也。」與高注正同。字或作綣，《廣韻》：「綣，綣
縮。」《國語·周語中》：「而縮取備物以鎮撫百姓。」韋注：「縮，
引也。」汪遠孫謂縮讀爲摍〔註47〕。《說文》：「摍，蹴引也。」〔註
48〕《小爾雅》：「縮，抽也。」《廣韻》：「摍，抽也。」可證縮、摍
通用。又《楚語上》：「縮於財用則匱。」韋注：「縮，言取也。」
縮亦當讀爲摍，有「引取」、「抽取」之義〔註49〕。楊樹達曰：「高
訓捲爲縮，非也。」于省吾曰：「捲不應訓縮。」王利器曰：「高訓
爲縮，未之聞也。」〔註50〕則皆失考矣。楊樹達謂捲本字爲擽，引
《說文》：「擽，拔取也。」是也。「擽」爲古楚語，字或作攐、搴、
撐。《方言》卷 1：「攐，取也。南楚曰攐。」又卷 10：「攐，取也。
楚謂之攐。」《莊子·至樂》：「攐蓬而指之曰。」《列子·天瑞》同，

〔註45〕王叔岷《莊子校詮》，中華書局 2007 年版，第 309 頁。
〔註46〕王利器《文子疏義》，中華書局 2000 年版，第 510 頁。
〔註47〕汪遠孫《國語發正》，收入《清經解續編》第 11 冊，鳳凰出版集團 2005 年版，
　　　第 3081 頁。
〔註48〕蹴讀爲蹙，收縮之義，朱駿聲改「蹴引」作「就引」，失之。朱駿聲《說文通
　　　訓定聲》，武漢市古籍書店 1983 年版，第 286 頁。
〔註49〕參見蕭旭《國語校補》，收入《群書校補》，廣陵書社 2011 年版，第 83～84
　　　頁。何志華亦謂縮訓取，並駁楊樹達說。何志華《〈楚辭〉、〈淮南〉、〈文子〉
　　　三書楚語探究》，《人文中國學報》第 8 期（2001），收入《〈文子〉著作年代
　　　新證》，香港中文大學 2004 年版，第 88 頁。
〔註50〕王利器《文子疏義》，中華書局 2000 年版，第 509 頁。

《御覽》卷 374 引《莊子》、《類聚》卷 82 引《列子》並作「攓」字，《莊》、《列》正用古楚語。《說文》：「攓，拔取也，南楚語。《楚詞》曰：『朝攓阰之木蘭。』」《慧琳音義》卷 87：「攓芙蓉：《方言》：『南楚謂取曰攓。』《蒼頡篇》：『拔取也。』亦作攓，論作攓，亦通俗字。』」《史記・孫叔通傳》：「故先言斬將攓旗之士。」《索隱》引《方言》云：「南方取物為攓。」《廣韻》：「攓，取也；攓，上同。」《集韻》：「攓，《說文》：『拔取也，南楚語。』或從蹇，亦作攓。」

（12）不與物相弊撒（《俶真篇》）

高注：弊撒，猶雜揉也。弊，讀跋涉之跋也。撒，讀楚人言殺也。

按：陳麗桂曰：「『弊撒』亦宜為楚語雜揉之意。」陳說是也，而無論證，茲為補之。向宗魯曰：「《莊子・駢拇篇》：『敝跬譽無用之言。』《釋文》：『分外用力之貌。』此『弊撒』當與『敝跬』同（跬，郭音屑）。字又作『蹩躠』，《莊子・馬蹄篇》：『蹩躠為仁。』《釋文》：『李云：用心為仁義之貌。』案：用心用力，義並得通。向、崔本作『弊殺』，蓋與《淮南》所據本同。」楊樹達曰：「《莊子・馬蹄篇》：『蹩躠為仁，踶跂為義。』《釋文》：『躠，向、崔本作殺。』『弊撒』與『蹩躠』同。《釋名》：『摩娑，猶末殺也，手上下言之也。』『末殺』與『弊撒』亦同。」譚獻曰：「弊撒猶末殺。」諸說並是也，而猶未盡。《精神篇》：「審乎無瑕而不與物粲。」高注：「瑕，猶釁也。其見利欲之來也，能審順（慎）之，故不與物相雜粲。」故弊撒猶雜揉也。《莊子》「敝跬」、「蹩躠」、「蹩殺」，正為古楚語。此詞流傳至各地，語音變異，產生很多異體，下面詳考之。字或作「弊鐵」，《路史》卷 3：「揣丸變化，而與物相弊鐵。」方以智曰：「『撇屑』一作『徹徇』、『蹶蹕』。又屑送之為『蹶蹕』之聲，相如《賦》：『便姍撇屑。』《史記》：『媥姺徹徇。』《南都賦》：『蹶蹕蹁躚。』或作重屑為『勃屑』。郝公收《莊子》『敝跬』為『撇屑』，非也。」〔註51〕吳玉搢曰：「弊殺、徹徇、婆屑，蹩躠也。《莊子・馬蹄篇》：『蹩躠為仁。』崔

譔、向秀二本皆作『弊殺』。按《釋文》『蹩』本悉結反，又素葛反，與『殺』音相近，故古本或通作『殺』字，以音同也，今皆讀『屑』。《廣韻·葛韻》載『蹩』字，《屑韻》載『躠』字，『蹩』爲『跋蹩，行貌』。『躠』爲『蹩，旋行』。音義各分，其實『蹩躠』即『蹩躠』，『行貌』即『旋行』，一字而二音耳，足字在旁在下無異也。觀《莊子》『蹩躠』一作『弊殺』，《釋文》具兩音，可知《史記·司馬相如傳·上林賦》：『媥姺徶循。』《漢書》、《文選》俱作『婆屑』，音義皆與『蹩躠』通。」〔註52〕二氏所系同源并是也，「撇屑」《漢書》、《文選》作「婆屑」，未知方氏何據？又方氏謂郝公以《莊子》「敝跰」爲「撇屑」非也，則失考。《莊子·駢拇》：「而敝跰譽無用之言。」《釋文》：「敝，本亦作蹩，跰，郭音屑，一云：敝跰，分外用力之貌。」郭氏跰音屑，則郭氏以「敝跰」即「婆屑」、「徶循」、「撇屑」，亦即「弊搬」、「蹩躠」矣。《集韻》跰音先結切，與「屑」同音，正本郭說。孫詒讓曰：「《說文》：『蹩，踤也。』『敝』、『弊』皆叚借字。跰，郭本當作『薜』，『薜』俗書或作『薜』，與『跰』形近。」則拘矣；孫氏又曰：「『敝薜』、『蹩薜』、『弊搬』、『勃屑』聲義並相近。」〔註53〕則得之。《釋文》：「敝，司馬云：『罷也』。跰，向、崔本作赾，向丘氏反，云：『近也。』司馬同。」林希逸曰：「敝，勞也。跰音企，蹻跂也。」並未確。「勃屑」字又作「勃窣」、「勃猝」、「勃窣」、「侼傃」、「毷毳」、「教卒」、「秠（秷）稡」、「鶏鶏」、「勃崒」、「勃倅」，P.3694V《箋注本切韻》：「窣，勃窣。」P.2011 王仁昫《刊謬補缺切韻》：「窣，勃窣。亦作踤。」《廣韻》：「窣，勃窣，穴中出也。」又「毷，毷毳，毛短。」又「教，教卒，旋放之貌。」又「秠，秠稡，禾所秀不成叢向上貌。」又「鶏，鶏鶏，鳥名。」《集韻》：「傃，侼傃，不安。」又「秠，《字林》：『秠稡，禾秀（莠）。』或作秷。」又「稡，秷稡，莠也。」《古今通韻》：「窣，勃窣，動進也。」《文選·子虛賦》：「婆姍教窣上金堤。」《史記》

〔註52〕吳玉搢《別雅》卷5，收入景印文淵閣《四庫全書》第222冊，臺灣商務印書館1986年初版，第758頁。
〔註53〕孫詒讓《札迻》，中華書局1989年版，第152頁。

作「勃猝」，《漢書》作「勃窣」，《古今事文類聚》別集卷 6 引作「勃
崒」。顏師古注：「槃姍勃窣，謂行於叢薄之間也。」沈欽韓曰：「『教
窣』亦『蹩躠』之狀也。」〔註54〕胡紹煐曰：「『教窣』即『勃屑』，
並緩行之狀。」〔註55〕段玉裁曰：「槃姍，謂徐行。教窣，謂急行。」
〔註56〕孫傳瑗曰：「勃窣，謂急行……今淮南北，以『急行』象氣喘
貌，亦謂急行也。」〔註57〕胡文英曰：「案：勃窣，女子無力登堤，
步步頓休之貌。吳中謂搬移重物、隨地轉掇曰勃窣。」〔註58〕沈氏、
二胡氏說並是也，段、孫二氏謂「急行」，蓋古今語有改易。《世說
新語・文學》：「張憑勃窣爲理窟。」《御覽》卷 229 引《郭子》作「勃
倅」〔註59〕，胡文英曰：「案：勃窣，散塵也。吳中謂散塵爲勃窣。」
〔註60〕徐震堮曰：「勃窣即婆娑之聲轉。」〔註61〕楊勇曰：「勃窣，
與『勃屑』通。《太倉州志》：『吳語體短步澀曰勃窣。』」〔註62〕洪
惠疇曰：「勃窣，匍匐徐行也……今嘉定呼人體笨行步不輕脫曰勃
窣。」〔註63〕吳方言謂折騰、糾纏不清爲「勃殺」〔註64〕，當即「勃
窣」之引申義。以上所考近代吳語、淮南語「勃窣」，正古楚語「弊
搬」之留存也。黃庭堅《秋冬之間……戲成小詩三首》：「勃窣槃跚
乑涉波，草泥出沒尙橫戈。」《錦繡萬花谷》前集卷 36、宋・高似孫
《蟹略》卷 4 引作「勃崒」。宋・陳鵠《耆舊續聞》卷 2：「誰言水北
無人到，亦有槃珊勃崒行。」《子虛賦》：「便姍嫳屑，與世殊服。」

〔註54〕轉引自高步瀛《文選李注義疏》，中華書局 1985 年版，第 1686 頁。

〔註55〕胡紹煐《文選箋證》，黃山書社 2007 年版，第 247 頁。

〔註56〕段玉裁《說文解字注》「窣」字條，上海古籍出版社 1981 年版，第 346 頁。

〔註57〕孫傳瑗《今雅》，轉引自許寶華、宮田一郎《漢語方言大詞典》，中華書局 1999
年版，第 5270 頁。

〔註58〕胡文英《吳下方言考》卷 12，乾隆四十八年留芝堂刻本，第 14 頁。

〔註59〕《類聚》卷 46 引《郭子》作「勃窣」。《御覽》卷 617 引《郭子》誤作「勁
粹」。

〔註60〕胡文英《吳下方言考》卷 12，乾隆四十八年留芝堂刻本，第 14 頁。

〔註61〕徐震堮《世說新語校箋》，中華書局 1984 年版，第 129 頁。

〔註62〕楊勇《世說新語校箋》，中華書局 2006 年版，第 217 頁。

〔註63〕洪惠疇《明代以前之中國方言考略》，轉引自許寶華、宮田一郎《漢語方言大
詞典》，中華書局 1999 年版，第 3870 頁。

〔註64〕參見許寶華、宮田一郎《漢語方言大詞典》，中華書局 1999 年版，第 3869 頁。
筆者母語北地吳語中正有此詞。

《漢書》同，顏師古注：「言其行步安詳。」《史記》作「媥姺徶徥」，《集解》：「郭璞曰：『衣服婆娑貌。』」朱琦曰：「《南都賦》：『蹁躚蹁躚。』『蹁躚』與『媥姺』同，『蹁躚』與『徶徥』同。」〔註65〕《楚辭‧怨世》：「嫫母勃屑而日侍。」王注：「勃屑，猶躄跚，膝行貌。」洪興祖注：「勃屑，行貌。」姜亮夫指出「勃屑」即「勃窣」、「撲朔」、「僕遫」、「侼偬」、「躄屑」、「躄躠」、「蹁躚」、「跋躠」、「拔搬」、「弊搬」〔註66〕。朱謀㙔曰：「勃屑、徶徥、婆屑、勃窣，婆娑也。」〔註67〕「躄躠」字或作「躄躃」、「跋躠」、「跋躃」，《玉篇》：「跋，跋躃，行貌。」《廣韻》：「躠，跋躠，行貌也。」《說文繫傳》：「臣鍇曰：《莊子》曰：『躄躃為仁。』小行也。」林希逸曰：「躄躠，勉強而行之貌。」《龍龕手鑑》：「躠，音薛，跋躠，行不正貌。」《集韻》：「躃，跋躃，行不正。或作躠，通作殺。」「徶徥」字又作「徶偑」、「撇徥」，《集韻》：「徶，徶徥，衣服婆娑貌，或從人。徥，撇徥，衣服婆娑貌。」字又作「敝撤（撒）」，《晏子春秋‧內篇諫上》：「敝撤無走，四顧無告。」孫星衍曰：「敝撤，即敝躃假音字，《說文》：『躃，人不能行。』《玉篇》：『躄躃，旋行貌。』撤又徶俗字。」〔註68〕張純一從之〔註69〕。吳則虞曰：「敝為躄之假借，撤即蹁字。」〔註70〕孫引《玉篇》，吳謂「敝為躄之假借」，並是也，餘說則非也。劉芮康謂「敝為蔽之假借，義為遮蔽，引申作『房屋』。撤乃其常義『毀壞』。」〔註71〕尤未為得。疑「撤」為「撒」形誤，「敝撒」為「弊搬」、「躄躠」之借字。字又作「擺搬」、「抹搬」、「抹殺」、「末殺」、

〔註65〕 轉引自高步瀛《文選李注義疏》，中華書局 1985 年版，第 1863 頁。

〔註66〕 姜亮夫《楚辭通故（四）》，收入《姜亮夫全集》卷 4，雲南人民出版社 2002 年版，第 547～548 頁。

〔註67〕 朱謀㙔《駢雅》卷 2，收入景印文淵閣《四庫全書》第 222 冊，臺灣商務印書館 1986 年版，第 523 頁。

〔註68〕 孫星衍《晏子春秋音義》，收入《諸子百家叢書》，上海古籍出版社影印浙江書局本 1989 年版，第 62 頁。

〔註69〕 張純一《晏子春秋校注》，收入《諸子集成》，浙江古籍出版社 1999 年版，第 727 頁。

〔註70〕 吳則虞《晏子春秋集釋》，中華書局 1962 年版，第 16 頁。

〔註71〕 劉芮康《〈晏子春秋〉『敝撤無走』新解》，《古籍研究》2006 年卷下，總第 50 期，第 124 頁。

「末㩪」、「摩抄」、「摩莎」、「摩娑」、「摩沙」、「抹撋」、「擵抄」、「捼莎」、「捼莎」、「按莎」、「按莎」等形，《集韻》：「搬，擺搬，抖搜也。」《類篇》：「搬，擺搬，斗揀也。」《五音集韻》：「搬，擺搬，抖揀也。」《六書故》卷 14 指出：「擺搬，俗語。」《玉篇》：「抹，抹搬，滅也。」《廣韻》：「抹，抹殺，摩也。」《集韻》：「搬，一曰抹搬，掃滅也。」《龍龕手鑑》：「抹，音末，抹搬，糜也。搬，抹搬也。」《釋名》：「摩娑，猶末殺也，手上下之言也。」《慧琳音義》卷 75：「《聲類》：『摩抄，猶捫摸也。』《釋名》：『摩抄，抹撋也。』」葉德炯曰：「凡物以手摩之，則消滅。」〔註72〕《漢書·谷永傳》：「欲末殺災異，滿讕誣天。」顏師古注：「末殺，掃滅也。」《左傳·昭公十四年》《正義》引服虔曰：「不為末者，不為末㩪，隱蔽之也。」《玉篇》：「抄，《禮記》注：『煮鬱和以盎齊，摩抄沷之，出其香汁。』亦作莎。」《周禮·春官·司尊彝》鄭注作「摩莎」。《慧琳音義》卷 43、54：「《聲類》：『摩抄，猶捫摸也。』亦抹撋也。」《儀禮·大射儀》鄭注：「獻讀為沙，沙酒濁，特沷之，必摩沙者也。」《六書故》：「沙，摩沙也。」《廣韻》：「抄，摩抄。捼，捼莎，一曰兩手相切摩也，俗作按。莎，手按莎也。」《龍龕手鑑》：「擵，音靡，擵抄也。」《集韻》：「莎，捼莎，以手切摩也。莎，捼莎，澤手也，或作莎。莎，捼莎，手相切摩也，通作莎、沙。」字又作「瀎泧」、「瀎潎」，《說文》：「瀎，拭滅貌。泧，瀎泧也。」段玉裁曰：「『末殺』、『末㩪』皆即《水部》之『瀎泧』，拭滅貌也。今京師有此語。」又「拭滅者，拂拭滅去其痕也。瀎泧，今京師人語如此，音如麻沙。末殺，《字林》作『抹搬』，即『瀎泧』也，異字而同音義。」〔註73〕朱駿聲曰：「按：(『弊搬』)即『瀎泧』即『抹搬』即『摩挲』也，疊韻連語。」〔註74〕黃侃曰：「今北京語謂衣既藝縐，復整理之，為『瀎泧』，音如麻沙。古語有『摩抄』、『按莎』，皆此一語之轉爾。」〔註75〕《集韻》：「潎、潣、

〔註72〕轉引自畢沅、王先謙《釋名疏證補》，中華書局 2008 年版，第 87 頁。

〔註73〕段玉裁《說文解字注》「愄」、「瀎」字條，上海古籍出版社 1981 年版，第 358、560 頁。

〔註74〕朱駿聲《說文通訓定聲》「㢩」字條，武漢市古籍書店 1983 年版，第 589 頁。

〔註75〕黃侃《蘄春語》，收入《黃侃國學文集》，中華書局 2006 年版，第 306 頁。

泚，濊溺，水貌。或從屑從戌。」或倒作「溺泚」，《集韻》：「泚，泚濊，拭滅。」字又作「拔搬」、「拔橄」，《文選・洞簫賦》：「或雜遝以聚斂兮，或拔搬以奮棄。」李善註：「拔搬，分散也。」姜亮夫曰：「『拔搬』即《淮南子》之『弊搬』，轉爲『撇曳』。」〔註76〕揚雄《蜀都賦》：「偃衍撇曳，絺索恍惚。」字又作「蹩曳」，元・袁桷《天鵝曲》：「蘆根啑啑水蒲滑，翅足蹩曳難輕飛。」字又作「俘俇」，《集韻》：「俇，俘俇，不安也。」俇同偟，見《玉篇》。姜亮夫曰：「凡短小者多不安，故聲亦相通。」〔註77〕此說未允，「不安」義當由「抖搜」、「抖動」引申。姜亮夫又曰：「蹩蹩，字或作『弊薛』、『弊殺』、『蹴躄』、『蹩屑』……變爲『勃屑』，即『勃窣』，聲轉爲『俘俇』。」〔註78〕字又作「沒娑」，敦煌寫卷 P.3211《王梵志詩・家中漸漸貧》：「長頭愛床坐，飽吃沒娑肚。」項楚曰：「沒娑，同『摩娑』，撫摩。」〔註79〕字又作「毪毪」、「稗稡」、「秄稡」、「鷞鷞」，皆以命名或形容顫動之小物。《廣韻》：「毪，毪毪，毛貌。鷞，鷞鳥。」「鷞」同「鷞」。《集韻》：「稡，秄稡，茒也。稗，《字林》：『稗稡，禾秀。』或作秄。稡，稗稡，禾秀不成聚向上貌。毪，毪毪，毛短。鷞，鷞鷞，鳥名，或從率。」諸詞皆與「撲朔」同源〔註80〕，亦與「鷇觫」同源，中心詞義爲「抖動」、「搖動」、「顫抖」〔註81〕，各詞義皆中心詞義之衍伸。

（13）手足之**攢**疾蓋，〔肌膚之〕辟寒暑（《俶眞篇》）

　　按：「肌膚之」三字據鄭良樹、于大成說補。「攢」爲古楚語，字或省作

〔註76〕參見姜亮夫《詩騷聯綿字考》，收入《姜亮夫全集》卷 17，雲南人民出版社 2002 年版，第 329 頁。

〔註77〕參見姜亮夫《詩騷聯綿字考》，收入《姜亮夫全集》卷 17，雲南人民出版社 2002 年版，第 307 頁。

〔註78〕參見姜亮夫《詩騷聯綿字考》，收入《姜亮夫全集》卷 17，雲南人民出版社 2002 年版，第 328 頁。

〔註79〕項楚《王梵志詩校注》，上海古籍出版社 1991 年版，第 156 頁。

〔註80〕參見姜亮夫《詩騷聯綿字考》，收入《姜亮夫全集》卷 17，雲南人民出版社 2002 年版，第 306～308、328～329 頁。

〔註81〕另參趙鑫曄、蕭旭《〈孟子〉「鷇觫」正詁》，收入蕭旭《群書校補》，廣陵書社 2011 年版，第 1205～1210 頁。

拂。《集韻》：「攢、拂，楚謂搏擊曰攢，或省。」又「攢，擊仆也，《晉書》：『攢馮豕。』」《類篇》：「攢、拂：楚謂搏擊曰攢，或省。」《篇海》：「攢，楚謂搏擊〔曰〕攢也。」〔註82〕《龍龕手鑑》：「攢，《川韻》云：『南人呼相撲也。』」《五音集韻》：「攢、拂：楚謂搏擊曰攢。」《玄應音義》卷17、18：「相攢：南人謂相撲爲相攢也。」《可洪音義》卷20：「相攢：南人謂相撲爲相攢也。經音義作攢，亦作勊，並同也。」《佛說立世阿毗曇論》卷10：「或歌或舞，相攢跳擲。」此文「攢」字正古楚語。《要略篇》：「燒不暇攢，濡不給扢。」許注：「攢，排去也。扢，拭也。」《書鈔》卷8：「燒不暇拂，濡不給旋。」當本此文。「旋」爲「扢」形譌。考《龍龕手鑑》：「攢，攢檻也。」「檻」當作「擥」，字之誤也。《篇海》正釋作「攢，擥也。」〔註83〕「擥」同「攬」，非此文之誼。「攢」當爲「攢」字之誤，《書鈔》作「拂」者，字省耳。《佩觿》卷下：「攢，擊也。」當亦爲「攢」字之誤〔註84〕。《路史》卷22：「燒不及攢，濡不給扢。」羅苹注引《淮南子》同今本，則所見本已誤矣。《晉書·張協傳》《七命》：「攢馮豕。」唐·何超《晉書音義》：「李善注《文選》作償，償謂僵也，應得其實。善云：『償或作攢，非也。』」〔註85〕李善作償訓僵非也。徐文靖曰：「按《字彙》引《晉書》『攢馬豕』，則攢是批擊之義，未始爲非。」〔註86〕《類聚》卷34周·庾信《哀江南賦》：「硎阱摺拉，鷹鸇批攢。」攢、批同義連文。宋·龐安時《傷寒總病論》卷5：「則春有青筋牽，夏有赤脈攢，秋有白氣狸，多有黑骨溫。」《音訓》：「攢，芳未切，擊化（仆）也。」《文選·司馬相如·上林賦》：「藺玄鶴，亂昆雞，遒孔鸞，促鵔鸃，拂鷖鳥，捎鳳皇，捷鴛鶵，掩焦朋。」劉良注：「藺、亂、遒、促、拂、捎、捷、掩，皆執捉蹈藉之稱也。」

〔註82〕 韓道昭《改併五音類聚四聲篇海)》，收入《續修四庫全書》第229冊影印明成化刻本，上海古籍出版社1996年版，第447頁。

〔註83〕 韓道昭《改併五音類聚四聲篇海)》，收入《續修四庫全書》第229冊影印明成化刻本，上海古籍出版社1996年版，第447頁。

〔註84〕 佚名《佩觿辨證》即引《集韻》訂作「攢」字，收入景印文淵閣《四庫全書》第224冊，臺灣商務印書館1986年初版，第412頁。

〔註85〕 何超《晉書音義》卷中，收入景印文淵閣《四庫全書》第256冊，臺灣商務印書館1986年初版，第1027頁。何超字令升。

〔註86〕 徐文靖《管城碩記》卷30，中華書局1998年版，第558頁。

《文選・曹植・七啓》：「於是曳文狐，掩狡兔，捎鸐鶒，拂振鷺。」
張銑注：「捎、拂，擊也。」《七命》與此二例同一句例，是「攢」
即「拂」也。《說文》：「拂，過擊也。」朱駿聲曰：「拂，隨擊隨過，
蘇俗語謂之拍也。」〔註87〕《廣雅》：「拂，搏也。」《慧琳音義》卷
64引《考聲》：「拂，輕擊也。」李哲明曰：「攢當是拂之異文……《廣
韻》：『拂，去也，除也。』」楊樹達說同〔註88〕，所訓並未確。今湖
北江陵尚謂用拳頭打人爲攢〔註89〕，蓋古語遺存；今中原官話謂打、
搗捶爲拂〔註90〕，蓋語有移易。

（14）莫窺形於生鐵而窺於明鏡者，以觀其易也（《俶眞篇》）

按：「窺」爲古楚語，字或作闚。《方言》卷 10：「凡相窺視，南楚謂之
闚。」《文選・西都賦》李善注引《方言》：「窺，視也。」《慧琳音
義》卷 27：「窺看：《字林》：『小視也。』《方言》：『凡相窺視甫視，
楚謂之窺。』又作闚，同。』」〔註91〕《精神篇》：「匍匐自闚於井。」
高注：「臨井水自觀照。」《淮南》「窺」字共 10 見，「闚」字共 5
見。《老子》第 47 章：「不窺牖見天道。」《韓子・喻老》「窺」作
「闚」；馬王堆帛書《老子》甲本作「規」，乙本作「䂹」，並爲借
字。《老子》亦用古楚語。

（15）今夫樹木者，灌以潦水，疇以肥壤（《俶眞篇》）

高注：潦，波也，暴溢也。

按：「潦」爲古楚語。《文選・江賦》：「磴之以瀿瀷，渫之以尾閭。」李
善注：「《淮南子》曰：『莫鑒於流潦，而鑒于澄水。』許愼曰：『楚
人謂水暴溢爲潦。』」〔註92〕《集韻》、《類篇》並採許注。《玉篇》：

〔註87〕朱駿聲《説文通訓定聲》，武漢市古籍書店 1983 年版，第 626 頁。

〔註88〕並轉引自張雙棣《淮南子校釋》，北京大學出版社 1997 年版，第 230 頁。

〔註89〕參見燕松《第三批荊楚方言詞語選釋》，《荊門職業技術學院學報》2009 年第
1 期。

〔註90〕參見許寶華、宮田一郎《漢語方言大詞典》，中華書局 1999 年版，第 3287 頁。

〔註91〕徐時儀曰：「甫視，衍。」徐時儀《一切經音義三種校本合刊》，上海古籍出
版社 2008 年版，第 993 頁。

〔註92〕今本《淮南子・俶眞篇》「流潦」作「流沫」，《説山篇》「流潦」作「沫雨」，
蓋高本。

「灂，水暴溢也，波也。」敦煌寫卷 P.2011 王仁昫《刊謬補缺切韻》：
「灂，水波。」灂，讀爲瀏、瀾，《說文》：「瀾，大波也。」《集韻》
引作「瀾」。朱駿聲曰：「按：（瀏）字亦作灂。」〔註93〕《說文》：
「灤，泉水也。」段玉裁曰：「泉水，泉出之水也。《淮南》書云：
『莫鑒於流灤，而鑒于澄水。』許注云：『楚人謂水暴溢爲灤。』灤
即灤字。泉水暴溢曰灤也。」朱駿聲說同〔註94〕。「灤」即「灂」，
「灤」、「瀏」同源。

（16）越舲蜀艇，不能無水而浮（《俶真篇》）

高注：舲，小船也。蜀艇，一版之舟，若今豫章是也。雖越人所便習，
若無其水，不能獨浮也。

> 按：「艇」爲古楚語，《方言》卷 9：「南楚江湘……小艑艓謂之艇。」〔註
> 95〕蜀讀爲獨，亦爲古楚語，《方言》卷 12：「蜀，一也。南楚謂之獨。」
> 郭璞注：「蜀，猶獨耳。」《記纂淵海》卷 58 引「艇」作「航」，蓋爲
> 臆改。

（17）日出于暘谷，浴于咸池，拂于扶桑，是謂晨明（《天文篇》）

高注：拂，猶過，一日至。

> 按：「拂」爲古楚語。《地形篇》：「扶木在陽州，日之所曊。」高注：「扶
> 木，扶桑也，在湯谷之南。曊，猶照也。曊，讀無枝擽之擽也。」
> 高注「拂」、「曊」三說並誤。王念孫謂「曊」同「曊」，訓曝〔註96〕，
> 陳麗桂從之，未是。何志華謂曊訓照，與《方言》楚語曊訓曬乾取
> 義相近〔註97〕，亦未得。李明哲謂「曊」同「曊」，高注「枝」當

〔註93〕 朱駿聲《說文通訓定聲》，武漢市古籍書店 1983 年版，第 749 頁。

〔註94〕 段玉裁《說文解字注》，上海古籍出版社 1981 年版，第 569 頁。朱駿聲《說
文通訓定聲》，武漢市古籍書店 1983 年版，第 752 頁。

〔註95〕 《玄應音義》卷 9、《慧琳音義》卷 46、56 引並作「南楚江湖」，戴震謂「『湖』
字乃『湘』字之訛」，是也；參見華學誠《揚雄方言校釋匯證》，中華書局 2006
年版，第 625 頁。徐時儀《一切經音義三種校本合刊》並失校，上海古籍出
版社 2008 年版。

〔註96〕 王念孫《廣雅疏證》，收入徐復主編《廣雅詁林》，江蘇古籍出版社 1998 年版，
第 123 頁。

〔註97〕 何志華《〈楚辭〉、〈淮南〉、〈文子〉三書楚語探究》，《人文中國學報》第 8
期（2001），收入《〈文子〉著作年代新證》，香港中文大學 2004 年版，第

作「披」，「無」爲「如」之誤，「披曠」即「披拂」，臆說無據。《御覽》卷955、《事類賦注》卷25引《地形篇》作「扶桑在陽州，日所拂」。「拂」、「曠」當讀爲茀，訓蔽，爲古楚語。拂於扶桑，言日蔽于扶桑也。《楚辭·離騷》：「折若木以拂日兮，聊須臾以相羊。」王逸注：「拂，擊也，一云蔽也。」後說是。李善、呂向、朱熹、陳第並訓「拂」爲「擊」。蔣驥注：「拂日者，拭之使益明也。」並誤。朱駿聲曰：「拂，叚借爲茀。」〔註98〕姜亮夫曰：「王逸或說爲允……按此當爲茀之借。」〔註99〕並是也。《楚辭·橘頌》：「折若木以蔽光兮。」此「拂」訓「蔽」之確證。曹植《感節賦》：「折若華之翳日。」陸雲《九愍》：「折若華以翳日。」是其誼，翳亦蔽也。《易林·渙之睽》：「折若蔽目。」〔註100〕又《師之蒙》：「折苦蔽目。」〔註101〕又《蠱之屯》、《臨之震》：「折箬蔽日。」並本《楚辭》，亦其佐證。《地形篇》：「燭龍在鴈門北，蔽於委羽之山，不見日。」高注：「蔽，至也。」亦誤。《文選·擬魏太子鄴中集詩》李善注引「蔽」作「茀」，「茀」同「茀」，何寧謂茀當作茀，訓蔽；亦其證。《說文》：「茀，道多艸不可行。」《詩·碩人》：「翟茀以朝。」毛傳：「茀，蔽也。」《周禮·巾車》鄭注引作「蔽」。《史記·屈原傳》：「修路幽拂，道遠忽兮。」《楚辭·懷沙》「拂」作「蔽」。《楚辭·大招》：「長袂拂面。」姜亮夫訓蔽〔註102〕，郭在貽謂拂借爲蔽〔註103〕。《地形篇》高注「無枝攢」，即無枝蔽也。陳廣忠曰：「拂，經過。」〔註104〕非是。

87頁。

〔註98〕朱駿聲《説文通訓定聲》，武漢市古籍書店1983年版，第626頁。

〔註99〕姜亮夫《楚辭通故（四）》，收入《姜亮夫全集》卷4，雲南人民出版社2002年版，第199頁。

〔註100〕「目」當作「日」。上說酌參朱季海《楚辭解故》，上海古籍出版社1980年版，第57頁。

〔註101〕當從一本作「折若蔽日」。

〔註102〕姜亮夫《楚辭通故（四）》，收入《姜亮夫全集》卷4，雲南人民出版社2002年版，第200頁。

〔註103〕郭在貽《楚辭解詁》，收入《郭在貽文集》卷1，中華書局2002年版，第21頁。

〔註104〕陳廣忠《淮南子斠詮》，黃山書社2008年版，第133頁。

（18）山雲草莽，水雲魚鱗（《覽冥篇》）

高注：山中氣出，雲似草莽；水氣出，雲似魚鱗。

按：《方言》卷 3：「蘇、芥，草也。江淮南楚之閒曰蘇，自關而西或曰草或曰芥，南楚江湘之閒謂之莽。」又卷 10：「茦、莽，草也。東越揚州之閒曰茦，南楚曰莽。」

（19）勇武一人，為三軍雄（《覽冥篇》）

高注：武，士也，江淮間謂士曰武。

按：「武」為古楚語。劉盼遂謂「武以雙聲借為夫」〔註105〕。《修務篇》：「及至勇武攘捲一擣。」《齊俗篇》：「為天下顯武。」高、許二家注並曰：「楚人謂士曰武。」《史記・淮南衡山傳》：「使辯武隨而說之。」《集解》引徐廣曰：「淮南人名士曰武。」與高注同。考《莊子・德充符》：「勇士一人，雄入於九軍。」為此文所本，《淮南》用楚語，故易「士」作「武」字。《意林》卷 2 引「武」作「士」，則改作通語矣。《人間篇》：「臣聞王主富民，霸主富武，亡國富庫。」劉台拱曰：「武，士也，謂士卒也。」考《尉繚子・戰威》：「王國富民，霸國富士，僅存之國富大夫，亡道之國富倉府。」〔註106〕《荀子・王制》：「故王者富民，霸者富士，僅存之國富大夫，亡國富筐篋，實府庫。」《管子・樞言》：「王主積于民，霸主積于將、戰士，衰主積于貴人，亡主積于婦女珠玉。」皆作通語「士」字。《人間篇》：「罷武聞之。」《韓詩外傳》卷 8 作「窮士」。又下文「勇武」二見，《外傳》卷 8 並作「勇士」。《文子・上德》：「故勇武以強梁死，辯士以智能困。」武亦士也，對舉同義。

（20）火燫炎而不滅（《覽冥篇》）

按：《廣韻》：「燫，火燫。」《六書故》：「燫，火燄所攬及也。」《集韻》：「燫，火延貌。」又「燫，火行也。」燫指火燄延伸，為古吳楚語。胡文英曰：「燫，音懶。《淮南子・覽冥訓》：『火燫炎而不滅。』案：燫，濫也，火光濫及他處，因以延燒也。吳中謂火光所及，因以燒

〔註105〕劉盼遂《淮南許注漢語疏》，《國學論叢》第 1 卷第 1 號，1927 年；又收入《劉盼遂文集》，北京師範大學出版社 2002 年版，第 547 頁。
〔註106〕《說苑・政理》同。

灼爲燂。」〔註107〕今吳語猶謂火焰外竄爲燂〔註108〕。字或作燷，《川篇》：「燷，火亂。」《御覽》卷78引「炎」作「焱」，《玉篇》：「燗，火焱行。」《廣韻》：「燗，燗焱，火延。」《龍龕手鑑》：「燗，燗焱，火延也。」考《說文》：「焱，火華也。」非其誼。王念孫據《廣韻》謂「炎」當作「焱」，未得。「焱」當作「炎」，亦指火餤延伸，爲古吳楚語。《文子·上德篇》：「火上炎，水下流。」《子華子·陽城胥渠問》：「火則上炎，水則下注。」《易·同人》鄭玄注：「火炎上而從之。」隋·王通《中說·魏相篇》：「火炎上而受制於水，水趨下而得志於火。」今寧波語猶謂「火燒」爲「炎」，又謂「火焰跳動」爲「㷭㷭動」〔註109〕，「㷭」爲記音字。又或作㷆、㷏、㷌，《集韻》：「㷆，舒也，或從焱。」又「㷆，舒也，或從閃。」本字當爲粘，《說文》：「粘，火行也。」字或作炶、䶄、炟、烔，《玉篇》：「炶，火上行貌，亦作粘。」《集韻》：「粘，火上行，或作炶、䶄。」又「粘，《說文》：『火行也。』或作炶、烔。」《龍龕手鑑》：「䶄，俗。粘、炟，二正。火行貌。」俗字又作燄，《廣韻》：「㷆，燄也。」《慧琳音義》卷98引顧野王曰：「㷆，猶燄也。」梁·陶弘景《周氏冥通記》卷4：「勿令火燄出器邊也。」《冥通記》「燄」與《廣韻》同。汪維輝謂「燄」釋爲「火焰延伸（延及）」，指出「今天寧波話仍有此語，如『火燄出灶外了』，『火燄上屋簷了』。」汪說甚是，靖江亦有此語。汪先生又曰：「『燄』當是一個借音字，查《廣韻》、《集韻》，未得本字……這個『燄』在當時可能就是一個吳方言口語詞。」〔註110〕茲爲汪說補證。「燗炎」爲兩漢以後俗語詞，同義連文，並爲火餤延伸之義。《人物志·材理》：「立事要則燗炎而不定。」《集韻》：「燗，燗炎，火延。」皆「燗炎」之例。

（21）棄捐五帝之恩刑，推蹶三王之法籍（《覽冥篇》）

〔註107〕胡文英《吳下方言考》卷7，乾隆四十八年留芝堂刻本。
〔註108〕參見許寶華、宮田一郎《漢語方言大詞典》，中華書局1999年版，第6919頁。
〔註109〕參見許寶華、宮田一郎《漢語方言大詞典》，中華書局1999年版，第3616、7219頁。
〔註110〕汪維輝《〈齊民要術〉辭匯語法研究》，上海教育出版社2007年版，第101～102頁。

按：推，去也。蹶讀爲撅，《方言》卷 10：「拌，棄也。楚凡揮棄物或謂之敲。」郭注：「今汝、潁間語亦然，或云撅也。」錢繹《箋疏》：「《廣雅》：『撅，投也。』撅、敲一聲之轉。」〔註111〕「推蹶」、「棄捐」同義對舉〔註112〕。

（22）五味亂口，使口爽傷（《精神篇》）

高注：爽，病。病傷滋味也。

按：「爽」爲古楚語。《楚辭‧招魂》：「厲而不爽些。」王逸注：「厲，烈也。爽，敗也。楚人名羹敗曰爽。」洪興祖補注：「爽音霜，協韻。」《玄應音義》卷 2、10：「口爽：敗也，楚人名美敗曰爽也。』」〔註113〕此文本《老子》第 12 章：「五味令人口爽。」河上公注：「爽，亡也。」王弼注：「爽，差失也。失口之用，故謂之爽。」《釋文》：「爽，差也。河上云：亡也。」《呂氏春秋‧本生》高誘注引《老子》作「五味實口，使口爽傷」，《文選‧七發》李善注引《老子》作「五味實口爽傷」。《莊子‧天地篇》：「五味濁口，使口厲爽。」《列子‧仲尼篇》：「口將爽者，先辨淄、澠。」《文選‧七命》：「耽口爽之饌，甘臘毒之味。」又《南都賦》：「其甘不爽，醉而不醒。」李善註並引《老子》此文，又引《廣雅》：「爽，傷也。」《七命》呂延濟注：「爽，亡。」奚侗曰：「《廣雅》：『爽，敗也。』古嘗以爽爲口病專名……疑『爽』乃『喪』之借字，由喪亡誼引申爲敗爲傷。」〔註114〕易順鼎曰：「爽者，傷敗之名，古人有此語也。」〔註115〕蔣錫昌曰：「古人以爽爲口病，蓋猶今人所謂味覺差失也。」〔註116〕考其本字，朱駿聲曰：「爽，叚借爲喪。」〔註117〕于省吾曰：「按『爽』、『喪』二字，音義古並通……五味令人口喪，言五味令人喪其口之本然也。

〔註111〕錢繹《方言箋疏》，上海古籍出版社 1984 年版，第 570 頁。

〔註112〕《書鈔》卷 41 引無「捐」字，「推蹶」作「摧」；《路史》卷 23 引無「捐」、「推」二字，並爲臆改，非《淮南》之舊。「摧」爲「推」形誤。

〔註113〕《慧琳音義》卷 25 同，徐時儀校「美」爲「羹」，徐時儀《一切經音義三種校本合刊》，上海古籍出版社 2008 年版，第 54、219、946 頁。

〔註114〕轉引自朱謙之《老子校釋》，中華書局 1984 年版，第 46 頁。

〔註115〕轉引自蔣錫昌《老子校詁》，商務印書館民國 26 年初版，第 65 頁。

〔註116〕蔣錫昌《老子校詁》，商務印書館民國 26 年初版，第 66 頁。

〔註117〕朱駿聲《說文通訓定聲》，武漢市古籍書店 1983 年版，第 895 頁。

河上公訓『喪(爽)』爲『亡』,義正相符。」〔註118〕高亨亦曰:「口爽謂口傷也。」〔註119〕諸義並相會。馬王堆帛書《老子》乙本作「爽」,同今本;甲本作「啝」。《漢語大字典》謂「啝」同「爽」〔註120〕。竊謂啝讀爲爽。古從相從爽之字多通借〔註121〕。《廣韻》:「驦,驦驦,良馬。騻,上同。」又「鸘,鸘鸘。鷞,上同。」亦是其例。俞樾曰:「《呂氏春秋・尊師篇》:『其言不若爽。』《新序・雜事篇》引『爽』作『喑』,則『爽』猶『喑』也。」〔註122〕馬敍倫曰:「爽訓傷者,其字當作『創』。《文子・九守篇》:『五味亂口,使口生創。』可證。」〔註123〕吳秋輝謂《招魂》「爽」即「北人謂蒸飯已成而微欠熟者曰爽」之義〔註124〕,駱鴻凱謂「爽」爲「刅(創)」之轉〔註125〕,四氏並失之。《文子》「生創」云云,未可爲據。

(23) 抱其太清之本,而無所容與(《精神篇》)

高注:無所容與於情欲也。

按:「容與」爲古楚語,《楚辭》一書凡15例。「容與」爲「猶豫」、「猶與」之轉,羅常培、周祖謨指出:「楚方言東幽兩部元音可能相近。」〔註126〕考《楚辭・九章・思美人》:「固朕形之不服兮,然容與而狐疑。」按《離騷》:「心猶豫而狐疑兮,欲自適而不可。」《後漢書・張衡傳》《思玄賦》「心猶與而狐疑兮,即岐阯而攄情。」句例

〔註118〕轉引自朱謙之《老子校釋》,中華書局1984年版,第46頁。
〔註119〕高亨《老子正詁》,中國書店1988年版,第27頁。
〔註120〕《漢語大字典》(第二版),崇文書局、四川辭書出版社2010年版,第702頁。
〔註121〕參見張儒、劉毓慶《漢字通用聲素研究》,山西古籍出版社2002年版,第472頁。
〔註122〕轉引自馬敍倫《老子校詁》,收入《四部要籍注疏叢刊》,中華書局1998年版,第1604頁。
〔註123〕馬敍倫《老子校詁》,收入《四部要籍注疏叢刊》,中華書局1998年版,第1604頁。
〔註124〕吳秋輝《齊魯方言存古》,收入《佗傺軒文存》,齊魯書社1997年版,第208頁。
〔註125〕駱鴻凱《〈楚辭章句〉徵引楚語考》,(北平)《師大國學叢刊》第1卷第2期,1931年。
〔註126〕羅常培、周祖謨《漢魏晉南北朝韻部演變研究》,科學出版社1958年版,第80頁。

相同，是其證也。《離騷》：「忽吾行此流沙兮，遵赤水而容與。」游國恩曰：「容與即猶豫，亦即夷猶，躊躇不前之意。」〔註127〕《莊子・人間世》：「因案人之所感，以求容與其心。」成疏：「容與，猶放縱也。」《莊子》亦用古楚語，「容與」即「猶豫」，猶言閒暇。黃生曰：「猶豫，猶容與也。」〔註128〕馬敘倫曰：「與，讀爲於。」〔註129〕則馬氏以「容」爲「容納」，失之。姜亮夫曰：「『容與』一詞不見於《詩經》，亦且不見於北方經典……則『容與』乃楚方俗之語也。故《楚辭》用之極繁夥。字又變作『容裔』，見《遠遊》、《九懷》兩篇；又作『溶與』，見《遠遊》；又作『溶滴』，見《高唐賦》。」〔註130〕或作「猶預」、「猶予」、「由與」、「由豫」、「尤與」、「尤豫」、「猶夷」等〔註131〕。

（24）龍乃弭耳掉尾而逃（《精神篇》）

高注：逃，去。

按：逃，《路史》卷47引作「逝」，《呂氏春秋・知分》亦作「逝」。「逝」同「趹」，古楚語。《方言》卷1：「踏、蹃，跳也。楚曰趹。」郭注：「亦中州語。」李恕豪曰：「表示『跳』義的『趹』，不見於文獻，當是楚方言特有的詞。後來，此詞的使用範圍擴大到中原一帶，故郭璞注曰：『亦中州語。』」〔註132〕則拘於形體，未能貫通聲音。《玉篇》：「趹，踰也。」《廣韻》：「趹，躍貌。」《史記・項羽本紀》：「於是項王乃悲歌慷慨，自爲詩曰：『力拔山兮氣蓋世，時不利兮騅不逝。騅不逝兮可奈何，虞兮虞兮奈若何！』」項羽爲楚人，創作的歌詞中所用「逝」字爲古楚語，跳躍之義。字或作趄、迣、趆、趨、跇、逳、遰，《集韻》：「趄，超踰也。或作跇、趆、逳，通作迣。」又「逝，

〔註127〕游國恩主編《離騷纂義》，中華書局1980年版，第470頁。
〔註128〕黃生《義府》卷下，《字詁義府合按》，中華書局1954年版，第193頁。
〔註129〕馬敘倫《莊子義證》卷4，收入《民國叢書》第5編，商務印書館中華民國19年版，第5頁。
〔註130〕姜亮夫《楚辭通故（四）》，收入《姜亮夫全集》卷4，雲南人民出版社2002年版，第414～415頁。
〔註131〕參見朱起鳳《辭通》，上海古籍出版社1982年版，第1742～1743頁。
〔註132〕李恕豪《揚雄〈方言〉中僅見於楚地的方言詞語研究》，收入《語言歷史論叢》第2輯，巴蜀書社2008年版。

或作遄。」又「跰，一曰踰也，從辵從走。」《呂氏》高注：「逝，
去也。」《玉篇》同。郭店楚簡《語叢四》：「一逝一來。」〔註133〕
疑本書正文及注亦當作「逝」，用楚語，作「逃」爲後人所改。《吳
越春秋·越王無余外傳》、《水經注·江水》作「去」，《類說》卷 25
作「退」，《御覽》卷 82 引《呂氏》作「逃」，則改爲通語矣。今晉
語、客語猶謂去曰逝〔註134〕，古今語有移易。

（25）今夫繇者，揭钁臿，負籠土（《精神篇》）

高注：揭，舉也。钁，斫也。臿，鏵也。青州謂之鏵，有刃也，三輔謂
之鐆也。籠，受土籠也。

按：《說文》：「揭，高舉也。竭，負舉也。」此文揭當讀爲竭，與「負」
同義對舉。臿，《御覽》卷 387 引作「鍤」，古字通，字源爲插，《釋
名》：「鍤，插也，插地起土也。」《齊俗篇》：「今之修干戚而笑钁插。」
正作「插」字。「臿」、「鍤」、「插」爲古楚語。《方言》卷 5：「臿，
宋魏之閒謂之鏵，或謂之鏵，江淮南楚之閒謂之臿。」《慧琳音義》
卷 62：「鐵鍤：《方言》云：『宋魏之間謂臿爲鍬，江淮南楚之間謂鍤。』」

（26）覺而若昧，以生而若死（《精神篇》）

高注：昧，暗也，眊也。楚人謂眊爲昧，諭無知也。

按：王引之、楊樹達並謂「以」衍，是也。王引之謂「昧」當作「眛」，
注中「暗也」二字乃後人所加，陳麗桂從之，是也。《山海經·西山
經》：「翼望之山有鳥焉……名曰鵸鵌，服之使人不厭。」郭璞注：「不
厭夢也。《周書》曰：『服者不昧。』音莫禮反。或曰眛，眛目也。」
《周書》見《王會解》，今本作「佩之令人不眛」，《文選·三月三日
曲水詩序》李善注引同，又引孔晁注：「不眛，不忘也。」《容齋續
筆》卷 13 引「昧」作「眛」。郝懿行曰：「案『昧』郭音莫禮反，則
其字當作『眛』。然昧、眛古亦通用，《春秋繁露·郊語篇》云：『鴟
羽去眛。』昧亦作眛，是也。又《說文》云：『寐，寐而未厭。』正

〔註133〕逝，林素清、劉釗並誤釋作「遣」。林素清《郭店竹簡〈語叢四〉箋釋》，收
入《郭店楚簡國際學術研討會論文集》，湖北人民出版社 2000 年版，第 390
頁。劉釗《郭店楚簡校釋》，福建人民出版社 2005 年版，第 232 頁。
〔註134〕許寶華、宮田一郎《漢語方言大詞典》，中華書局 1999 年版，第 4767 頁。

－809－

音莫禮反，是此注眯與寐音義相近。」〔註135〕郝氏案語「眛、眯古亦通用」含混，《繁露》「眛」亦當作「眯」，字之誤也，宋本、《永樂大典》本正作「眯」字，天啓本注：「眛，一作眯。」〔註136〕又郝氏所引《說文》之「未」字當衍，《繫傳》正無「未」字，段氏據刪〔註137〕，是也。「眯」爲「寐」借字，字亦作「癥」，《廣韻》：「癥，寐不覺。」《集韻》：「寐，《說文》：『寐而未厭。』或作癥。」〔註138〕又「癥，《博雅》：『厭也。』或作眯。」《通鑑》卷72：「臣得與聞大謀，常恐眯夢漏泄，以益臣罪。」胡三省註：「眯，母禮翻，一作寐。《說文》曰：『寐而眯（未）厭。』厭讀曰魘。」高注「猒」同「厭」，俗作「魘」。《山海經·中山經》「泰室之山……有草焉……其名曰䔄草，服之不眛。」袁珂從王念孫校作眯〔註139〕。《中山經》：「庬山……其中有鳥焉……名曰鴒鵯，其鳴自呼，服之不眯。」《西山經》：「英鞮之山……是多冉遺之魚……食之使人不眯，可以禦凶。」袁珂曰：「《莊子·天運篇》云：『彼不得夢，必且數眯焉。』《釋文》引司馬彪云：『眯，厭也。』厭，俗作魘，即厭夢之義。此經文眯之正解也，與下文『可以禦凶』之義亦合。山經凡言『不眯』，均當作此解。」〔註140〕《莊子》成疏亦云：「眯，魘也。」《論衡·狀留篇》：「救眛不給。」孫詒讓曰：「眛，當爲眯。」〔註141〕亦其相誤之例。朱駿聲從誤本作「眛」，讀爲寐，非也；而「寐」字條又引此文高注作「眯」〔註142〕，則是也。陳廣忠引《說文》、《玉篇》等書「眯」訓物入目中，又謂作「眛」、「眯」、「眯」均可〔註143〕，殊爲不當。

〔註135〕郝懿行《山海經箋疏》卷2，中國書店1991年版，第29頁。

〔註136〕「鴟羽」即《西山經》之「鴟鵯」，凌曙謂當作「眯」字，是也，但解爲「物入眼中」則非；鍾肇鵬謂「細物入於眼中，以鴟羽毛拭去之」，大誤。蘇輿《春秋繁露義證》，中華書局1992年版，第395頁。鍾肇鵬主編《春秋繁露校釋》，河北人民出版社2005年版，第904頁。

〔註137〕段玉裁《說文解字注》，上海古籍出版社1981年版，第347頁。

〔註138〕《集韻》引《說文》亦衍「未」字。

〔註139〕袁珂《山海經校注》，巴蜀書社1993年版，第177頁。

〔註140〕袁珂《山海經校注》，巴蜀書社1993年版，第74頁。

〔註141〕孫詒讓《札迻》，齊魯書社1989年版，第287頁。此例「眯」訓物入目中。

〔註142〕朱駿聲《說文通訓定聲》，武漢市古籍書店1983年版，第551、575頁。

〔註143〕陳廣忠《〈淮南子〉楚語考》，收入《儒道國際學術研討會：兩漢論文集（第二屆）》，「國立」臺灣師範大學出版社2005年版，第244～245頁。

（27）知冬日之箑，夏日之裘，無用於已，則萬物之變為塵埃矣
（《精神篇》）

　　高注：箑，扇也。楚人謂扇為箑。

　　按：知，何寧據《文子·上禮》校作「如」，是也。《方言》卷 5：「扇，
　　　　自關而東謂之箑，自關而西謂之扇。」郭璞注：「今江東亦通名扇
　　　　為箑，音篓。」郭氏所謂江東，指今長江中下游一帶，亦為楚語。
　　　　楚霸王項羽所率八千江東子弟，即為楚人。《人間篇》：「譬猶失火
　　　　而鑿池，被裘而用箑也。」《御覽》卷 702 引作「扇」，則易作通語
　　　　也。字或作翣，《說文》：「翣，棺羽飾也。天子八，諸侯六，大夫
　　　　四，士二。下垂。」又「箑，扇也。箑或從妾。」《俶真篇》：「冬
　　　　日之不用翣者。」高注：「翣，扇也。」《御覽》卷 702 引作「箑」。
　　　　《說林篇》：「被裘而以翣翼。」高注：「翣，扇也。楚人謂之翣也。」
　　　　《文子》「箑」作「扇」，則改作通語矣。《釋名·釋喪制》：「翣，
　　　　齊人謂扇為翣，此似之也，象翣扇為清涼也。」齊語亦同。字或作
　　　　篓，《呂氏春秋·有度》「冬不用篓，非愛篓也，清有餘也。」高注：
　　　　「篓，扇也。清，寒。」字或作箑，《玉篇》：「箑，扇也。自關而
　　　　東謂之箑，自關而西謂之扇。箑，同上。」《廣韻》：「箑，扇之別
　　　　名。箑，上同。」《周禮·天官·縫人》《釋文》：「翣，本又作箑。」
　　　　《淮南子·說林篇》：「中夏用箑，快之，至多而不知。」《意林》
　　　　卷 2 引作「中夏用箑，至多不去」。《孔叢子·楊柳賦》：「暑不御箑。」
　　　　楚簡中亦用「篓」、「翣」，正可印證〔註 144〕。《包山楚簡》第 260
　　　　簡：「一羽篓，二竹篓。」整理者注：「篓讀作翣。」《望山楚簡》
　　　　第 47 簡：「一大羽翣，一大竹翣，一少（小）篓，一少（小）雕羽
　　　　翣。」整理者注：「篓為竹翣之專字。《集韻》：『篓，竹翣。』」《信
　　　　陽楚墓》2·19：「一長羽翣，一附翣，二竹翣。一竹□。」

（28）喬枝菱阿，夫容芰荷（《本經篇》）

　　高注：阿，曲屋也。芙蓉，藕華也。菱角，交茗也。荷，芙渠也。

　　按：「芰」為古楚語，字或作芺。《說文》：「蔆，楚謂之芰，秦謂之薢茩。」

〔註 144〕參見范常喜《上古漢語方言詞新證舉隅》，
　　　　　http://www.gwz.fudan.edu.cn/SrcShow.asp?Src_ID=1087。

又「芰，薐也。茤，杜林說從多。」《禮記‧祭義》《釋文》：「耆芰，楚人謂菱為芰。」《爾雅》《釋文》：「芰，《字林》云：『楚人名薐曰芰。』」《慧琳音義》卷 36：「芰荷：賈注《國語》云：『薐，芰也。』楚人謂陵為芰，杜林或作茤。』」〔註 145〕《國語‧楚語上》：「屈到嗜芰。」韋注：「芰，薐也。」俗云薐角。《楚辭‧離騷》王逸注：「芰，薐也，秦人曰薜莒。」

（29）猰貐、鑿齒、九嬰、大風、封豨、修蛇皆為民害（《本經篇》）

高注：封豕，大豕也。楚人謂豕為豨。

按：「豨」為古楚語，《方言》卷 8：「豬，北燕朝鮮之閒謂之豭，關東西或謂之彘，或謂之豕，南楚謂之豨。」《初學記》卷 29、《御覽》卷 903 並引何承天《纂文》：「梁州以豕為豬，河南謂之彘，吳楚謂之豨。」《廣韻》：「豨，楚人呼豬作豨。」《修務篇》：「吳為封豨、脩蛇，蠶食上國。」亦其例。《左傳‧定公四年》作「吳為封豕、長蛇」，《說文》：「豕，彘也，讀與豨同。」方以智曰：「豕、彘、豨、彖，皆一聲。」〔註 146〕字或作狶，《玉篇》：「狶，音喜，楚人呼豬聲。」《廣韻》：「狶，楚人呼豬，亦作豨。」《慧琳音義》卷 61：「海狶：《說文》正體從豕作豨，《方言》云：『南楚之人謂豬為豨。』」《集韻》：「豨、狶，豬也。《方言》：『南楚謂之狶。』或從犬。」《龍龕手鑑》：「狶，楚人呼豬也。」「修」亦為古楚語，字或作脩，《原道篇》：「脩極於無窮，遠渝於無崖。」《方言》卷 1：「脩，長也。陳楚之間曰脩。」

（30）精泄於目則其視明，在於耳則其聽聰，留於口則其言當，集於心則其慮通（《本經篇》）

高注：泄，猶通也。集，止也。

按：朱駿聲謂泄借為歇，申高注〔註 147〕，理解為「發泄」、「排泄」，失之。《方言》卷 10：「奄，息也，楚、揚謂之泄。」此文「泄」當讀

〔註 145〕徐時儀曰：「芰，據文義似當為『芰』。」徐時儀《一切經音義三種校本合刊》，上海古籍出版社 2008 年版，第 1146 頁。
〔註 146〕方以智《通雅》卷 2，收入《方以智全書》第 1 冊，上海古籍出版社 1988 年版，第 118 頁。
〔註 147〕朱駿聲《說文通訓定聲》，武漢市古籍書店 1983 年版，第 668 頁。

為息，《廣韻》：「息，止也。」與「在」、「留」、「集」同義對舉，正楚、揚之方言。《文子・下德》作「存」，義亦合。唐・善導《觀無量壽佛經疏》卷 2：「三明夫人奉教禁在深宮，內官守當水泄不通。」《三朝北盟會編》卷 73：「京城下札，連珠寨督，遣人硬探，水泄不通。」「泄」亦「息止」之誼〔註 148〕。治《方言》者於「泄」字皆未能舉證，李恕豪即指出：「楚方言中的『泄』雖然可能與全民語言有關，但未見於前代書面文獻，當為揚雄親自調查的活的口語詞。」〔註 149〕據此可補例證。據此可補例證。劉殿爵謂「泄」當作「滯」〔註 150〕，蔣禮鴻謂「泄」當作「紲」〔註 151〕，並失考也。

（31）譬猶揚埃而弭塵，抱薪以救火也（《主術篇》）

高注：埃，塵壒也，楚人謂之埃。埃，動塵之貌。弭，止也。

按：「埃」為古楚語，《說山篇》：「螾無筋骨之強，爪牙之利，上食晞埃，下飲黃泉，用心一也。」高注：「晞，乾也。埃，土塵也，楚人謂之埃也。」《文子・上德》明刊本同《淮南子》，《纘義》本「埃」作「塊」，塊、埃一聲之轉。考《大戴禮記・勸學》作「上食晞土」，《荀子・勸學》作「上食埃土」，《說苑・雜言》作「上墾晞土」。《淮南子》用古楚語「埃」，諸書易作通語「土」、「埃土」。《孟子・滕文公下》：「夫蚓上食槁壤，下飲黃泉。」朱子《集註》：「槁壤，乾土也。」《孟子》亦作通語「槁壤」，益可明「埃」為古楚語矣。今湘語猶然，《湖南通志》：「謂塵為埃。」〔註 152〕《說山篇》：「泰山之容巍巍然高，去之千里，不見埵埃，遠之故也。」高注：「容，形也。埵埃，猶席（塵）翳也。埵讀似望（垂），作江淮間人言能得之也。」埵埃，《論

〔註 148〕參見蕭旭、趙鑫曄《〈伍子胥變文〉校補》「水楔不通」條，收入蕭旭《群書校補》，廣陵書社 2011 年版，第 1111 頁。

〔註 149〕李恕豪《揚雄〈方言〉中僅見於楚地的方言詞語研究》，收入《語言歷史論叢》第 2 輯，巴蜀書社 2008 年版。

〔註 150〕劉殿爵《讀淮南鴻烈札記》，香港《聯合書院學報》第 6 期，1967 年出版，第 153 頁。

〔註 151〕蔣禮鴻《續〈淮南子校記〉》，收入《蔣禮鴻集》卷 3，浙江教育出版社 2001 年版，第 362 頁。

〔註 152〕轉引自許寶華、宮田一郎《漢語方言大詞典》，中華書局 1999 年版，第 5253 頁。

衡・說日篇》作「堳塊」，又《書虛篇》作「蛭螺」，並一聲之轉。
陳廣忠曰：「今淮南、鳳台、壽縣方言中稱小土塊為『堳堁頭子』，
即楚方言『堳堁』之遺存。」〔註153〕《說林篇》：「揚堁而欲弭塵。」
高注：「堁，土塵也。楚人謂之堁。」《齊俗篇》：「原人之性，蕪穢
而不得清明者，物或堁也。」許注：「堁，坋塵也。」此例用為動詞，
猶言揚塵。《文選・風賦》李善注引許慎曰：「堁，塵塺也。」堁字
或作垢、均，《莊子・大宗師篇》：「芒然傍偟乎塵垢之外。」《釋文》：
「塵垢，崔本作『塚均』，云：『塚音逢，均、垢同。齊人以風塵為
逢堁。』」「塚均」即「逢堁」，「逢」亦作「埲」。《集韻》：「逢，塵
也，崔譔作塚。」又「埲，塵也。」《莊子》亦用古楚語，例作「垢」
字；《淮南》則「堁」、「垢」並用。《楚辭》嚴忌《哀時命》：「不獲
世之塵垢。」嚴忌為會稽吳人，當用古吳楚語。宋玉《風賦》：「堀堁
揚塵。」宋玉為楚人，亦當用古楚語。「逢堁」為楚語，齊語亦用之。
《博物志》卷6：「徐州人謂塵土為蓬塊，吳人曰跋趺。」〔註154〕「蓬
塊」亦即「逢堁」。堁通作顆，《慧琳音義》卷40：「八顆：經文作堁，
塵也。」《漢書・賈山傳》：「使其後世曾不得蓬顆蔽塚而託葬焉。」
服虔曰：「謂塊墣作塚，喻小也。」臣瓚曰：「蓬顆，猶裸顆小塚也。」
晉灼曰：「東北人名土塊為蓬顆。」顏師古曰：「諸家之說皆非。顆，
謂土塊。蓬顆，言塊上生蓬者耳。」顏氏望文生訓。「蓬顆」即「蓬
塊」、「塚均」、「逢堁」也，《六書故》：「堁，通作顆。」段玉裁曰：「按
此（顆）即堁字。」〔註155〕朱珔曰：「顆當為堁之假借。」〔註156〕
朱駿聲曰：「塊、顆一聲之轉。或曰：堁者，塺字。」〔註157〕黃侃曰：
「《說文》無堁字，疑古止作塊，堁、塊雙聲。」〔註158〕《前漢紀》
卷7「蓬顆」正作「蓬塊」。方以智曰：「塵垢，或作『塚均』。『逢堁』，

〔註153〕陳廣忠《〈淮南子〉楚語考》，收入《儒道國際學術研討會：兩漢論文集（第
　　　　二屆）》，「國立」臺灣師範大學出版社2005年版，第256頁。
〔註154〕跋趺，《類聚》卷6、《御覽》卷37引作「埃塊」，《白帖》卷3引作「拔塊」。
　　　　跋、拔讀為垅，《說文》：「垅，一曰塵貌。」又音轉為「埻」字，《玉篇》：「埻，
　　　　塵貌。」
〔註155〕段玉裁《說文解字注》，上海古籍出版社1981年版，第418頁。
〔註156〕朱珔《說文假借義證》，黃山書社1997年版，第500頁。
〔註157〕朱駿聲《說文通訓定聲》，武漢市古籍書店1983年版，第480頁。
〔註158〕黃侃《說文段注小箋》，收入《說文箋識》，中華書局2006年版，第206頁。

通作『蓬塊』。其曰『跋趺』，言塵堥也。」〔註159〕字或音轉作塺、堳，《說文》：「塺，塵也。」《六書故》：「塺，細土也。《說文》曰：『塵也。』又作堳。」朱駿聲曰：「塺，字亦作坢。」〔註160〕字或音轉作坺、填〔註161〕，《廣雅》：「坺，塵也。」《玉篇》：「坺，塵壤也。」《廣韻》：「填，塵填。」《集韻》：「填，塵也。」字或音轉作馬，《莊子‧逍遙遊》：「野馬也，塵埃也。」郭象注：「野馬者，遊氣也。」錢坫曰：「《莊子》『野馬』字當作塺。」〔註162〕《玄應音義》卷 3「野馬」條孫星衍《校正》：「或問：『遊氣何以謂之野馬？』答云：『馬，特塺字假音耳。野塺，言野塵也。』」〔註163〕黃侃曰：「塺，《莊子》『野馬』之馬亦此字也。」〔註164〕聞一多曰：「野馬字蓋即沙漠之漠，字一作幕、莫……音存字變則爲馬。野馬亦塵埃耳。《莊子》蓋以野外者爲野馬，室中者爲塵埃，故兩稱而不嫌。」〔註165〕「漠」同「填」。

（32）近者安其性，遠者懷其德（《主術篇》）

高注：性，生也。懷，歸也。

按：《氾論篇》：「天下不非其服，同懷其德。」高注同。《本經篇》：「德交歸焉。」此「懷」訓「歸」之證。「懷」爲古楚語，《方言》卷 1：「懷，至也。齊楚之會郊或曰懷，楚語也。」《繆稱篇》：「身苟正，懷遠易矣。」高注：「懷，來也。」「來」、「歸」與「至」義合。《繆稱篇》：「言至德之懷遠也。」《齊俗篇》：「故禮豐不足以效愛，而誠心可以懷遠。」《兵略篇》：「故德義足以懷天下之民。」並同。

〔註159〕方以智《通雅》卷 17，收入《方以智全書》第 1 冊，上海古籍出版社 1988 年版，第 609 頁。

〔註160〕朱駿聲《說文通訓定聲》，武漢市古籍書店 1983 年版，第 495 頁。

〔註161〕以上並參見黃樹先《古楚語釋詞》，《語言研究》1989 年第 2 期。

〔註162〕轉引自馬敘倫《莊子義證》卷 1，收入《民國叢書》第 5 編，商務印書館中華民國 19 年版，第 3 頁。

〔註163〕轉引自《漢語大詞典》（縮印本），漢語大詞典出版社 1997 年版，第 6090 頁。

〔註164〕黃侃《字通》，收入《說文箋識》，中華書局 2006 年版，第 161 頁。

〔註165〕聞一多《莊子內篇校釋》，收入《聞一多全集》卷 2，三聯書店 1982 年版，第 238 頁。朱慶之根據佛典「野馬」用例，云：「所謂『野馬』，即一種可以造成海市蜃樓的異常空氣現象……就是郭象所謂的『遊氣』，佛典所謂的『炎氣』。」茲所不取。朱慶之《「野馬」義證》，《古漢語研究》1990 年第 2 期。

（33）五寸之鍵，制開闔之門（《主術篇》）

按：「鍵」爲古楚語，《方言》卷 5：「戶鑰，自關而東，陳、楚之間謂之
鍵。」字本作楗、闟，《說文》：「楗，限門也。」《時則篇》：「修楗
閉，慎管籥。」高注：「楗，鎖須也。閉，鎖筒也。」《老子》第 27
章：「善閉，無關鍵不可開。」《道應篇》引同，《說山篇》引作「楗」。
傅奕云：「古字作闟。」《老子》亦用古楚語。

（34）楚文王好服獬冠，楚國效之（《主術篇》）

高注：獬豸之冠，如今御史冠也。

按：《書鈔》卷 127、《御覽》卷 684、《事類賦注》卷 12 引「獬冠」並作
「觟冠」，又並引許慎注：「今力士冠。」《說文》：「觟，牝𦍩羊生角
者也。」《繫傳》引亦作「觟冠」，又引高誘注作：「觟冠，秀冠也，
如今御史臣冠，以爲豸冠，有角，故曰秀冠。」「觟」同「獬」，《集
韻》：「獬，獬豸，獸名。或作觟。」《爾雅翼》卷 18 引作「解冠」，
「解」爲「獬」省。秦滅楚後，沿用楚制。漢·蔡邕《獨斷》卷下：
「法冠，楚冠也……秦制：執法服之。今御史廷尉監平服之，謂之
獬豸冠。」《後漢書·輿服志》：「法冠……或謂之獬豸冠。獬豸，神
羊，能別曲直，楚王嘗獲之，故以爲冠……秦滅楚，以其君服賜執
法近臣，御史服之。」

（35）故民至於焦脣沸肝，有今無儲（《主術篇》）

按：沸，讀爲晞，爲古楚語。《方言》卷 10：「晞、曬，乾物也，揚楚通
語也。」《廣雅》：「晞，曝也。」字或作曊，《集韻》：「晞、曊，《方
言》：『晞、曬，乾物也。』或從費。」《呂氏春秋·順民》：「焦脣乾
肺。」是其比也。

（36）偷則夜解齊將軍之幬帳而獻之子發（《道應篇》）

按：「幬」爲古楚語，字或作幮、裯，《爾雅》：「幬謂之帳。」郭注：「今
江東亦謂帳爲幬。」《釋文》：「幬，本或作幮，同。」邢昺疏：「帳
一名幬。《召南·小星》云：『抱衾與裯。』鄭箋云：『幬，床帳也。』
郭云：『今江東亦謂帳爲幬。』幬與裯音義同。」三家《詩》作「幬」。
字或作綢，《楚辭·湘君》：「薜荔拍兮蕙綢。」王逸注：「拍，搏辟

也。綯，縛束也。」《釋名》：「搏辟，以席搏著壁也。」拍讀爲搏，
王注是也。朱季海曰：「綯讀當爲幬……楚亦謂帳爲幬，與漢人同耳。」
〔註166〕姜亮夫說全同〔註167〕。又《招魂》：「翡帷翠帳，飾高堂些。」
王逸注：「帳，一作幬。」《文選》作「幬」，《書鈔》卷132、《類聚》
卷61、92、《御覽》卷699、700、924、《海錄碎事》卷5引並作「幬」，
《文選》亦作「幬」。朱季海曰：「日本古寫《文選集注》殘卷作『幬』，
是唐本猶未誤，則今作『帳』者，自出宋人……郭氏所引，正楚語
之遺。凡讀古書，當從其俗，改字非也。」〔註168〕

（37）盧敖就而視之，方倦龜殼而食蛤梨（《道應篇》）

許注：楚人謂倨爲倦。龜殼，龜甲也。

按：倦，《三國志‧郤正傳》裴松之注、《御覽》卷37、《記纂淵海》卷99、
《古今事文類聚》前集卷34引並作「卷」，《論衡‧道虛篇》亦作「卷」，
敦煌寫本S.1722《兔園策府》卷1《征東夷》：「操環把纓之俗，乘蠡
卷殼之鄉。」亦作「卷」字；《類聚》卷78、97、《御覽》卷942引
並作「捲」；《神仙傳》卷1作「踡」，《海錄碎事》卷13引《神仙傳》
作「卷」；捲、踡並讀爲卷，《說文》：「卷，膝曲也。」膝曲即踞也，
猶言蹲也。章太炎曰：「倨即踞字，倦之言拳拳也。今四川謂踞地曰
倦在地。倦讀如捲。」〔註169〕《湖南通志》：「謂倨爲倦。」〔註170〕
「踞」爲「居」俗字，《說文》：「居，蹲也。」劉盼遂曰：「倨爲踞之
借。倦訓罷，人罷則不能危坐而就踞矣。」〔註171〕嚴學宭曰：「倦《說
文》釋爲疲，人疲則不能危坐，便就踞了。」〔註172〕楊蓉蓉曰：「倦

〔註166〕朱季海《楚辭解故》，上海古籍出版社1980年版，第87～88頁。
〔註167〕姜亮夫《楚辭通故（三）》，收入《姜亮夫全集》卷3，雲南人民出版社2002
　　　　年版，第212頁。
〔註168〕朱季海《楚辭解故》，上海古籍出版社1980年版，第186頁。
〔註169〕章太炎《新方言》卷2，收入《章太炎全集（七）》，上海人民出版社1980年
　　　　版，第74頁。
〔註170〕轉引自許寶華、宮田一郎《漢語方言大詞典》，中華書局1999年版，第4942
　　　　頁。
〔註171〕劉盼遂《淮南許注漢語疏》，《國學論叢》第1卷第1號，1927年；又收入《劉
　　　　盼遂文集》，北京師範大學出版社2002年版，第547頁。
〔註172〕嚴學宭《論楚族和楚語》，收入《嚴學宭民族研究文集》，民族出版社 1997

為罷疲義，楚人以之謂倨，音近故也。」〔註 173〕三氏說失之。《紺
珠集》卷 2 引《明皇雜錄》、《類說》卷 3 引《列仙傳》作「踞」，同
義代替。《類說》卷 25 引《炙轂子》作「居」，為「踞」借字。「倦」
為古楚語，作「踞」則改作通語矣。

（38）止杯治，悖若有喪也（《道應篇》）

許注：楚人謂恨不得為杯治也。

按：《三國志・郤正傳》裴松之注引「杯治」作「杯治」，《論衡・道虛篇》
「止杯治」作「心不怠」，「悖」作「恨」。王念孫謂「止」為「心」
形誤。《集韻》：「悖，亦作怫。」《玉篇》：「怫，意不舒治也。」「杯
治」當即為意不舒治。「杯」同「盃」，借為「不」。俞樾謂「杯治」
即「不怡」，怠借為怡，可取。怠音怡，「治」亦借為怡，《周易・雜
卦》《釋文》：「豫怠，京作治，虞作怡。」方以智曰：「《淮南》『杯（杯）
治』之杯（杯），亦發語，音呸。」又「（杯治）猶今之癡也。癡轉為
獃，猶哈之有嗤音也。杯乃發語聲。」〔註174〕未得。劉盼遂謂「治」、
「得」雙聲，「杯治」為「不得」音訛〔註175〕，恐亦未得。

（39）興于牛頷之下（《氾論篇》）

高注：頷讀合集之合。

按：「頷」為古楚語。《方言》卷 10：「頷、頤，頷也。南楚謂之頷，秦晉
謂之頷，頤其通語也。」《慧琳音義》卷 75：「頷骨：《方言》：『頷，
頰也。南楚之外謂之頷。』」又卷 26：「頷骨：南楚謂之頷，秦晉謂
之頤，所以輔持於口也。」《莊子・列禦寇》：「夫千金之珠，必在九
重之淵，而驪龍頷下。」《莊子》亦用楚語。字或作顄，《廣雅》：「顄、
頤，頷也。」本字為顄，《說文》：「顄，頤也。」

年版，第 390 頁。

〔註 173〕楊蓉蓉《高誘注所存古方音疏證》，《古漢語研究》1992 年第 1 期。

〔註 174〕方以智《通雅》卷 1、4，收入《方以智全書》第 1 冊，上海古籍出版社 1988
年版，第 106、192 頁。

〔註 175〕劉盼遂《〈淮南子〉許注漢語疏》，《國學論叢》第 1 卷第 1 號，1927 年；又
收入《劉盼遂文集》，北京師範大學出版社 2002 年版，第 547 頁。

（40）**枕戶樵而臥**（《氾論篇》）

按：「樵」爲古楚語。《玉篇》：「樵，楚人呼門限曰樵。」《集韻》：「樵，門閾也，楚人曰樵。」〔註176〕字或作轔，《說林篇》：「雖欲謹亡馬，不發戶轔。」高注：「轔，戶限也，楚人謂之轔。轔讀似鄰，急氣言乃得之也。」《說山篇》：「劙麛勿釋，牛車絕轔。」高注：「楚人謂門切爲轔，車行其上，則斷之也。轔讀近蘭，急舌言之乃得也。」徐文靖曰：「樵，又與轔同。」于省吾、楊樹達、陳麗桂說同〔註177〕。《廣韻》：「樵，門限也。又『牛車絕樵』。」〔註178〕敦煌寫卷 P.2011 王仁昫《刊謬補缺切韻》：「樵，牛車絕樵。」《切韻》、《廣韻》正引作「樵」字。

（41）**東家母死，其子哭之不哀。西家子見之，歸謂其母曰：「社何愛速死？吾必悲哭社。」**（《說山篇》）

高注：江淮謂母爲社，社讀雖家謂公爲阿社之社也。

按：吳承仕、馬宗霍並謂注「雖」爲「雛」形誤。《御覽》卷499引「愛」作「憂」，引注作「淮南間謂母爲社」。《說文》：「姐，蜀謂母曰姐，淮南謂之社。讀若左。」段注：「社與姐音近。」〔註179〕王念孫曰：「姐、社聲相近。」〔註180〕字或作媞，《說文》：「媞，一日江淮之間謂母曰媞。」楊蓉蓉曰：「媞與社是同音的記錄形式。」〔註181〕字或作妳，《方言》卷6：「南楚瀑洭之閒，謂婦妣曰母妳。」《廣韻》：「妳，《方言》：『南楚人謂婦妣曰母妳也。』」《集韻》：「妳，一日南楚謂妻母曰妳。」王念孫曰：「媞與妳聲義相近。」〔註182〕吳承仕曰：「姐、社、妳皆一聲之轉。」字或作岻、她、媎，《集韻》：「姐，

〔註176〕閾，門限也。

〔註177〕徐文靖《管城碩記》卷23，中華書局1998年版，第418頁。

〔註178〕《五音集韻》同。

〔註179〕段玉裁《說文解字注》，上海古籍出版社1981年版，第615頁。

〔註180〕王念孫《廣雅疏證》，收入徐復主編《廣雅詁林》，江蘇古籍出版社1998年版，第503頁。嚴學宭《論楚族和楚語》說同，收入《嚴學宭民族研究文集》，民族出版社1997年版，第388頁。

〔註181〕楊蓉蓉《高誘注所存古方音疏證》，《古漢語研究》1992年第1期。

〔註182〕王念孫《廣雅疏證》，收入徐復主編《廣雅詁林》，江蘇古籍出版社1998年版，第507頁。

《說文》：『蜀謂母曰姐，淮南謂之社。』古作𡛙，或作她、媸。」本字爲㐌，《爾雅》：「㐌，恃也。」郭注：「今江東呼母爲㐌。」㐌訓恃，言可依靠，故呼母爲㐌。字或作孆、娑、㜷、燦、嬭、妳，《玉篇》：「孆，齊呼母，亦作娑。」又「㜷，而閃切，媞也。燦，同上，見《說文》。」又「嬭，母也。妳，同上。」《廣韻》：「嬭，楚人呼母。」《六書故‧六書通釋》：「凡方言往往以聲相禪，雖轉爲數音，實一字也，不當爲之別立文……母，古音莫古切，又莫比切，今俗通呼莫下切，吳人莫回切，又上聲，蜀人即瓦切，《淮南》呼『社』，別立『媽』、『姐』、『𡛙』文，皆非也。《博雅》：『嬭、妳，乳母也。』今俗謂乳母爲『嬭』……凡此皆一音之轉也。」方以智曰：「《淮南子》曰：『西家子謂其母曰社。』《說文》曰：『蜀人謂母姐。』齊人謂母妳，又謂孆，吳人謂母媒，方音不同，皆自『母』而變。」〔註183〕朱駿聲曰：「蘇俗稱母曰阿嬭也，嬭亦有音無字，即母之轉聲。」〔註184〕吳秋輝曰：「北人呼母如馬去聲，俗作媽。今按其字，實母之轉音也。蓋古無麻韻，馬字讀如今文之母。」〔註185〕四氏認爲「社」、「媽」等字爲通語「母」之轉音。字或作耳，《方言》卷8：「虎，陳魏宋楚之間或謂李父，江淮南楚之間謂之李耳。」王靜如曰：「據考湘西土家語稱公虎爲lipa，母虎爲lini，跟『李父』、『李耳』正宛然若合符節。」〔註186〕「耳」、「父」相對舉，「耳」爲「嬭」之記音字。張永言認爲「李父」、「李耳」與藏緬語有關係〔註187〕，恐非確論。字或作㜷、嬭、孃，《集韻》：「㜷，吳俗呼母

〔註183〕 方以智《通雅》卷2，收入《方以智全書》第1冊，上海古籍出版社1988年版，第123頁。

〔註184〕 朱駿聲《說文通訓定聲》，武漢市古籍書店1983年版，第615頁。

〔註185〕 吳秋輝《齊魯方言存古》，收入《佗傺軒文存》，齊魯書社1997年版，第251頁。

〔註186〕 王靜如《關於湘西土家語的初步意見》，《中國民族問題研究集刊》第4輯，中央民族學院民族研究所1955年。

〔註187〕 張永言《語源探索三例》，收入《語文學論集》，語文出版社1999年版，第262～284頁。張永言、張正明皆謂古楚語非華夏語，趙彤則力證古楚語是華夏語，楊建忠力申趙說。張正明《楚文化史》，上海人民出版社1987年版，第98～100頁。趙彤《戰國楚方言音系》，中國戲劇出版社2006年版，第16頁。楊建忠《上古楚方言性質考論》，《湖南師範大學社會科學學報》2009年

曰媒。」《類篇》：「燃、燃，或省，淮南呼母。」《正字通》：「孎，即媽孁之轉音。」《篇海類編》：「孁，同『孎』。」《康熙字典》：「孎，《字彙》：『忙果切，音麼，俗呼母為孎孎。』俗字孎乃媽麼之轉音。」皆一聲之轉也。今湖北各地方言仍稱母為孎，其他各地方言中亦有遺存〔註 188〕。

（42）弊箄、甌瓵，在袾茵之上，雖貪者不搏（《說山篇》）

按：《方言》卷 13：「箄，⋯⋯簍也。自關而西，秦、晉之間謂之箄。」郭璞注：「今江南亦呼籠為箄。」《說文》：「箄，筥箄也。」《玉篇》：「箄，江東呼小籠為箄。」「箄」字亦見於楚簡〔註 189〕，《望山楚簡》1 號墓第 146 簡：「□□二箄。」〔註 190〕

（43）襄衣涉水，至陵而不知下，未可以應變（《說林篇》）

按：「陵」為古楚語。《楚辭·天問》：「釋舟陵行，何以遷之？」洪興祖《補注》：「今釋水而陸，反為人所負，何罪而見徙也？」徐文靖曰：「《論語》：『奡盪舟。』魏·何晏解云：『孔曰：奡，有窮之國，篡夏后相之位，其臣寒浞殺之。因其室而生奡，奡多力，能陸地行舟。』古陵、陸通用。此問奡釋舟陸行，何遂能遷移他處。」〔註 191〕《左傳·定公六年》：「又以陵師敗于繁陽。」杜注：「陵師，陸軍。」孔疏：「上云舟師，水戰；此言陵師，陸軍。南人謂陸為陵，此時猶然。」「南人」即指楚人也，蓋唐代楚語猶謂「陸」為「陵」，故孔云「此時猶然」。《吳越春秋·吳太伯傳》：「陵水高下。」徐天祐注：「陵，陸地。」《吳越春秋》作者趙曄為紹興人，所記當為吳越方言，亦南人語也。《意林》卷 2 引此文作「舉衣過水，至陸不下。」王念孫曰：「『陵』當為『陸』，字之誤也。『陸』與『水』相對，作『陵』則非其指矣。《意林》引此正作『陸』。」朱季海曰：「陵謂陸也，楚人言

第 2 期。

〔註 188〕參見黃樹先《古楚語釋詞》，《語言研究》1989 年第 2 期。又參見許寶華、宮田一郎《漢語方言大詞典》，中華書局 1999 年版，第 1509 頁。

〔註 189〕參見范常喜《上古漢語方言詞新證舉隅》，http://www.gwz.fudan.edu.cn/SrcShow.asp?Src_ID=1087。

〔註 190〕《望山楚簡》，中華書局 1995 年版，第 80 頁。

〔註 191〕徐文靖《管城碩記》卷 16，中華書局 1998 年版，第 282 頁。

陵，因其俗也……王氏《讀書雜誌》以淮南此文水、陸相對，據今
《意林》改陵爲陸，是未尋《楚辭》及《春秋傳》也。」〔註192〕姜
書閣亦指出王氏改字非是〔註193〕。古楚語謂「陸」爲「陵」，《意林》
引作「陸」，則改爲通語矣，固非《淮南》之舊。《老子》第50章：
「蓋聞善攝生者，陸行不遇兕虎，入軍不被甲兵。」《韓子·解老》
引同，馬王堆帛書甲乙本「陸」並作「陵」。《老子》多用古楚語，
帛書本蓋存其舊。《韓子》作通語「陸行」，今本《老子》蓋據《韓
子》而改。張舜徽疑帛書本「陵」爲「陸」形誤，失之〔註194〕。高
明謂當從帛書作「陵行」雖是，但解爲「山陵」亦未確〔註195〕。《莊
子·秋水》孔子曰：「夫水行不避蛟龍者，漁父之勇也；陸行不避兕
虎者，獵夫之勇也。」孔子魯人，故用通語「陸行」。《莊子·達生》：
「吾生於陵而安於陵，故也；長於水而安於水，性也。」《越絕書·
越絕外傳記吳地傳》：「母陵道，陽朔三年太守周君造陵道語昭。郭
周十里百一十步，牆高丈二尺。陵門四，皆有屋。水門二。」又《越
絕外傳紀策考》：「大船陵居，小船沒水。」《莊子》多用古楚語，《越
絕書》用古吳越語，亦「陵」、「水」對舉，並與《淮南子》此篇正
同。《書鈔》卷137引《越記》佚文：「舡軍之備何如？對曰：『舡名
大翼、小翼、突冒、樓舡。舡軍之教，比于陵軍之法，乃可用之。
大翼當陵軍之重車，小翼當陵軍之輕車。』」《御覽》卷 770 引《越
絕書》，其文尤爲詳細，云：「闔閭見子胥：『敢問船運（軍）之備何
如？』對曰：『船名大翼、小翼、突冒、樓船、橋船。今船軍之教，
比陵軍之法，乃可用之。大翼者，當陵軍之〔重〕車：小翼者，當
陵軍之輕車：突冒者，當陵軍之衝車；樓船者，當陵軍之行樓車也；
橋船者，當陵軍之輕足驃定騎也。」〔註196〕「陵軍」即「陸軍」也
〔註197〕。今湖南與水相對的地名多用「陵」字，如「茶陵」、「零陵」、

〔註192〕 朱季海《楚辭解故》，上海古籍出版社1980年版，第116～117頁。

〔註193〕 姜書閣《屈賦楚語義疏（下）》，《求索》1981年第2期。

〔註194〕 參見李水海《老子〈道德經〉楚語考論》，陝西人民出版社1990年版，第66
頁。

〔註195〕 高明《帛書〈老子〉校注》，中華書局1996年版，第67頁。

〔註196〕 《書鈔》卷138引《越絕書》「橋船」作「篙舡」。

〔註197〕 《四庫》本《御覽》徑改作「陸軍」，則非其舊文矣。

「沅陵」、「醴陵」等，正古楚語之遺存〔註198〕；江蘇地名「延陵」、「廣陵」、「海陵」，亦古吳揚語之遺存也。

（44）山雲蒸，柱礎潤（《説林篇》）

高注：礎，柱下石礩也。

按：「礎」爲古楚語。《慧琳音義》卷 73「柱礎」條注引《淮南子》許叔重注：「楚人謂柱礩曰礎。」又卷 77、98「惟礎」條、又卷 92「堂礎」條注引《淮南子》許叔重注並同。

（45）腐鼠在壇（《説林篇》）

高注：楚人謂中庭爲壇。

按：《楚辭・七諫》：「雞鶩滿堂壇兮。」王逸注：「高殿敞陽爲堂，平場廣坦爲壇。」又《九歌・湘夫人》：「蓀壁兮紫壇，播芳椒兮成堂。」洪興祖補注引《淮南》高注及《七諫》王逸注。又《涉江》：「燕雀烏鵲，巢堂壇兮。」又《大招》：「南房小壇。」上四例，姜亮夫曰：「壇之爲中庭，確爲楚人方語。」〔註199〕吳秋輝謂「紫壇」當作「紫垣」〔註200〕，吳氏失考《淮南》，所改無據。《國語・楚語上》：「壇場之所。」亦爲楚語。

（46）匠人窮於辭，無以對，受令而爲室，其始成，竘然善也，而後果敗（《人間篇》）

許注：竘，高壯貌。

按：「竘」爲古楚語。《方言》卷 7：「竘、貌，治也。吳越飾貌爲竘，或謂之巧。」郭璞注：「謂治作也。語楚聲轉耳。」《廣雅》：「竘，治也。」又「貌、竘，巧也。」蓋「竘」謂治作之巧善。《說文》：「竘，健也。一曰匠也。讀若齲。《周書》有『竘匠』。」《小爾雅》：「匠，治也。」《說文》竘訓匠者，亦治義，與《方言》合。郭璞已指出楚聲轉耳。竘匠，猶言巧匠也。今吳語、江淮官話稱內行、老練爲

〔註198〕參見袁慶述《〈楚辭〉楚語札釋十例》，《求索》1983 年第 1 期。
〔註199〕姜亮夫《楚辭通故（二）》，收入《姜亮夫全集》卷 2，雲南人民出版社 2002 年版，第 615 頁。
〔註200〕吳秋輝《楚詞古文考正》，收入《侘傺軒文存》，齊魯書社 1997 年版，第 274 頁。

「老夠」、「老夠科」〔註201〕。《御覽》卷 371 引《尸子》:「醫夠者,秦之良醫,爲宣王割痤,爲惠王治痔,皆愈。張子之背腫,謂夠曰:『背非吾背也,子製焉。』醫夠善治疾,張子委製焉。」注:「夠,音叩,又音齨。」又卷 724 引同,注「夠,音驅主反。」「夠」同「夠」,《御覽》卷 743、《困學紀聞》卷 20 引正作「夠」。《龍龕手鑑》:「夠,俗。夠,正。」「驅主反」正與今吳音相近。醫者即以善治病,故名爲夠也。《呂氏春秋・勿躬》:「虞姁作舟。」「姁」讀爲夠,蓋亦以巧命名。

(47) 武王蔭暍人於樾下 (《人間篇》)

許注:樾下,眾樹之虛也。

按:「樾」爲古楚語。《玉篇》:「樾,楚謂兩樹交陰之下曰樾。」字或省作越,《精神篇》:「當此之時,得茠越下,則脫然而喜矣。」高注:「茠,陰也。三輔人謂休華樹下爲茠也。楚人〔謂〕樹上大本小如車蓋狀爲越,言多蔭也。越,讀經無重越之越也。」《古今事文類聚》別集卷 28 引「茠」作「休」,《韻府群玉》卷 16「樾蔭」條引作「休樾蔭」。馬宗霍曰:「越,樾之借字也。」〔註202〕字或作橍,《集韻》:「樾,《字林》:『樹陰也。』或作橍。」

(48) 此皆載務而戲乎其調者也 (《人間篇》)

按:「戲」爲古楚語。《方言》卷 10:「戲、泄,歇也。楚謂之戲、泄。」《說文》:「歇,一曰氣越泄。」《廣雅》:「戲,泄也。」調,和氣也。戲乎其調,言其和氣散泄也。治《方言》者於「戲」字皆未能舉證,據此可補例證。

(49) 身死人手,社稷為墟 (《人間篇》)

按:「墟」爲古楚語。《慧琳音義》卷 57:「墟聚:《周易》云:『墟,邑也。』《廣雅》云:『墟,居也。』南楚汝穎言。」

〔註201〕許寶華、宮田一郎《漢語方言大詞典》記作「老舉」,中華書局 1999 年版,第 1656 頁。今《逸周書》無「夠匠」之語,待考。
〔註202〕馬宗霍《淮南舊注參正》,齊魯書社 1984 年版,第 185 頁。

（50）**短褐不完**（《齊俗篇》）

> 許注：楚人謂袍爲短。褐，大布。

> 按：吳承仕謂許注「大布」當作「毛布」，是也。《覽冥篇》：「短褐不完。」
> 高注：「短褐，處器物之人也。褐，毛布，如今之馬衣也。」「短褐」
> 《淮南》共 3 見，「褐」字《淮南》共 9 見，爲古楚語。《古文苑》
> 卷 19《楚相孫叔敖碑》：「（楚）莊王置酒以爲樂，優孟乃言孫君相
> 楚之功，即忼慨高歌曲曰：『……子孫困窮，被褐而賣薪。』」《老
> 子》第 70 章：「是以聖人被褐懷玉。」優孟、老子爲楚人，所用「褐」
> 字爲古楚語。朱謙之曰：「案『褐』乃《老子》書中用楚方言。」
> 〔註 203〕《後漢書・王望傳》李賢注、《慧琳音義》卷 91「巾褐」
> 條注、又卷 99「短褐」條注並引作「楚人謂袍爲短褐」。《慧琳音
> 義》卷 86：「巾褐：南楚之人謂袍爲短褐。」又卷 87：「雲褐：《方
> 言》：『楚人謂袍爲褐也。』」許注「楚人謂袍爲短」者，《列子・力
> 命篇》殷敬順《釋文》引「短」作「裋」，「裋」爲「短褐」之專字，
> 指粗布短衣。字或作襡，《方言》卷 4：「複襦，江湘之間謂之襡。」
> 戴震曰：「案襡即裋。」〔註 204〕

（51）**脩鎩短鏦**（《兵略篇》）

> 許注：鏦，小矛也。

> 按：「鏦」爲古楚語。《方言》卷 9：「矛，吳揚江淮南楚五湖之間謂之鍦，
> 或謂之鋋，或謂之鏦，其柄謂之矜。」《集韻》：「《方言》：『矛，吳
> 楚之間謂之鏦。』」

（52）**古者民茹草飲水**（《修務篇》）

> 按：《方言》卷 7：「茹，食也，吳越之間，凡貪飲食者謂之茹。」

（53）**曼頰皓齒，形夸骨佳**（《修務篇》）

> 高注：夸，弱。佳，好。

> 按：《類聚》卷 18、《御覽》卷 381 引「夸」並作「姱」。「夸」同「姱」，

〔註 203〕朱謙之《老子校釋》，中華書局 1984 年版，第 281 頁。
〔註 204〕戴震《方言疏證》，收入《戴震全集（5）》，清華大學出版社 1997 年版，第
2355 頁。

爲古楚語。《集韻》：「嫭、夸，美貌，或省。」「嫭」字《楚辭》十餘見，訓美好。姜亮夫曰：「按《說文》無嫭字，經典亦不見，獨見於屈宋諸文，則此亦南楚故言也。《淮南》：『形夸骨佳。』嫭即夸也。淮南亦楚人，其言固亦楚也……加女旁爲嫭，凡女旁字，多柔順美好義。」〔註205〕姜氏謂「嫭（夸）」爲楚語，是也；而謂爲「柔順」義，從高注訓弱，則失之。當以「夸」爲本字，《說文》：「夸，奢也。」《玉篇》：「夸，奢也，或作嫭。」本義爲大，蓋楚人以肥大爲美。《慧琳音義》卷88：「嫭節：《字林》：『嫭，大也。』王逸注《楚辭》：『嫭，好也。』亦作夸。」得其正解。《玉篇》：「嫭，嫭奢貌。」《廣韻》：「嫭，嫭奢也。」「嫭奢」連文，嫭亦奢也。朱駿聲謂誇借爲侉〔註206〕，亦失之。「佳」亦爲古楚語，《說林篇》：「佳人不同體，美人不同面，而皆說於目。」《楚辭·九章·抽思》：「好嫭佳麗兮，牉獨處此異域。」《淮南》「夸」、「佳」對舉，猶《楚辭》「嫭」、「佳」連文也〔註207〕。《楚辭》「佳」字凡七見。李斯《諫逐客書》：「而隨俗雅化佳冶窈窕趙女不立於側也。」李斯爲楚上蔡人，亦用楚語。字或作娃，《楚辭·九章·惜往日》：「妬佳冶之芬芳兮。」王逸注：「佳一作娃。」洪興祖《補注》：「娃，於佳切，吳楚之間謂好曰娃。冶，妖冶。」洪補本《說文》。《方言》卷2：「娃，美也。吳楚衡淮之閒曰娃……故吳有館娃之宮。」《初學記》卷19「楚娃」條引服虔《通俗文》：「南楚以美色爲娃。」《御覽》卷381引《通俗文》作「南楚以好爲娃」。《集韻》：「吳楚之間謂好曰娃。」《文選·吳都賦》：「幸乎館娃之宮。」劉逵注：「吳俗謂好女爲娃。」《通鑑》卷4 胡三省註：「吳楚之間謂美女曰娃。」《御覽》卷46引《越絕書》：「吳人於硯石置館娃宮。」梁·任昉《述異記》卷下：「葳蕤草，一名麗草，又呼爲女草，江浙中呼娃草。美女曰娃，故

〔註205〕姜亮夫《楚辭通故（一）》，收入《姜亮夫全集》卷1，雲南人民出版社2002年版，第469頁。

〔註206〕朱駿聲《說文通訓定聲》，武漢市古籍書店1983年版，第420頁。

〔註207〕友人龐光華博士曰：「『嘉』是先秦時代的北方通語的用字，『佳』是南方楚文化地區的用字。」見《論學術札記是我國重要的文化傳統》，此文是龐光華爲拙著《群書校補》所作的序言，廣陵書社2011年版，第25頁。

以為名。」〔註 208〕唐·陸廣微《吳地記》：「亭東二里有館娃宮，吳人呼西施作娃，夫差置。」嚴學宭曰：「佳即娃字，意謂美人，音近作乖。蜀讀佳為乖，楚音亦然，謂小兒佳為乖。」〔註 209〕

（54）發憤而成仁，帽憑而為義（《修務篇》）

高注：帽憑，盈滿積思之貌。

按：王念孫曰：「『帽』當為『惽』，字之誤也。《廣雅》曰：『惽怦，忼慨也。』『惽怦』與『惽憑』，聲近而義同……又《離騷》：「喟憑心而歷茲。」王注云：『喟然舒憤懣之心。』『喟憑』與『惽憑』，義亦相近。」王說是也，「惽憑」為古楚語，同義連文。《離騷》：「憑不厭乎求索。」王注：「憑，滿也，楚人名滿曰憑。憑，一作馮。」或作「惽怦」、「喟憑」。方以智曰：「帽憑，言冒昧憑恃而為之。」〔註 210〕失之。《離騷》王逸注：「喟，嘆貌也。」洪興祖補注：「《方言》云：『憑，怒也，楚曰憑。』注云：『恚盛貌。』引《楚詞》：『康回憑怒。』」王念孫曰：「惽之言喟然也。《玉篇》：『惽，滿也。』」〔註 211〕又或作「喟頯」，《文選》宋玉《神女賦》：「含然諾其不分兮，喟揚音而哀歎；頯薄怒以自持兮，曾不可乎犯干。」朱季海曰：「分言之曰喟、曰頯，合言之則曰惽怦，可與王說互證。」〔註 212〕宋玉楚人，益可證「喟頯」為古楚語矣。王夫之曰：「憑心，猶言任意。」徐煥龍曰：「憑心，悶滿懷也。」李光地曰：「憑心，撫心也。」錢杲之曰：「憑，猶據也。」朱冀曰：「憑，依也、託也。」夏大霖曰：「（憑）當如字作憑依解。」劉夢鵬曰：「憑，信也。」〔註 213〕姜亮夫曰：「《說文》喟或作噴，《方言》：『噴、無寫，憐也。沅澧之原，凡言相憐哀，謂

〔註 208〕《酉陽雜俎》續集卷 10「江浙」誤作「江湖」。

〔註 209〕嚴學宭《論楚族和楚語》，收入《嚴學宭民族研究文集》，民族出版社 1997年版，第 389 頁。

〔註 210〕方以智《通雅》卷 4，收入《方以智全書》第 1 冊，上海古籍出版社 1988 年版，第 196 頁。

〔註 211〕王念孫《廣雅疏證》，收入徐復主編《廣雅詁林》，江蘇古籍出版社 1998 年版，第 494 頁。

〔註 212〕朱季海《楚辭解故》，上海古籍出版社 1980 年版，第 311 頁。

〔註 213〕諸說並轉引自游國恩主編《離騷纂義》，中華書局 1980 年版，第 204～206 頁。

之𡂖，或謂之無寫。』則喟亦南楚語矣。」〔註 214〕王泗原曰：「馮心，心憤懣。」〔註 215〕許匡一曰：「視『帽憑』爲『懣』或『悶』之分音形式亦可通。」〔註 216〕諸說並失之。

（55）身若秋葯被風（《修務篇》）

高注：葯，白芷，香草也。被風，言其弱也。

按：「葯」爲古楚語。《廣雅》：「白芷，其葉謂之葯。」《楚辭‧九歌‧湘夫人》：「辛夷楣兮葯房。」王逸註：「葯，白芷也。」宋‧洪興祖《補注》、宋‧吳仁傑《離騷草木疏》並引《本草》：「白芷，楚人謂之葯。」宋‧唐愼微《證類本草》卷 8 引《圖經》：「白芷……楚人謂之葯。」宋‧鄭樵《通志》卷 75、宋‧陳敬《陳氏香譜》卷 1 並曰：「澤芬曰白芷，曰白茝……楚人謂之葯。」

（56）假譬取象，異類殊形，以領理人之意，懈墮結細，說捍搏困，而以明事埒事者也（《要略篇》）

許注：搏，圓也。困，芼也。

按：「搏」爲古楚語。《楚辭‧橘頌》：「圓果搏兮。」王逸注：「搏，圓也。楚人名圓爲搏。」又《九辯》：「乘精氣之搏搏兮。」王逸注：「楚人名圓曰搏也。搏一作槫。」

（57）辭雖壇卷連侵，絞紛遠援，所以洮汰滌蕩至意，使之無凝竭底滯，捲握而不散也

按：「壇卷」爲古楚語。字或作「撣援」，《廣雅》：「撣援，牽引也。」字或作「嬋媛」，《楚辭‧離騷》王注：「嬋媛，猶牽引也。一作『撣援』。」姜亮夫曰：「嬋媛，轉爲『僤個』，轉『壇卷』。」〔註 217〕字或作「嘽緩」，《禮記‧樂記》：「其樂心感者，其聲嘽以緩。」姜亮

〔註 214〕姜亮夫《楚辭通故（一）》，收入《姜亮夫全集》卷 1，雲南人民出版社 2002 年版，第 548 頁。

〔註 215〕王泗原《楚辭校釋》，人民教育出版社 1990 年版，第 35 頁。

〔註 216〕許匡一《〈淮南子〉分音詞試釋》，《武漢教育學院學報》1996 年第 4 期，第 38 頁。

〔註 217〕姜亮夫《楚辭通故（一）》，收入《姜亮夫全集》卷 1，雲南人民出版社 2002 年版，第 472 頁。

夫曰：「嘽緩亦嬋媛，一聲之轉也。」〔註218〕字或作「嘽咺」，《方言》卷 1：「宋衛之閒凡怒而噎噫謂之脅閿，南楚江湘之閒謂之嘽咺。」此謂怒而牽引也，姜亮夫據以謂「『嬋媛』一詞，當為南楚特有方言，得自『嘽咺』一詞，而可知之。」〔註219〕字或作「亶爰」，《集韻》：「亶，亶爰，山名。」《山海經・南山經》：「亶爰之山……有獸焉，其狀如狸而有髦，其名曰類。」郭注：「亶，音蟬。」《列子・天瑞》：「亶爰之獸，自孕而生曰類。」殷敬順《釋文》：「亶爰，上蟬下袁。」山名亶爰者，當以其相連屬牽引也〔註220〕。其得名之由，未見人道及。音轉又為「僵個」、「僵回」，王念孫曰：「僵個與嬋媛，古聲相近。」〔註221〕姜亮夫曰：「嬋媛，轉為『僵個』，轉『壇卷』。」〔註222〕馬宗霍亦謂「壇卷」猶「僵回」〔註223〕。諸說皆是也。傅山曰：「壇卷即蟺蜷。連拳漫衍。」〔註224〕朱起鳳、張雙棣謂「壇卷」與「攣卷」、「孌卷」義同〔註225〕，並非也。

（58）以儲與扈冶（《要略篇》）

許注：儲與，猶攝業。扈冶，廣大也。

按：（a）許注「攝業」，音轉為「攝葉」〔註226〕，疑古楚語，後轉為通語也。《楚辭・哀時命》：「衣攝葉以儲與兮，左袪挂於榑桑。」王注：「攝葉、儲與，不舒展貌。言己衣服長大，攝葉儲與，不得舒展；

〔註218〕姜亮夫《楚辭通故（一）》，收入《姜亮夫全集》卷1，雲南人民出版社 2002年版，第 471 頁。

〔註219〕姜亮夫《楚辭通故（一）》，收入《姜亮夫全集》卷1，雲南人民出版社 2002年版，第 472 頁。

〔註220〕獸名「類」者，讀為畾、累，重累。言其獸雌雄相累，參見李若暉《〈列子〉語詞柬釋》，《古漢語研究》1996 年第 1 期。

〔註221〕王念孫《廣雅疏證》，收入徐復主編《廣雅詁林》，江蘇古籍出版社 1998 年版，第 487 頁。

〔註222〕姜亮夫《楚辭通故（一）》，收入《姜亮夫全集》卷1，雲南人民出版社 2002年版，第 472 頁。

〔註223〕馬宗霍《淮南舊注參正》，齊魯書社 1984 年版，第 422 頁。

〔註224〕傅山《讀子二・淮南存雋》，收入《霜紅龕集》卷 33，《續修四庫全書》第 1395冊，上海古籍出版社 2002 年版，第 674 頁。

〔註225〕朱起鳳《辭通》，上海古籍出版社 1982 年版，第 670 頁。張雙棣《淮南子校釋》，北京大學出版社 1997 年版，第 2148 頁。

〔註226〕《主術篇》：「業貫萬世而不壅。」業亦葉之音轉。《原道篇》：「葉累而無根。」葉累猶言積聚。字或作揲，《俶眞篇》：「揲貫萬物。」

德能弘廣，不得施用。東行則左袖挂於榑桑，無所不覆也。」洪興祖《補注》：「攝，之葉切，曲折也。」字或作「攝僷」，《玉篇》：「僷，《楚辭》云：『衣攝僷以儲與兮。』攝僷，不舒展貌。傑，《字書》僷字。」《楚辭》朱子注：「攝，之葉反。傑，一作僷，與攝反。」明・陳束《廄馬賦》：「隕權奇於攝僷，凋滅沒乎騄駬。」「僷」即「葉」六朝增旁俗字。考《儀禮・士昏禮》：「執皮攝之。」胡培翬曰：「敖氏曰：『先儒讀『攝』爲『摺』，則訓『疊』也。』今人屈物而疊之謂之『摺』。」〔註227〕《呂氏春秋・下賢》：「卑爲布衣而不瘁攝。」高注：「攝，猶屈也。」《集韻》：「攝，質涉切，曲折也。」是攝有屈折之義，讀爲摺，質涉切或之葉切（zhé）。《廣雅》：「僷、疊、福、結，詘也。」王念孫曰：「攝音之涉反，與福通。」〔註228〕是「攝僷」即「福僷」，同義連文，猶言屈折也。《楚辭》言衣服屈折，即指衣服長大，衣服長大斯不得舒展也，二義相因也，故王注申之云「言己衣服長大，攝葉儲與，不得舒展」也。字或作「躡蹀」、「囁喋」、「儸傑」，《文選・南都賦》：「修袖繚繞而滿庭，羅襪躡蹀而容與。」《御覽》卷816引作「儸傑」〔註229〕。李善注：「躡蹀，小步貌。《說文》曰：『躡，蹈也。』許愼《淮南子》注曰：『蹀，蹈也。』」呂向注：「躡蹀，小步而行，取其容與也。」李注訓小步是，但引《說文》及《淮南子》注訓蹈則非。「躡蹀」、「攝葉」語源相同，屈折不舒展，故解爲小步而行，引申則爲容與安行貌。《御覽》卷945引《牟子》：「昔公明儀爲牛彈清角之操，伏食如故，轉爲蚉蝱聲，則翹尾而躡蹀。」《類聚》卷91晉傅玄《鬪雞賦》：「或躑躅跙躇，囁喋容與。」《楚辭》之「攝葉儲與」，即「躡蹀容與」、「囁喋容與」也。姜亮夫曰：「叔師注言衣服長大與不得舒展，亦不相調……儲與之爲寬大行餘，攝葉之訓，尚當更定，不得以不舒展詁之也……〔攝葉〕其詞與攝然、攝如當相同……漢初諸儒，固以攝爲安舒之象……躡蹀、囁喋，亦即攝葉異文也，而與容與相連成文。容與決無不寬舒之義，

〔註227〕胡培翬《儀禮正義》卷3，《國學基本叢書》影《萬有文庫》本，商務印書館1934年發行，第39頁。
〔註228〕王念孫《廣雅疏證》，收入徐復主編《廣雅詁林》，江蘇古籍出版社1998年版，第292頁。
〔註229〕《御覽》卷697引作「躡跡」，則誤。

則攝葉亦不得訓不舒也。」〔註230〕姜說「囁嵲、囁喋，亦即攝葉異文」是也，餘說則皆失之。字或作「摺疊」，《廣韻》：「摺，摺疊也。」又音轉為「躞蹀」、「躞蹀」、「蹋蹀」，《玉篇》：「蹀，躞蹀。躞，躞蹀。」《慧琳音義》卷24引《考聲》：「躞蹀，小步貌也。」又云：「躞，或作躞。」《集韻》：「躞、躞：躞蹀，行貌，或從習。」又音轉為「蹀蹀」、「嘰諜」，《楚辭·涉江》：「眾蹀蹀而日進兮。」王注：「蹀，一作躞，一作趷。」洪興祖《補注》：「蹀蹀，行貌。」此句又見《楚辭·九辯》，王注：「蹀，一作躞，《釋文》作『嘰諜』。」又音轉為「囁喋」，《覽冥篇》：「至虛無純一，而不囁喋苟事也。」高注：「囁喋，猶深算也。」「囁喋」即取屈折為義，故引申為深算。字或作「捷懾」，《後漢書·文苑傳》趙壹《疾邪賦》：「捷懾逐物，日富月昌。」李賢注：「捷，疾也。懾，懼也。急懼逐物，則致富昌。」李注非也。倒言則作「蹀躞」，《法句譬喻經》卷4：「而此女子獨守悲歌，其聲妖亮，聽者莫不頓車止馬，迴旋蹀躞而欲趣之。」倒言又作「蹀躞」、「蹀躞」、「蹀躞」，《慧琳音義》卷95引《考聲》：「蹀躞，步小貌也。」又云：「集本作躞，通也。」《後漢書·文苑傳》：「（禰）衡方為漁陽參撾，蹀躞而前。」上引《牟子》「囁嵲」，《弘明集》卷1引漢牟融《理惑論》作「蹀躞」；又卷7引宋釋慧通《駮顧道士夷夏論》作「蹀躞」，宋、宮本作「蹀躞」；《祖庭事苑》卷1引作「躞蹄」，有注：「躞，行貌。」作「躞蹄」誤也。方以智曰：「囁嵲，通作『蹀躞』、『蹀躞』，轉為『捷攝（懾）』。」〔註231〕倒言也作「蹀躞」，《宋書·樂志三》古詞《白頭吟》：「蹀躞御溝上，溝水東西流。」《御覽》卷75引作「蹀躞」，《玉臺新詠》卷1作「躞蹀」，《樂府詩集》卷41二見，一作「蹀躞」，一作「躞蹀」。姜亮夫曰：「蹀躞，字又作『躞蹀』，字又作『捷攝（懾），』蹀字又作捷，唐沈亞之《柘枝〔舞〕賦》『驅捷蹀以促碎。』亦小步意。又作『蹴蹀』，蔡邕《青衣賦》：『盤姍蹴蹀，坐起低昂。』行難曰蹀躞，食不通曰嗜喋，見《漢書·司馬相如傳》。《廣韻》又錄『嘰諜』，訓梟雁食，與『嗜喋』實同。

〔註230〕姜亮夫《楚辭通故（三）》，收入《姜亮夫全集》卷3，雲南人民出版社2002年版，第217頁。

〔註231〕方以智《通雅》卷7，收入《方以智全書》第1冊，上海古籍出版社1988年版，第294頁。

字又作『嗫嚖』。又小契曰『跰躠』，聲轉爲『躡蹀』……倒言則曰『蹀躠』，字又作『蹀蹈』。小行曰『踆踆』，則小心翼翼曰『儳儢』。《史記・霍驃騎傳》：『輜重人眾，儳儢者弗取。』」〔註232〕姜說「踧蹀」不確，餘說皆會通其義，精審可取。踧蹀，《古文苑》卷 6 章樵》注引同，《初學記》卷 19、《錦繡萬花谷》後集卷 16 引作「踆蹀」。至於姜氏又謂「聲轉爲『蹭蹬』、『趑蹬』，又凡此諸音皆與『蹉跎』相變」〔註233〕，則恐音轉太寬，且義亦相隔，茲所不取也。（b）儲與，疑亦古楚語也。《俶眞篇》：「儲與扈冶。」高注：「儲與扈冶，襃大意也。」《本經篇》：「陰陽儲與，呼吸浸潭。」高注：「儲與，猶尚羊，無所主之貌。」《漢書・揚雄傳》《羽獵賦》：「儲與虖大溥，聊浪虖宇內。」顏注引服虔曰：「儲與，相羊也。」「尚羊」同「相羊」，亦即「徜徉」。朱謀㙔曰：「攝葉、儲與，不伸紓也。」〔註234〕黃生曰：「扶輿爲彷徉之轉，猶儲與爲徜徉之轉也。」〔註235〕姜亮夫曰：「『儲與』與『容與』，疊韻之變，則儲與亦容與之義也。」〔註236〕「攝葉」引申爲安行貌，在這個意思上與「容與」相近，其實二者的本義並不同，故許注云「儲與，猶攝業（葉）」，著一「猶」字，明其本非訓詁義也。（c）「扈冶」二見於本書，許、高訓同，他無所考，疑亦古楚語也。音轉則爲「都冶」〔註237〕，《類聚》卷 35 後漢蔡邕《青衣賦》：「都冶嫵媚，卓礫多姿。」〔註238〕唐・薛用弱《集異記》：「俄有妙妓四輩，尋續而至，奢華艷曳，都冶頗極。」《太平廣記》卷 451 引《集異記》：「即下馬熟視，悅其都冶。」

〔註232〕姜亮夫《楚辭通故（四）》，收入《姜亮夫全集》卷 4，雲南人民出版社 2002 年版，第 471 頁。

〔註233〕姜亮夫《楚辭通故（四）》，收入《姜亮夫全集》卷 4，雲南人民出版社 2002 年版，第 471 頁。

〔註234〕朱謀㙔《駢雅》卷 1，收入《叢書集成新編》第 38 冊，新文豐出版公司 1985 年版，第 336 頁。

〔註235〕黃生《字詁》，黃生、黃承吉《字詁義府合按》，中華書局 1954 年版，第 48 頁。

〔註236〕姜亮夫《楚辭通故（四）》，收入《姜亮夫全集》卷 4，雲南人民出版社 2002 年版，第 429 頁。

〔註237〕方以智曰：「都養，扈養也。」是其比。方以智《通雅》卷 4，收入《方以智全書》第 1 冊，上海古籍出版社 1988 年版，第 212 頁。

〔註238〕《初學記》卷 19、《古文苑》卷 6 章樵》注引「礫」作「躒」。

（59）玄眇之中，**精搖靡覽**（《要略篇》）

　　許注：楚人謂精進為精搖。靡小皆覽之。

　　按：（a）《修務篇》：「君子有能精搖摩監，砥礪其才。」亦「精搖」連文。
　　　許注「精搖」為「精進」，是也；而解「靡覽」為「靡小皆覽之」，
　　　則望文生訓。劉盼遂、嚴學宭引《方言》卷 6「遙，疾行也，南楚之
　　　外曰遙」，謂搖讀為遙〔註239〕，所說是也。戴震曰：「遙亦作邎，《玉
　　　篇》、《廣韻》竝云：『邎，疾行也。』」〔註240〕字亦作邎，《玉篇》：
　　　「邎，疾行也，又音遙。邎，同上。」《方言》卷 2：「搖，疾也。」
　　　《廣雅》同。王念孫引《楚辭》及《方言》卷 6 以證之，且云：「搖
　　　與遙通。」〔註241〕錢繹與戴、王二氏說同〔註242〕。《楚辭・抽思》：
　　　「願搖起而橫犇兮。」王念孫曰：「搖起，疾起也。」〔註243〕陳麗
　　　桂曰：「『精搖』宜通『精遙』。」搖，讀為逾，《禮記・玉藻》鄭玄
　　　注：「揄讀如搖。」《素問・骨空論》王冰注：「榆讀為搖。」古從䍃
　　　從俞之字多相通〔註244〕，此搖讀為逾之證。《說文》：「逾，䟞進也。」
　　　是「精逾」為「精進」也。「精進」猶言銳意進取，專一進取。《漢
　　　書・敘傳上》：「選精進掾史。」顏師古注：「精進，精明而進趨也。」
　　　顏氏釋「精」為「精明」，失之。《後漢書・章帝紀》：「其後學者精
　　　進。」《說文》：「遊車載旌，析羽注旄首，所以精進士卒也。」是「精
　　　進」為二漢成語也。（b）《原道篇》：「故無所私而無所公，靡濫振蕩，
　　　與天地鴻洞。」《修務篇》：「君子有能精搖摩監，砥礪其才。」又「砥
　　　礪礛堅，莫見其損，有時而薄。」「堅」一本作「監」，一本作「鑑」。
　　　朱起鳳曰：「『摩監』同『磨礛』，猶言磨礱也。『靡覽』、『摩監』、『靡

〔註239〕嚴學宭《論楚族和楚語》，收入《嚴學宭民族研究文集》，民族出版社 1997
　　　　年版，第 391 頁。
〔註240〕戴震《方言疏證》，收入《戴震全集（5）》，清華大學出版社 1997 年版，第
　　　　2379 頁。
〔註241〕王念孫《廣雅疏證》，收入徐復主編《廣雅詁林》，江蘇古籍出版社 1998 年
　　　　版，第 52 頁。
〔註242〕錢繹《方言箋疏》，上海古籍出版社 1984 年版，第 385 頁。
〔註243〕王念孫《楚辭雜志》，收入《讀書雜志》卷 16《餘編下》，中國書店 1985 年
　　　　版，第 62 頁。
〔註244〕參見張儒、劉毓慶《漢字通用聲素研究》，山西古籍出版社 2002 年版，第 186
　　　　頁。

濫』同爲『磨礱』之義,高氏訓爲靡小,失之。《漢書・鄒陽傳》:『磨礱底厲,不見其損,有時而盡。』可以互證。」〔註245〕朱說得其義矣,《記纂淵海》卷 66 引《修務篇》「礳監」正作「磨礱」。然朱氏以「磨礚」爲本字,則未得。《說文》:「摩,研也。」是摩爲本字,磨爲礳俗字,礳、靡並爲摩借字。《六書故》:「靡,與摩通。莊周曰:『相靡以信。』又曰:『喜則交頸相靡。』《呂氏春秋》曰:『樹相近而靡。』齊有靡笄之山。別作劘。」字或作攠、劘,《玉篇》:「摩,研也。攠,同上。」《集韻》:「摩,《說文》:『研也。』或作攠。」《六書故》:「劘,摩切也,古通作靡。」字或作䃺,《呂氏春秋・精通》:「用刀十九年,刃若新䃺研。」高注:「䃺,砥也。」吳玉搢曰:「䃺即磨字。」〔註246〕陳奇猷曰:「䃺即礳字。」〔註247〕《廣雅》:「礚礳,礰也。」《廣韻》:「礚,礚礳,青礰。」礚亦非本字,考《說文》:「厱,厱諸,治玉石也,讀若藍。」是厱爲本字,覽、監、礚、濫、鑑皆爲厱之借字。《修務篇》「堅」當從一本作「監」或「鑑」,形近而訛也。《原道篇》:「攻大礳堅。」《御覽》卷 77 引作「攻大磨堅」。「礳(磨)」、「攻」同義對舉,「堅」、「大」亦同義對舉。《修務篇》一本作「礳堅」者,蓋涉《原道篇》而誤也。「精搖靡覽」即「精搖摩監」,猶言精進磨礰也。朱起鳳謂「徇、精聲相近」,引《廣雅》「徇、搖,疾也」爲證〔註248〕;于省吾謂搖讀爲猶,釋爲「精猶不得見」;蔣禮鴻曰:「靡覽謂覽觀其微妙,精搖謂籀繹其精深也……搖借爲繇若籀,精搖即精繇、精籀也。」〔註249〕陳廣忠曰:「靡濫,水勢浩蕩義。靡,通『瀰』。瀰,《集韻》:『水流貌。』濫,《說文》:『氾也。』」〔註250〕四說並失之。」

（60）棄其畛挈,斟其淑靜（《要略篇》）

〔註245〕朱起鳳《辭通》,上海古籍出版社 1982 年版,第 1103 頁。
〔註246〕吳玉搢《別雅》卷 2,收入景印文淵閣《四庫全書》第 222 冊,臺灣商務印書館 1986 年初版,第 653 頁。
〔註247〕陳奇猷《呂氏春秋新校釋》,上海古籍出版社 2002 年版,第 519 頁。
〔註248〕朱起鳳《辭通》,上海古籍出版社 1982 年版,第 689 頁。
〔註249〕蔣禮鴻《義府續貂》,收入《蔣禮鴻集》卷 2,浙江教育出版社 2001 年版,第 185 頁。
〔註250〕陳廣忠《淮南子斠詮》,黃山書社 2008 年版,第 29 頁。

許注：楚人謂澤濁爲畛挈。

按：朱駿聲曰：「畛，叚借爲沴。《淮南・要略》：『棄其畛挈。』注：『楚
人謂澤濁爲畛挈。』按：猶涊淴也。」〔註251〕于大成曰：「挈疑淴
字之誤。畛讀爲涊。『畛淴』即『涊淴』也……此注『澤濁』當爲『滓
濁。』」〔註252〕二氏說近之，而未盡善，茲補證之。（a）畛、沴古
音同，《六書故》：「沴，止忍切。孫氏郎計切。按：彡非郎計之聲。」
方以智曰：「沴，不當音戾。沴字本當音章忍切……沴原從彡，彡乃
止忍切，故軫、胗、畛、紾、袗、趻、駗、診皆以彡諧聲……由此
論之，沴何從獨有戾音乎？《類篇》曰：『沴汋，淫相著也。』黴黰
之黰亦作沴，其音可知。」〔註253〕方以智又曰：「陰淫之色曰黴黰，
黴黰音梅軫，一作黴黰。淫氣著衣物生斑沫也。黰又作鰲、沴。」
〔註254〕黰又作黔、黚。今吳方言猶有「黴黰」、「黴黰氣」之語〔註
255〕。挈，當作「汋」，字之誤也。《集韻》：「沴，止忍切，沴汋，
淫相著。」又「汋，爾軫切，沴汋，淫相箸。」《類篇》同。「淫相
著」者，即方氏所云「淫氣著衣物生斑沫」也。「沴汋」爲古楚語，
音轉又作「涊淴」〔註256〕，《廣雅・釋詁》：「涊淴，濁也。」又《釋
訓》：「涊淴，垢濁也。」《玉篇》：「涊，涊淴，垢濁也。淴，涊淴，
惡醉貌。」《玄應音義》卷7引《字林》：「涊，垢濁也。」《慧琳音
義》卷19引《集訓》：「涊，涊淴也。淴，垢濁也。」《廣韻》：「涊，
涊淴，熱風。」《集韻》：「涊，涊淴，水濁。」又「淴，涊淴，濁也。」
又「淴，涊淴，垢濁。」《六書故》：「涊淴，涊淴，滋垢也。淴，亦

〔註251〕朱駿聲《說文通訓定聲》，武漢市古籍書店1983年版，第822頁。

〔註252〕于大成《淮南子校釋》，1970年臺灣大學博士論文，收入《淮南鴻烈論文集》，
里仁書局2005年版，第1247頁。

〔註253〕方以智《通雅》卷1，收入《方以智全書》第1冊，上海古籍出版社1988年
版，第89頁。

〔註254〕方以智《通雅》卷12，收入《方以智全書》第1冊，上海古籍出版社1988
年版，第468頁。

〔註255〕參見許寶華、宮田一郎《漢語方言大詞典》，中華書局1999年版，第7015～
7016頁。

〔註256〕從彡從典之字古通假，參見張儒、劉毓慶《漢字通用聲素研究》，山西古籍出
版社2002年版，第934頁。

作汋。」朱謀㙔曰：「湁淣，薉濁也。」〔註257〕段玉裁曰：「『沴汋』與『湁淣』同。沴汋，溼相箸也。亦垢濁也。」〔註258〕《楚辭·九歎》：「切湁淣之流俗。」王逸注：「湁淣，垢濁也。」《漢書·揚雄傳》《反離騷》：「紛纍以其湁淣兮，暗纍以其繽紛。」應劭曰：「湁淣，穢濁也。」宋祁曰：「湁淣，晉灼云：『俗謂水漿不寒而溫爲湁淣。』《字林》曰：『湁淣，垢濁也。』」（b）許注「澤濁」當作「淬濁」，字之誤也。《龍龕手鑑》：「湁，湁淣，惡酒淬濁也。」〔註259〕字正作「淬」。《後漢書·陽球傳》：「蟬蛻淬濁。」《類聚》卷9晉·孫楚《井賦》：「若行潦之淬濁，靡清流以自娛。」《新譯華嚴經音義私記》卷8：「洰，澱澤也。」大治本《新華嚴經音義》：「澄洰：殿（澱）澤也。」〔註260〕「澤」亦皆「淬」之誤字。《新譯大方廣佛華嚴經音義》卷1：「澄洰：《迩（尔）雅》曰：『澱謂之洰。』郭璞注曰：『澱淬也。』」《希麟音義》卷2：「澄洰：《爾雅》曰：『澱謂之洰。』郭注云：『淬澱也。』」《爾雅》鄭樵注：「澱即澄泔之澤。」「澤」也誤。《可洪音義》卷8：「淬，音宅，正作澤。」（c）《玉篇》：「湁淣，惡醉貌。」「醉」疑當據《龍龕手鑑》作「酒」。《玉篇》：「湁，湁淣。淣，惡酒也。」「湁淣」當作「湁淣」〔註261〕，正解作「惡酒」，「酒」字不誤也。《五音集韻》：「淣，惡酒也。」水之惡濁曰湁淣，此其本義；風之惡濁亦曰湁淣，故《廣韻》云「湁淣，熱風」；酒之惡濁亦曰湁淣，故《玉篇》云「湁淣，惡酒貌」，其義一也。（d）劉盼遂曰：「畛，借爲沴，挈借爲丰，非連字也。《說文》：『沴，水不利也。丰，艸蔡也，象艸生之散亂也。』挈從丰聲，故得通假。」〔註262〕楊樹達曰：「『畛挈』無義，注義亦不明。愚疑挈當讀爲界。

〔註257〕朱謀㙔《駢雅》卷1，收入景印文淵閣《四庫全書》第222冊，臺灣商務印書館1986年版，第520頁。

〔註258〕段玉裁《說文解字注》，上海古籍出版社1981年版，第544頁。

〔註259〕此據高麗版影遼刻本，續古逸叢書之十五景印宋刊本同，《四庫全書》本「淬」誤作「淬」。景印文淵閣《四庫全書》第226冊，臺灣商務印書館1986年初版，第719頁。

〔註260〕二例承苗昱博士檢示，謹致謝忱。

〔註261〕參見胡吉宣《玉篇校釋》，上海古籍出版社1989年版，第3867頁。

〔註262〕劉盼遂《〈淮南子〉許注漢語疏》，《國學論叢》第1卷第1號，1927年；又

《說文》：『畛，井田間陌也。畍，境也。』二字義近，故得相連用矣。」二說胥失之。如二氏說，皆與「淑靜」義不相對矣。許注有誤字，楊氏不能訂正，故云注義不明也。《後漢書・張衡傳》《思玄賦》：「屬箕伯以函風兮，澄瀏溰而爲清。」李賢注：「澄，清也。」《文選》劉良注：「瀏溰，混濁也。」以「瀏溰」與「清」爲對言，與本文正同。

三、結　語

「甲本如何，乙本如何」云者，此僅爲考據學之基礎工作。章太炎先生自謂「作《文始》以明語原，次《小學答問》以見本字，述《新方言》以一萌俗」〔註263〕。徐復先生指出「求本字，探語源，爲語言研究之極致」〔註264〕，蔣禮鴻先生亦曾提出過「解疑、通文、證俗、探源」的研究方向〔註265〕，此語言研究之皇皇大道也。我遵循清儒軌躅，信守「考本字、探語源、尋語流、破通假、徵方俗、系同源」的治學理念，嘗試作爲本篇，考求《淮南子》古吳楚方言。其於古書苟能梨然當心，恝然理解者，雖百不及一，或亦於治古楚語之學者，庶有小補云爾。惟以聞見寡陋，多所闕誤，學人君子，諟正爲幸。

附　記

香港中文大學沈培教授、五邑大學龐光華博士、北京師範大學李銳博士、南京大學趙陽陽博士、南京師範大學郭萬青博士幫助搜尋並惠寄部分參考資料，謹致謝忱！

（此篇刊於《東亞文獻研究》總第 6 輯，2010 年 8 月出版，此爲修訂定稿。）

　　　　收入《劉盼遂文集》，北京師範大學出版社 2002 年版，第 548 頁。
〔註263〕章太炎《國故論衡・小學略說》。
〔註264〕徐復《〈廣雅詁林〉前言》，徐復主編《廣雅詁林》，江蘇古籍出版社 1998 年版，第 8 頁。
〔註265〕蔣禮鴻《蔣禮鴻自傳》，《文獻》1980 年第 3 期，收入《蔣禮鴻集》第 6 卷，浙江教育出版社 2001 年版，第 615 頁。

附錄三：主要參考文獻

　　本著參考文獻較多，這裏只列有關《淮南子》的研究著作。

　　中外歷代研究《淮南》書者眾多，其要者超過百種。有的惟見於書目，其書或已不存於世。余囿於條件，無從徧訪。所得中國之書 60 餘種，不能見者亦 60 餘種。學問之難，可為一歎也。

（一）所見有關《淮南子》的中國研究著作：

1. 《淮南子》（莊逵吉校本），收入《諸子百家叢書》，上海古籍出版社影印浙江書局本 1989 年版。

2. 《淮南鴻烈解》（黃錫禧校本），收入《叢書集成新編》第 20 冊，新文豐出版公司 1985 年印行。

3. 劉文典《淮南鴻烈集解》，中華書局 1989 年版。

4. 鄭良樹《淮南子斠理》，1966 年臺灣大學碩士論文，嘉新水泥公司文化基金會研究論文第 125 種，1969 年版。

5. 于大成《淮南子校釋》，1970 年臺灣大學博士論文，收入《淮南鴻烈論文集》，里仁書局 2005 年版。

6. 張雙棣《淮南子校釋》，北京大學出版社 1997 年版。

7. 何寧《淮南子集釋》，中華書局 1998 年版。

8. 陳廣忠《淮南子斠詮》，黃山書社 2008 年版。

9. 孫馮翼輯《許慎淮南子注》，收入《叢書集成新編》第 20 冊，新文豐出版公司 1985 年印行。

10. 葉德輝輯《許慎淮南鴻烈閒詁》，收入《叢書集成續編》第 40 冊，新文豐出版公司 1991 年印行；又收入《續修四庫全書》第 1121 冊，上海古籍出版社 2002 年版。

11. 傅山《讀子二·淮南存雋》，收入《霜紅龕集》卷 33，《續修四庫全書》第 1395 冊，上海古籍出版社 2002 年版。

12. 劉台拱《淮南子補校》，收入《叢書集成續編》第 15 冊，新文豐出版公司 1991 年印行。

13. 錢塘《〈淮南·天文訓〉補注》，收入《叢書集成新編》第 42 冊，新文豐出版公司 1985 年版；又收入《續修四庫全書》第 1121 冊，上海古籍出版社 2002 年版。

14. 王念孫《淮南內篇雜志》、《補遺》，收入《讀書雜志》，中國書店 1985 年版。

15. 顧廣圻《淮南子校補》，附錄在王念孫《淮南子雜志》後。

16. 洪頤煊《淮南子叢錄》，收入《讀書叢錄》卷 16，《叢書集成新編》第 13 冊，新文豐出版公司 1985 年版；又收入《續修四庫全書》第 1157 冊，上海古籍出版社 2002 年版。

17. 張文虎《淮南子隨筆》，收入《舒藝室隨筆》卷 6；《續修四庫全書》第 1164 冊，上海古籍出版社 2002 年版。

18. 曾國藩《淮南子讀書錄》，收入《求闕齋讀書錄》卷 5，《續修四庫全書》第 1161 冊，上海古籍出版社 2002 年版。

19. 俞樾《淮南內篇平議》，收入《諸子平議》，上海書店 1988 年版。

20. 孫詒讓《〈淮南子〉許慎高誘注》，收入《札迻》，中華書局 1989 年版。

21. 易順鼎《淮南許注鈎沉》，收入《琴志樓叢書》第 2 冊，光緒年間刻本

22. 黃奭《許慎淮南子注》，收入《黃氏逸書考·子史鈎沉》，《續修四庫全書》第 1209 冊，上海古籍出版社 2002 年版。

23. 王仁俊《淮南子佚文》，收入《經籍佚文·子編》，《續修四庫全書》第 1211 冊，上海古籍出版社 2002 年版。

24. 于鬯《淮南子校書》，收入《香草續校書》，中華書局 1963 年版。

25. 陶方琦《淮南許注異同詁》、《補遺》、《續補》，收入《續修四庫全書》第 1121 冊，上海古籍出版社 2002 年版。

26. 陶方琦《許君〈說文〉多採用〈淮南〉說》，收入《漢孳室文鈔二》，《清經解續編》，鳳凰出版社 2005 年版。

27. 沈延國《讀書雜錄·淮南子》，《制言》第 8、11、13、16、17、28、42 期。

28. 金其源《讀淮南子管見》，收入《讀書管見》，（上海）商務印書館 1957 年初版。

29. 陶鴻慶《讀淮南子札記》，《制言》第 27 期；又收入《讀諸子札記》，浙江人民出版社 1998 年版。

30. 劉文典《淮南子校補》、《淮南子逸文》、《淮南子校錄拾遺》，收入《三餘札記》，《劉文典全集（3）》，安徽大學出版社、雲南大學出版社 1999 年版。

31. 劉文典《〈淮南鴻烈集解〉補遺》，收入《群書斠補》，《劉文典全集（3）》，安徽大學出版社、雲南大學出版社 1999 年版。

32. 胡懷琛《〈淮南鴻烈集解〉補正》，《青鶴雜誌》第 2 卷第 10～12 期，1933 年出版；又收入《叢書集成續編》第 40 冊，新文豐出版公司 1991 年印行。

33. 向宗魯《〈淮南鴻烈〉簡端記》，《新國學》第 1 卷，巴蜀書社 1999 年版。

34. 向宗魯《〈淮南鴻烈〉簡端記（續）》，《新國學》第 2 卷，巴蜀書社 2000 年版。

35. 劉盼遂《淮南許注漢語疏》，《國學論叢》第 1 卷第 1 號，1927 年出版；又收入《劉盼遂文集》，北京師範大學出版社 2002 年版。

36. 于省吾《淮南子新證》，收入《雙劍誃諸子新證》，上海書店 1999 年版。

37. 吳承仕《淮南舊注校理》，北京師範大學出版社 1985 年版。

38. 吳承仕《淮南子許慎、高誘注》，收入《經籍舊音辨證》，中華書局 2008 年版。

39. 楊樹達《淮南子證聞》，上海古籍出版社 2006 年版。

40. 楊樹達《讀劉文典君〈淮南鴻烈集解〉》，《太平洋》第 4 卷第 6 號；又收入《增訂積微居小學金石論叢》，上海古籍出版社 2007 年版。

41. 馬宗霍《淮南舊注參正》，齊魯書社 1984 年版。

42. 阮廷焯《校書堂札迻·淮南子》，香港《聯合書院學報》第 6 期，1967 年出版。

43. 劉殿爵《讀淮南鴻烈札記》，香港《聯合書院學報》第 6 期，1967 年出版。

44. 陳直《讀子日札·淮南子》，收人《摹廬叢著七種》，齊魯書社 1981 年版。

45. 于大成《淮南論文三種》，臺北文史哲出版社 1975 年版。

46. 于大成《淮南鴻烈論文集》，里仁書局 2005 年版。

47. 徐復《淮南子臆解》，收入《徐復語言文字學晚稿》，江蘇教育出版社 2007 年版。

48. 蔣禮鴻《淮南子校記》，收入《蔣禮鴻集》卷 4，浙江教育出版社 2001 年版。

49. 蔣禮鴻《續〈淮南子校記〉》，收入《蔣禮鴻集》卷 3，浙江教育出版社

2001 年版。

50. 王叔岷《淮南子斠證》、《淮南子斠證補遺》、《淮南子斠證續補》，收入《諸子斠證》，中華書局 2007 年版。

51. 王叔岷《〈淮南子〉引〈莊〉舉偶》，《道家文化研究》第 14 輯，三聯書店 1998 年版。

52. 王利器《日本古寫本〈淮南鴻烈兵略閒詁〉第二十校證》，《古籍整理與研究》第 5 期，中華書局 1990 年版。

53. 徐仁甫《淮南子辨正》，收入《諸子辨正》，成都出版社 1993 年版。

54. 島田翰《淮南出典考》，收入《漢籍善本考》卷 4，北京圖書館出版社 2003 年版。

55. 許建平《淮南子補箋》，《中國典籍與文化論叢》第 6 輯，中華書局 2000 年版。

56. 趙宗乙《淮南子札記》，黑龍江人出版社 2009 年版。

57. 陳麗桂《淮南多楚語——論〈淮南子〉的文字》，《漢學研究》第 2 卷第 1 期，總第 3 期，1984 年版。

58. 楊蓉蓉《高誘注所存古方音疏證》，《古漢語研究》1992 年第 1 期。

59. 何志華《〈楚辭〉、〈淮南〉、〈文子〉三書楚語探究》，《人文中國學報》第 8 期，2001 年出版；又收入《〈文子〉著作年代新證》，香港中文大學 2004 年版。

60. 陳廣忠《〈淮南子〉楚語考》，收入《儒道國際學術研討會：兩漢論文集（第二屆）》，國立臺灣師範大學出版社 2005 年版。

61. 孫馮翼輯《淮南萬畢術》，收入《叢書集成初編》第 694 冊，據《問經堂叢書》本排印，中華書局 1985 年影印；又收入《叢書集成新編》第 24 冊，新文豐出版公司 1985 年版。

62. 茆泮林輯《淮南萬畢術附補遺、再補遺》，收入《叢書集成初編》第 694 冊，據《十種古逸書》本排印，中華書局 1985 年影印；又收入《叢書集成新編》第 24 冊，新文豐出版公司 1985 年版。

63. 王仁俊輯《淮南萬畢術附補遺》，收入《玉函山房輯佚書續編·子編藝術類》，《續修四庫全書》第 1206 冊，上海古籍出版社 2002 年版。

64. 丁晏輯《淮南萬畢術》，《南菁書院叢書》第三集第四種；又收入《續修四庫全書》第 1121 冊，影印北圖藏稿本，上海古籍出版社 2002 年版。

65. 黃奭輯《淮南萬畢術》，《漢學堂》本，收入《黃氏逸書考·子史鉤沉》，《續修四庫全書》第 1209 冊，上海古籍出版社 2002 年版。

66. 葉德輝輯《淮南萬畢術》，長沙葉氏郎園藏板。

（二）未見有關《淮南子》的中國研究著作〔註1〕（偶有引用，皆為轉引）：

1. 陳觀樓《淮南子正誤》；
2. 吳汝綸《淮南子點勘》；
3. 汪文臺《淮南子校勘記》，光緒11年崇文書局刊本；
4. 繆荃孫《校莊本淮南子》；
5. 王秉恩《校異本淮南子》；
6. 胡兆鸞《淮南周易古義》；
7. 章宗源《周易淮南九師道訓》；
8. 許在衡《校錄淮南子》；
9. 唐百川《淮南鴻烈注箋校》；
10. 洪頤煊、錢繹《校〈淮南·天文訓〉補注》；
11. 羅士琳《〈淮南·天文訓〉存疑》；
12. 唐詠裳《〈淮南·修務訓〉補注》；
13. 沈湛鈞《淮南子正謬》；
14. 張鳴珂《校淮南子》；
15. 諸可寶《淮南子校本》；
16. 楊沂孫《淮南子校本》；
17. 邵瑞彭《淮南子校本》；
18. 譚獻《淮南子校本》；
19. 許克勤《淮南子校本》；
20. 李慈銘《略校淮南子》；
21. 朱邦衡《校錄淮南子》；
22. 單不厂《校淮南子》；
23. 趙熙《批校淮南子》；
24. 口璟《淮南釋音》；
25. 吳廣霈《淮南鴻烈解校本》；
26. 沈祖緜《顧校淮南子箋記》；
27. 趙之謙《手校道藏本淮南子》；
28. 楊昭儁《淮南子補注》；

〔註1〕 未見著作書目錄自吳則虞《淮南子書錄》，《文史》第2輯，1963年出版；嚴靈峰《周秦魏諸子知見書目》卷5，正中書局1978年版。

29. 蔣超伯《讀〈淮南子〉》、《淮南鴻烈解圈點》；

30. 王國維《校淮南鴻烈集解》、《校劉泖生鈔本淮南子》；

31. 劉家立《淮南子集證》，中華書局民國 10 年版；

32. 吳則虞《淮南子集釋》（手稿）；

33. 陸心源《淮南子高、許二注考》；

34. 蔣曰豫輯《許叔重淮南子注》，收入《蔣侑石遺書》；

35. 王仁俊《淮南許注考證》、《淮南許注異同詁校補》、《淮南許注異同詁三續》、《讀淮南子揚搉》、《淮南子諸家校語》；

36. 麥文郁《〈淮南子〉引用先秦諸子考》；

37. 阮廷焯《〈淮南子〉引用先秦諸子佚文考》；

38. 李哲明《淮南子義訓疏補》；

39. 張之純《淮南子評注》；

40. 譚戒甫《淮南一得》；

41. 方光《〈淮南子・要略篇〉釋》，收入《國學別錄》。

42. 呂傳元《淮南子斠補》，《戴庵叢書》之一；

43. 陳準《淮南子札記》，自序在《圖書館學季刊》第 3 卷第 3 期，1929 年出版；

44. 王瀣《淮南子校記》；

45. 沈延國《淮南補證》，《齊魯學刊》1941 年第 2 期；

46. 馮大綸《主術訓注》，《國語日報古今文選》第 283 期；

47. 金德建《〈淮南・天文訓〉札記二則》；

48. 于大成《淮南子今注今譯》。

（三）未見有關《淮南子》的日本著作：

1. 久保愛《淮南子注考》；

2. 鵜飼信之《淮南鴻烈集解訓點》；

3. 岡本保孝《淮南子疏證》、《淮南子疏證補遺》、《淮南子纂評》、《校淮南子》、《〈淮南子〉重言重意考》、《〈淮南子〉音讀出典考》；

4. 澀谷啓藏《新刊淮南子箋釋》；

5. 豬飼彥博《淮南子校正》；

6. 宇野東山《標注淮南鴻烈集解》；

7. 佚名《淮南子講義》；

8. 根遜志《手校淮南鴻烈解》；

9. 諸葛晃《增注淮南子》、《淮南子音義》、《淮南鴻烈解摘注》；

10. 藤川貞《淮南子考證》；

11. 田園雄《淮南子考》；

12. 永井襲《淮南子考》；

13. 鈴木弘《淮南子考》；

14. 澀井孝德《淮南子考》；

15. 恩田維周《淮南子考》、《淮南指述》；

16. 萩原万世《淮南子考》；

17. 竹添光鴻《淮南子箋釋》〔註2〕。

〔註 2〕 吳則虞《淮南子書錄》、鄭良樹《淮南子傳本知見記》並收錄竹氏此書目錄，
嚴靈峰《周秦魏諸子知見書目》卷 5 照錄，但據梁曉虹教授見告，查詢日本
各圖書館收藏目錄，竹氏並無此書。吳氏、鄭氏未著錄澀谷啓藏《新刊淮南
子箋釋》，蓋誤以澀谷書爲竹氏書也。吳則虞《淮南子書錄》，《文史》第 2 輯，
1963 年出版，第 313 頁。鄭良樹《淮南子傳本知見記》，收入《淮南子斠理》
附錄一，嘉新水泥公司文化基金會研究論文第 125 種，1969 年版，第 338 頁。
嚴靈峰《周秦魏諸子知見書目》卷 5，正中書局 1978 年版，第 147 頁。

後　記

　　一痼夢敦煌，三餘校群書。2008 年底，《群書校補》書稿交出版社以後，一時茫然，不知何能自處也。

　　那一年的冬、春，特別地冷，感覺是這一生中經歷過的最冷的季節，寒侵骨髓，心骨俱冰。回首往昔，淚濕青衫。

　　以前治學，雜亂無章，可愧在碎。經史子集，帛書竹簡，敦煌寫卷，佛經音義，皆所涉及。所作文字，粗疏已甚。痛定思痛，痛何如哉？

　　我喜治子學，嘗徧覽先秦二漢子書。因取《淮南鴻烈》一書，以消永晝。遵循清儒軌躅，以「考本字、探語源、尋語流、破通假、徵方俗、系同源」的治學理念貫穿整個研究過程。莊生云：「彼亦一是非，此亦一是非。」苟得其語源，尋其同源，固「道通爲一」矣。不三載，成《淮南子校補》一稿，正文校記 2043 條，注釋 2669 條，都 60 餘萬言。在這期間，曾有部分文字在海內外發表，逾 10 萬言。

　　我治《淮南》，三易其稿矣。上世紀末，讀劉氏《淮南鴻烈集解》，曾作《札記》百餘條，寄給《古漢語研究》，編輯先生可憐見，挑出 4 條發表了，此爲第一遍也。後得張雙棣《淮南子校釋》、何寧《淮南子集釋》，復作《札記》10 餘萬言，曾於 2003 年秋前往北京大學，由友人龐光華博士引薦，面呈張雙棣先生請益，此爲第二遍也。今則所得資料益多矣，故作全面之校補，此即爲第三遍也。今日完稿，躊躇四顧，喜不能已也。

　　我僻處小城，資料難得，幸得各地師友相助。在《群書校補》後記中，我曾記下諸位師友的名諱，云「感激之情，銘於心骨」。今日昔日，心境相同。這裏要特別地感謝幾位新的朋友，曾給我的《淮南子》研究提供莫大之幫助。

他們是：香港中文大學的沈培教授，臺灣彰化師範大學的蘇建洲博士，廈門大學的陳敏博士。沈教授與蘇博士，皆素未能謀面，得知我急切尋找海外資料，大陸無從覓得，他們熱腸古道，幫複印或掃描，以備我研究之需。此等情誼，固非一個「謝」字能了。陳敏博士幫複印臺版于大成的《淮南子校釋》，並替我發表的論文補加英文摘要，此亦當誌謝者也。

衷心感謝方向東教授、龐光華博士爲本著賜序。

宇宙無窮，盈虛有數。人生無常，天道有還。人生之大不幸，或亦正是人生之大幸耶？莊生夢蝶，釋祖拈花；夕陽流水，幽徑荒丘。急景流年，都只一瞬，昨天，就這樣過去了呀；明天啊，啜一壺茶，展數卷書，勞勉十駕，時綴三餘，重溫舊典，再作新篇。

蕭旭

2011 年 10 月 15 日晚謹記於三餘齋